现代足球发展大环境中校园足球的教学与训练

周俊 著

人民体育出版社

图书在版编目（CIP）数据

现代足球发展大环境中校园足球的教学与训练 / 周俊著. --北京：人民体育出版社，2022
ISBN 978-7-5009-5854-3

Ⅰ.①现… Ⅱ.①周… Ⅲ.①学校体育－足球运动－教学研究 Ⅳ.①G843.2

中国版本图书馆 CIP 数据核字（2022）第 047755 号

*

人 民 体 育 出 版 社 出 版 发 行
北京中献拓方科技发展有限公司印刷
新 华 书 店 经 销

*

710×1000　16 开本　14 印张　261 千字
2022 年 7 月第 1 版　　2022 年 7 月第 1 次印刷

*

ISBN 978-7-5009-5854-3
定价：72.00 元

社址：北京市东城区体育馆路 8 号（天坛公园东门）
电话：67151482（发行部）　　邮编：100061
传真：67151483　　　　　　　邮购：67118491
网址：www.psphpress.com

（购买本社图书，如遇有缺损页可与邮购部联系）

前 言

校园足球运动，顾名思义就是在各级各类学校中开展的足球健身与竞技运动，其发展与校园足球活动的提出是密切相关的。2009年4月，在"体教结合"理念的指导下，政府将素质教育与青少年足球后备人才培养相结合，推出了"校园足球活动"，目的在于通过校园足球活动"立德树人"，同时为我国的足球运动培养合格的后备人才。2015年2月，中央全面深化改革领导小组第十次会议审议通过了《中国足球改革发展总体方案》，提出了普及社会足球、改革足球人才培养方式、实现青少年足球人口大幅增加等改革目标，这些目标都需要通过大力发展青少年足球活动来实现。因此，对现代足球发展大环境中校园足球的教学与训练展开探讨和研究是有着重要意义的。

本书第一章主要讲述了足球运动与校园足球的一些基本概念；第二章从教育哲学、教育心理学及体育学基础方面对校园足球教学内容作了简要探讨；第三章主要讲述了校园足球的教学体系，包括校园足球教学的任务与要求、校园足球教学的原则与方法、校园足球教学的组织与实施以及创新教育理念在足球教学中的应用；第四章主要讲述了校园足球训练指导要点、指导原则，以及具体的技术、战术和训练实践等方面的内容，并扩展了一些关于校园足球运动员的群体凝聚力培养的内容；第五章对现代足球发展大环境中校园足球发展战略做了一些简要分析，希望能对我国校园足球未来的发展起到一些积极作用。

  本书在撰写过程中，参考与借鉴了许多专家、学者的理论和数据资料，在此向他们的辛勤付出表示衷心的感谢。由于水平和精力所限，书中难免有错误存在，敬请广大读者批评指正。

周俊
2021 年 12 月 2 日

目 录

第一章 足球运动与校园足球 …………………………………………… 1

 第一节 足球运动概述 …………………………………………… 1
 第二节 校园足球概述 …………………………………………… 7
 第三节 校园足球运动的组织与管理 …………………………… 35
 第四节 开展校园足球的目的与意义 …………………………… 46

第二章 校园足球教学基础 ………………………………………………… 52

 第一节 教育哲学基础 …………………………………………… 52
 第二节 教育心理学基础 ………………………………………… 56
 第三节 体育学基础 ……………………………………………… 61

第三章 校园足球的教学体系 ……………………………………………… 65

 第一节 校园足球教学的任务与要求 …………………………… 65
 第二节 校园足球教学的原则与方法 …………………………… 73
 第三节 校园足球教学的组织与实施 …………………………… 81

第四节　创新教育理念在足球教学中的应用 …………………… 88

第四章　校园足球训练实践 …………………………………… 93

第一节　校园足球训练指导要点 …………………………… 93
第二节　教练员的指导原则 ………………………………… 94
第三节　校园足球运动的技术、战术及训练 ……………… 99
第四节　校园足球运动员的群体凝聚力培养 ……………… 163

第五章　现代足球发展大环境中校园足球发展战略分析 …… 174

第一节　校园足球开展的实践分析 ………………………… 174
第二节　校园足球发展战略的基本概念及理论框架 ……… 197
第三节　我国校园足球发展战略的制定 …………………… 198
第四节　我国校园足球发展的战略措施 …………………… 207

参考文献 ………………………………………………………… 211

第一章　足球运动与校园足球

校园足球是足球运动的一个分支。本章将从足球运动的起源和发展说起，介绍足球运动和校园足球的相关知识。

第一节　足球运动概述

一、足球运动的起源与发展

（一）足球运动的起源

古代足球起源于中国。2004年2月4日国际足联宣布：足球起源于中国古代的蹴鞠。2005年5月21日，时任国际足联主席布拉特在国际足联总部向中国淄博临淄颁发了足球起源地认证书。

现代足球运动则诞生于英国。1848年在英格兰剑桥，来自5所中学的学生制定了第一本足球竞赛规则，共10条。参与讨论的原伊顿公学的学生查尔斯·思林，在1862年出版了第一本有关足球规则体系的著作《最简单的游戏》。1857年英国成立了第一个足球俱乐部——谢菲尔德足球俱乐部。随着足球比赛的增多，为了适应足球运动发展，1863年10月26日，英国12个足球俱乐部的代表在伦敦召开会议，成立了世界上第一个足球运动组织——英格兰足球协会。国际上把这一天视为现代足球运动的诞生日。同年12月8日，该协会修改了剑桥规则，制定了统一的比赛规则，共14条。随着规则的统一，相关赛事被举办，使足球运动在英国流行起来。

（二）足球运动的发展

足球运动在英国流行后，逐渐被海员、士兵、牧师、商人等传播到世界各地，并在很多国家发展和壮大。1904年5月21日，法国、西班牙、荷兰、比利时、丹麦、瑞士和瑞典的足协代表在巴黎成立了国际足球协会联合会，简称国际足联，法文缩写为FIFA，至此世界各国足球的开展及竞赛有了能够协调的组织。

在足球活动开展的过程中，竞赛规则也在不断修改和完善，如越位规则从进攻队员与对方端线之间防守队员不足3人为越位改为不足2人。为了适应规则，比赛的技战术也在不断发展，新的打法和阵型不断被创造出来。1974年，荷兰人创造了全攻全守的整体型打法，使足球朝着全面型方向发展。

1885年，在现代足球诞生地英国，首创了职业足球俱乐部，随后欧洲和南美洲的一些国家也相继实行了足球职业化，有关职业化的规章制度也得到不断完善。20世纪70年代末至80年代初，随着足球运动的蓬勃发展，掀起了世界足球职业化的浪潮。目前，足球职业联赛开展最好的是欧洲，其中最有代表性、水平最高的是英格兰足球超级联赛、西班牙足球甲级联赛、德国足球甲级联赛、意大利足球甲级联赛、法国足球甲级联赛，被称为欧洲五大联赛。

二、足球运动的主要特点

（一）整体性——注重团队合作

足球是一种非常注重整体意识的运动，即集体性很强。在足球比赛中，没人能从整体上独立行动。这意味着即使每个运动员的技术和战术水平都很高，如果他们不重视整体的参与，那么必然会造成整个攻防失误，从而导致比赛失败。

在足球比赛中，用一句话概括整体性就是：足球不是一个人可以完成的项目，只有11人的共同努力才能取得好成绩。为了理解这句话，我们可以先分析足球的结构。

在开始正式的比赛之前，教练员会将这次竞赛预备要采用哪种阵型提前告知运动员，是442、532、352，还是451。可以看出，无论哪个阵型，除了守门员的位置是固定的，剩下的位置都根据足球场上的球员人数而定。

不过，足球的整体性是在足球滚动起来之后才真正表现出来的。场上每位运动员，不管是传球还是带球，不管是回传还是射门，都关系整个队伍的进攻与防守。例如，整体性攻防战术实际上就是在足球竞赛中，负责攻防的运动员表现出来的严密的组织性和战术实施的一致性，它的基础是攻防人力调配的科学性。

足球队的生命就是整体性，可见整体性对足球的重要性。为了充分发挥整体技战术作用，合理组织战术合作，所有运动员在足球场上需要共同努力，积极开展防守和进攻活动，将个人技战术努力融入整个球队的协同作用中。只有这样，团队才有凝聚力并立于不败之地。

（二）对抗性——竞争激烈、火爆

足球运动属于对抗性体育项目，有比赛就必有竞争，在足球竞赛中，对阵双方为了获得控制球的权利而展开激烈的争夺。在场上，双方球员你拼我抢，为了把球攻进对方球门，也为了不让球进入本方球门而拼尽全力。尤其是在双方的罚球区附近，对阵双方的争夺显得尤其凶猛，也更惊心动魄。

除此之外，在足球比赛过程中，双方的进攻和防守变化很快。从地面到空中的立体竞争始终贯穿着攻防、约束与反约束、限制与反限制的激烈对抗。双方的对抗体现在技术、战术、身体和心理等方面的全面对抗中。高级别的足球比赛是激烈的、令人兴奋的。比赛形势跌宕起伏，不可预测，因此吸引了观看者的注意力。

（三）快速性——节奏快、变化快

从整体方面来说，"快速"意味着对阵双方攻防的节奏快。这也就是说，对阵双方都想用最短的时间射进更多的球，即赢得最多的分数。竞赛中，哪一方攻防的节奏快、变化快，哪一方就会很容易占据场上的优势。

从个人方面来说，"快速"意味着运动员在运动中的反应思维敏捷，且个人攻防技术的动作速度快。只有这样，个人在场上拼抢时才会占据优势并压制对方。在足球竞赛时，个人有了速度就可以在一瞬间产生爆发力、弹跳力、加速度；有了速度就可以在一瞬间加速、变速，做出一系列的高难动作，发挥出淋漓尽致的技术水平。

足球运动的第一要素就是速度。虽然每个运动员在场上的位置不同、承担的责任不同，但速度都是他们必须拥有的。因此，无论是个人的还是整体的快速性，都是足球竞赛的一部分。

（四）意识性——自觉的心理活动

根据心理学的基本观点，人的意识是"客观现实在人脑中的反映，是心理活动的高级形式，是自觉的心理活动"。而在足球运动中，"意识"就是足球技术、战术手段在运动员头脑中的反映，是运动员在进行技术活动时自觉产生的心理活动。

具体来说，在足球运动过程中，每个运动员在完成技术动作或战术行动时，都受个人意识的支配，若意识能力弱，运动员就无法发挥出正常的技术、战术水平。

运动员个人技术、战术与自我意识的结合是一项艰巨的工程，它不仅要求运动员具备扎实的技术、战术基础和熟练的运用能力，还要求他们精通足球竞赛的规则，熟悉同伴与对手的球路和习惯，并能在竞赛瞬息万变的复杂形势中迅速做出正确的反应和行动。

这里，我们以运动员的技术意识与战术意识为研究对象，简明扼要地分析一下足球运动的意识性特点。在足球竞赛中，运动员每一项技术、战术的运用，无一不受他们意识的支配，从而演变出两个词汇——"技术意识"与"战术意识"。

"技术意识"与"战术意识"是足球运动员的灵魂，它支配着他们的足球技术、战术的正确运用，同时还影响着他们的技术、战术水平的正常发挥。

以技术意识为例，技术是与意识相联系并被意识支配的。按照心理学的基本观点，人的意识一经产生，就能指导人的行动，并反作用于实践，促进实践活动的发展。在足球竞赛中，运动员任何一个技术动作都是有目的、有意识的行动，并且每一个技术动作都是在第一信号系统和第二信号系统相互作用的基础上，在第二信号系统的控制下完成的。尤其是在技术动作的形成过程中，需要有意识地对所学的技术动作形成清晰的表象和正确的概念，同时还应分析技术动作的优劣，以完善技术动作，而这一切都是与人的意识分不开的。

总之，运动员意识的培养与提高在足球运动中占有非常重要的地位，并对运动员个人足球技术、战术水平的发展与提高起到巨大的促进作用。教练员应强调加强对运动员意识的培养，不断提高运动员的意识水平。只有这样，运动员才能在足球竞赛中充分发挥自己的技术、战术，提高竞赛胜利的概率。

（五）意志性——坚强、沉着、不服输

众所周知，足球竞赛时间长、运动场地大、参加人数多、对抗性强、技术战

术复杂……这一切无疑会给运动员造成很大的身体负担与心理压力。近年来，随着现代足球的发展，足球竞赛的节奏更加紧张、激烈，场上情况更加瞬息万变，拼抢争夺更加凶猛，双方始终处于高强度对抗中，这既对运动员的身体能力提出越来越高的要求，又对保证技术、战术和身体素质正常发挥的意志品质提出了更高的要求。

现代足球的一系列特点要求运动员必须树立必胜的信念，意志要坚定，行动要果断。无论打顺风球还是逆风球，都要胜不骄、败不馁，沉着冷静，化压力为动力，化被动为主动，能控制局势，争取竞赛的主动权。为达到一定的目的，即使遇到危险时，也要毫不畏惧而坚决行动。

（六）大众性——易开展、群众基础好

自足球运动诞生之日起，就在世界各国生根发芽，已经成为世界各国人民广泛喜爱的一项体育运动。除了举行正式的足球竞赛外，人们更加倾向于将足球运动作为一项锻炼身心的休闲运动。无论少年儿童还是青年人、中年人和老年人都喜欢在闲暇之余踢踢球，活动活动筋骨。

足球运动规则简单，器材设备要求也不高，易于开展。一般的足球运动对场地和器材没有严格要求，只要有一块场地和一个足球即可。场地根据参加活动的人数可大可小。球门可用砖、石、衣物等代替。在活动方式上，单人或两三人可进行颠球、耍球、传接球或练习各种基本技术；人数稍多可进行小型竞赛，如3对3、4对4、5对5。在时间上，人们可利用余暇时间随时活动，是一项十分易于开展的体育运动项目。

三、足球运动发展现状

国际足联的成立，使足球运动在世界的发展有了组织。国际足联的宗旨是促进国际足球运动的发展，促进各国足球协会间的友好协作。正是在其领导下，以足球竞赛为代表的相关活动广泛开展，最具代表性的赛事就是世界杯足球赛和奥运会足球赛。

世界杯，即国际足联世界杯赛，是世界最高水平的足球比赛，每四年举办一次。第1届比赛于1930年在乌拉圭举行，至2018年，世界杯比赛共举行了21届。巴西男子足球队成为夺取冠军最多的球队，共5次夺魁。

从1912年第5届奥运会开始，足球成为正式比赛项目。在成为奥运项目之

初，是禁止职业球员参加的。直到1993年，国际足联执委会决定，允许每个参加奥运会足球决赛的代表队有3名年龄超过23岁的职业队员，其他球员均为23岁及以下。这样的规定使该项赛事有别于世界杯足球赛，给予更多年轻球员一个展示的舞台。

除了世界杯和奥运会足球赛外，各大洲自己组织的竞赛活动也蓬勃开展，具有代表性的有欧洲足球锦标赛、欧洲冠军联赛、美洲杯等，这些赛事成了展示各大洲足球竞技水平的舞台。与此同时，和足球相关的多项活动在世界各地被广泛开展，这使足球运动无论在普及程度还是在影响力方面都显著超越其他体育项目，被誉为"世界第一运动"。

四、足球运动的锻炼价值

（一）健身价值

健身价值是足球运动最基本、最直接的锻炼价值，是决定足球运动的其他价值的基础。足球运动的基本活动方式是通过身体运动来完成的。人在进行身体运动时，机能和器官受到影响，并产生适应性变化。适宜的、良性的足球运动使人体器官和身体机能产生良好的适应性变化，从而提高人的身体健康水平和适应能力。足球运动的形式多样，可使人体进行全面的活动，因此对人体可产生较为全面的影响。由此可见，强身健体是足球运动作用于人体所产生的最直接的价值。活动者通过参与足球运动而对自己的身体进行改造。

（二）娱乐价值

近年来，随着生活水平的日益提高，人们的娱乐方式也越来越丰富。就目前而言，旅游、上网、体育健身等已经成为人们休闲娱乐的主要途径，而足球运动作为体育健身中一项非常容易开展的运动，其娱乐价值逐渐被大众所认可。

（三）社会价值

在现代社会中，足球运动既是一个独立的系统，但又与社会其他方面有着不可分割的联系。作为社会构成的一个重要部分，足球运动不可能脱离社会环境或脱离它与社会系统的相互关联而独自表现其价值。

第二节　校园足球概述

一、足球场地

足球场地是双方进行比赛的场所，国际足联对场地相关尺寸和标准有明确规定。下面简要介绍一下标准 11 人制足球场与 5 人制足球场的尺寸与标准。

（一）标准 11 人制足球场

1. 场地尺寸与标准

标准 11 人制足球场必须是长方形，长 90～120 米，宽 45～90 米。国际足联曾规定世界杯决赛阶段比赛场地为长 105 米、宽 68 米。

2. 球门尺寸与标准

标准 11 人制球门尺寸高 2.44 米、宽 7.32 米，足球门必须牢固地固定在地面球门线上，球门柱必须为正方形、长方形、圆形或椭圆形，不能对场上队员构成伤害，球门柱和横梁的宽度和厚度均应相同，颜色必须为白色。

（二）5 人制足球场

1. 场地尺寸与标准

5 人制足球场应为长方形，边线的长度必须大于球门线的长度，长 25～42 米，宽 15～25 米。国际比赛的球场长 38～42 米，宽 18～25 米。

2. 球门尺寸与标准

5 人制足球门尺寸为：3×1.2×2（两柱之间相距 3 米，前后相距 1.2 米，高 2 米）。足球门须固定在地面球门线上，球门立柱与横梁的宽度和厚度均应相同，颜色须为白色。球门网由门柱内侧往球门后的空间距离，上端至少 80 厘米，下端至少 100 厘米。

二、足球器材与装备

（一）足球

比赛足球根据大小有三种规格，即 3 号球（直径约 18 厘米）、4 号球（直径约 20 厘米）、5 号球（直径约 22 厘米）。5 号球（图 1-1）是成人比赛中标准足球，小学生一般使用 3 号球或 4 号球进行练习和比赛。比赛时，球的颜色应区别于场地颜色，气压应符合规则规定，充气过多或不足都会影响球的弹性。一般当球从 2 米高度下落，其初次反弹的高度以 50~65 厘米为宜。

图 1-1

（二）足球服装

参加足球运动尽量穿足球服装。足球服一般为短袖上衣和短裤（图 1-2），上衣必须要有袖子，长袖或短袖均可，不能穿无袖上衣参加比赛。比赛时同队队员的服装（包括上衣、短裤和球袜）颜色必须一致，并与对方队员有明显区别。

图 1-2

（三）足球护袜和足球鞋

足球护袜（图 1-3）为长筒，至膝盖位置，对小腿具有一定的保护作用，能够使小腿肌肉绷紧，便于发力。同时足球护袜还有固定护腿板的作用。足球鞋（图 1-3）是队员的战靴，在比赛中除了有利于奔跑移动外，足球鞋还有保护脚部及便于处理球的作用。

图 1-3

（四）足球护腿板

足球护腿板也叫护胫板，具有保护小腿的作用。在足球运动中，运动员经常会被踢到小腿，为了避免受伤，需要佩戴护腿板。护腿板一般为刚性硬板（图1-4），能够在一定程度上抵挡外来压力，分散和减缓对腿部的作用力，保护小腿，避免被踢伤或者造成骨折。国际足联强制规定：足球运动员必须佩戴足以提供一定保护的由塑料、橡胶等类似材料制成的护腿板，而且护腿板必须被足球袜完全包住。

图 1-4

（五）守门员服装及手套

守门员由于位置的特殊性及处理球的方式不同，其服装与场上其他位置球员存在明显差异，一般为长衣长裤，在处理球时，尤其是做倒地动作时，能够起到保护作用。守门员的服装颜色也必须与双方队员及裁判员的服装颜色有明显区别，以便辨认。守门员需要佩戴专用手套，以便于更好地接控球，同时手套也会对手指具有一定的保护作用（图 1-5）。

图 1-5

三、校园足球比赛规则简介

（一）标准 11 人制比赛规则

1. 获胜方法

足球比赛以将球踢进对方球门为目的，在规定的比赛时间内进球多的队获胜。当球的整体从球门柱间及横梁下越过球门线，而此前未违反竞赛规则，即为进球得分，在比赛中进球数较多的队为胜者。如两队进球数相等或均未进球，则比赛为平局。

2. 比赛时间

11 人制比赛时间为 90 分钟，分为相等的上下半场，每半场为 45 分钟。中场休息时间一般不得超过15分钟。每半场比赛中损失的时间应补足，补时多少由裁判员根据比赛情况决定。

3. 队员人数

11人制比赛每队上场人数为11人，在正式比赛中每场最多可以使用3名替补队员，被提名的替补队员人数为3~12名。如果任何队在比赛场上不足7人则比赛视为无效，应被裁判员终止。裁判员不能同意某队愿意在没有守门员的情况下进行比赛的要求。

4. 裁判员

11人制比赛每场由一名裁判员（也称主裁）、两名助理裁判员和一名第四官员组成。每场比赛由一名主裁控制，他具有全部权力去执行与比赛有关的竞赛规则。助理裁判员是裁判员的助手，他们依据规则协助裁判员控制比赛，他们的职责由主裁决定，一般用旗示向裁判员示意。第四官员在场下主要协助裁判员工作，如比赛中队员的替换、公布比赛应补足的时间等。

（二）5人制比赛规则

1. 获胜方法

5人制足球比赛获胜方法与11人制足球比赛一样，在规定的比赛时间内进球多的队获胜。

2. 比赛时间

5人制足球比赛分为上下相等的半场，每半场20分钟，中场休息不超过15分钟。双方球队在每个半场各有一次1分钟暂停的权利。

3. 队员人数

5人制足球比赛每队上场队员不得多于5人，其中必须有1名守门员。如果任何一队少于3人则比赛不能开始。比赛中，任何一队在场上队员人数少于3人，比赛将被终止。正式比赛中各队替补队员不得超过9人，换人次数不受限制。

4. 裁判员

5人制足球比赛每场由两名裁判员控制，即裁判员和第二裁判员。同时每场比赛应委派两名助理裁判员，即一名第三裁判员、一名计时员。第三裁判员主要记录场上累计犯规次数、暂停请求等情况，协助裁判员和第二裁判员的工作。计时员主要对1分钟暂停进行计时，并以不同于裁判员的哨音示意比赛半场、全场及加时赛半场时间结束。

四、5人制和7人制比赛阵型与位置分工

（一）5人制比赛

5人制足球比赛场上队员只有5人，场地小，因此在比赛的战术方法、攻守节奏等与常规11人制比赛有很大区别，适合小学生开展。5人制比赛除了守门员外，其他4名队员不仅都要参与进攻，还要全部进行防守，对他们攻守能力提出了更高要求。

1. 5人制比赛常用阵型

（1）2-2阵型（图1-6）：2-2阵型即两名后卫和两名前锋的配置，其最大特点是进攻和防守比较均衡，无论是前锋还是后卫，两人之间能够形成配合和呼应。两名前锋的穿插跑动能够为后卫队员创造更多突破或射门的机会。

●A●B 后卫　　●C●D 前锋

图1-6

（2）1-2-1阵型（图1-7）：1-2-1阵型即一名后卫、两名边锋和一名前锋的配置。该阵型任务分工明确，位置职责清晰。中场安排两名队员，在进攻

时对前锋的支援及防守时对中场的拦截都能起到较好作用。

Ⓐ 后卫　　ⒷⒸ 边锋　　Ⓓ 前锋

图 1-7

（3）3-1 阵型（图 1-8）：3-1 阵型即三名后卫和一名前锋的配置。该阵型偏重于防守，由于增加了防守队员，后防相对稳固，但进攻火力相对薄弱。进攻时，后卫队员要压上或前插，来帮助前锋，以增强攻击能力。

ⒶⒷⒸ 后卫　　Ⓓ 前锋

图 1-8

2. 基本方法及应用

5 人制比赛场地小、人数少，有自身的方法和策略。

首先，要树立全攻全守的整体战术思想。5 人制比赛一般也会安排后卫、前锋等各位置球员，但只是侧重点不同而已，决不能狭隘地理解为前锋只管进攻不顾防守，后卫只顾防守不参与进攻，而是既要参与进攻又要进行防守，否则就会在局部形成以少攻多或以少防多的情况，这样就处处被动，难以取得理想的比赛效果。

其次，队员要积极灵活跑动，为攻守创造条件。由于人数少、场地小，一般在紧逼盯人的情况下传控球的空间就会变小，处理球更加困难，因此要求队员要积极灵活地跑位，以此来摆脱防守，创造更多的接控球空间，这对球员速度耐力提出了更高要求。

最后，战术方法要灵活多变。5人制比赛虽然有多种阵型，但在比赛中要根据场上情况灵活运用，切不可一成不变。只有根据对手的情况及时应变，采用多种进攻和防守策略，才能掌握场上主动，取得理想比赛效果。如后卫的突然插上、边锋与其他队员的交叉换位等，都会给对方的防守造成威胁，因此应根据临场情况灵活采用多种战术方法。

3. 易犯错误及纠正

（1）进攻时，跑动接应不合理，进攻方式或节奏缺乏变化。

5人制比赛球门小，当防守一方全部回到防守位置时，想在阵地战中攻破对方球门就必须在进攻方式和节奏上寻求变化，让对手措手不及或防不胜防，因此变换方式和节奏是行之有效的方法，如后卫的突然前插或在进攻中突然加快节奏等，都会起到破坏对方防守的效果。另外，进攻队员在跑动接应中要注意同伴的站位，不要位置重叠，应向没有队友的空当区域跑位。

（2）防守时，盯人不紧，回位不及时。

5人制比赛球场小，当对方抢断球后很容易将球传到前场，进行快速反击，因此在丢球时一定要快速上抢持球人，逼迫其回传球或横传球，延缓对方进攻速度，为同伴回防争取时间。同时其他人迅速回防，站位盯人，布置好防守阵型。很多学生在比赛中重攻轻守，丢球后没能迅速盯人、回位防守，造成后防吃紧或丢球，因此平时就要加强丢球反抢练习以及快速回位防守训练，养成丢球后第一时间防守的习惯。

4. 练习方法推荐

（1）二过一配合练习，也可配合后接射门（图1-9）。

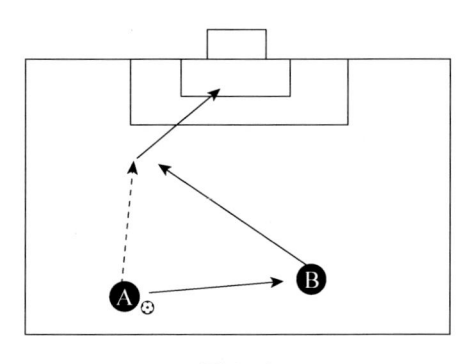

图1-9

（2）在5人制足球场大小的区域内进行3对3或4对4传接球对抗练习

（图1-10）。

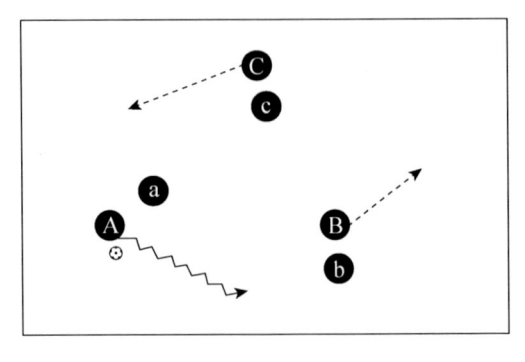

图1-10

（二）7人制比赛

7人制足球比赛由于场地相对小，且比赛人数适中，因此在一些学校被广泛开展，成为一些地方校际联赛的主要形式，下面对该种比赛做一简要介绍。

1. 7人制比赛常用阵型

（1）2-2-2阵型（图1-11）：2-2-2阵型由两名后卫、两名前卫和两名前锋组成，该阵型的最大特点是攻守均衡，三条线人员分配平均，合理占据场上位置空间。

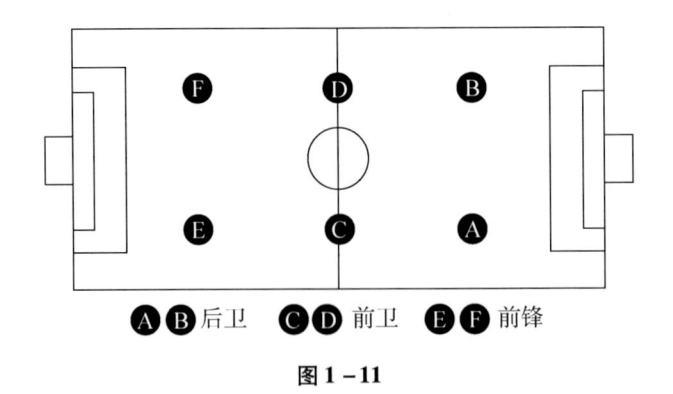

图1-11

（2）3-2-1阵型（图1-12）：3-2-1阵型由三名后卫、两名前卫和一名前锋组成，是7人制足球比赛中最常用的阵型。后卫线由一名中后卫和两名边后卫组成，防守位置分工明确，人数较多，使后防相对稳固。前卫线有两名队员，可以互相接应控制中场。在本方控球后，一名前卫队员也可迅速前插担当前锋角色。两名边后卫中的一人在进攻中也可积极前插助攻，另一人则主要协助中后卫进行防守。

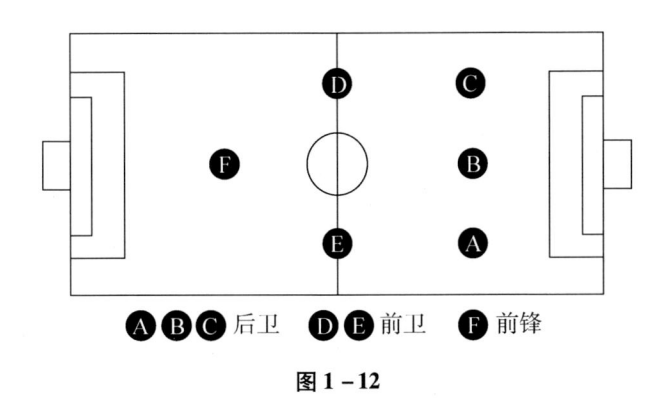

🅐🅑🅒 后卫　🅓🅔 前卫　🅕 前锋

图 1 – 12

（3）2 – 3 – 1 阵型（图 1 – 13）：2 – 3 – 1 阵型由两名后卫、三名前卫和一名前锋组成，由于中场安排了三名队员，使中场实力增强，有利于进攻时控制中场及防守时的拦截，对攻守都具有很好的支持。后卫仅安排两名队员，所以后防稍显薄弱，需要中场队员积极协防。

🅐🅑 后卫　🅒🅓🅔 前卫　🅕 前锋

图 1 – 13

2. 基本方法及应用

由于 7 人制足球比赛在规则等方面更接近标准 11 人制足球比赛，因此在基本方法方面也向 11 人制比赛靠拢。相比 5 人制足球比赛，7 人制比赛的场地更大，如果还像 5 人制比赛一样要求每个人攻要上得去、守要回得来已不现实，因此要明确位置分工及攻守的倾向性，前锋、前卫和后卫要很好地衔接，左、中、右要注意呼应和配合。一般在 7 人制比赛中会安排一名中后卫队员，主要对门前进行防守，根据对方前锋人员的多少及本场比赛的策略，适当再安排 1~2 名后卫，这样会使后防相对稳固。安排一名前锋队员时，前卫队员要积极插上，以增强攻击力。另外，边后卫的助攻也是常用的战术方法。

3. 易犯错误及纠正

（1）进攻时，没能充分利用场地宽度，前插队员少，造成以少攻多，效果不佳。

进攻时，当对方已经回防到位，一定要利用场地宽度，拉开对方防线，否则强攻中路效果不好。前卫队员和边后卫要积极前插，敢于进攻，这样才能不至于以少攻多。尤其是抢断球后要迅速前插，趁对方防守没能回位，瞬间形成以多攻少，往往会取得不错的效果。

（2）防守时，回位不及时，对门前保护不利。

在进攻时球被抢断，需要快速回防时，队员没能及时回位，造成防守被动或门前吃紧甚至被攻破球门。丢球后离球最近的队员应果断上抢，减缓对方的进攻速度，逼迫持球人回传或横传球，其他队员要迅速回防，尤其是中后卫队员要及时回到门前对球门形成有效保护，避免对方反击得手。

4. 练习方法推荐

（1）多种方式的二过一配合练习，也可配合后接射门（图1-14）。

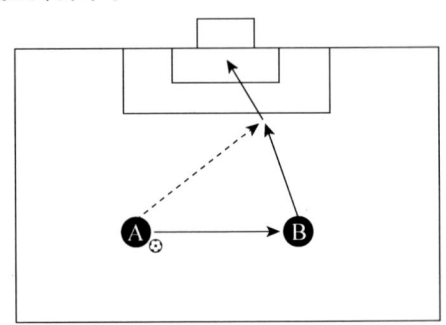

图1-14

（2）在长40米、宽30米区域内进行3对3或4对4传接球对抗练习（图1-15）。

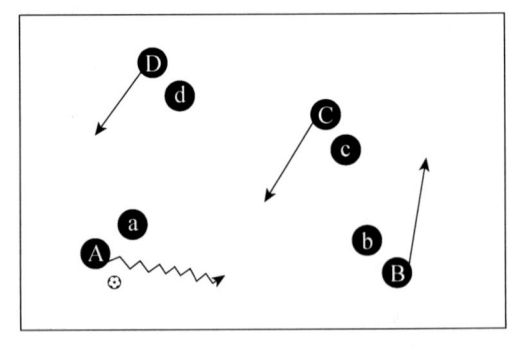

图1-15

五、校园足球运动技能等级评定标准

（一）测试场地、器材及人员配备要求

1. 场地

测试场地应为铺有天然或人造草坪的、符合《足球运动竞赛规则》要求的标准场地。测试场地布置如下。

（1）罚球弧顶距起点线20米；起点线距短传区3米。短传区面积4米×4米，前、后设置2米宽进、出口。距离短传区边线正中4米处平行设置木板墙1、2，利于学生选择左右脚。

（2）四级以上设置"二过一"测试内容。与短传区边线平齐，距离2.5米处设置"二过一"标志杆。

（3）五级以上设置"射门准确性"测试内容。将球门分为三等份，两侧A、B区域均为长2.44米×高2.44米。

2. 器材

（1）测试用球：采用中国足球协会认定的比赛用球。小学生（11岁以下）为4号球，其他人员为5号球，8~10只，标准气压。

（2）木板墙：面积1.5米×1米4个，墙面与地面垂直。可在3人制比赛中用球门正面固定安装3厘米厚的木板，加装龙骨，后设固定支架。保证稳定与适当的弹性，并且不被来球击倒、击歪。

（3）球门：11人制比赛标准球门（7.32米×2.44米）1个，配球网。

（4）标志杆：高度不低于1.5米，设置小旗，安装底座，保证标志杆不被来球击倒、击歪。可采用符合《足球运动竞赛规则》要求的天然或人造草坪场地的角旗杆15~20支。

（5）标志桶：软塑料制，30厘米高，颜色鲜艳，16~20个。

（6）其他：配秒表2只、记录板2个、成绩登记表格、笔等。

3. 设备

医用急救包1套，全程录像设备1套，专用电脑2台，配备网络接口，并保

证网络畅通。

4. 人员

（1）考官：至少 3 名。

（2）助考：至少 7 名。

（3）其他考务人员：根据测试规模及需要配备若干名。

（二）测试的总体要求

1. 测试规则

被测试者首次申请测试可以从任一等级开始，但应对自己的水平有一定的预估。首次测试通过后，方可申请高一等级的测试，不通过者须至少降等级重新申请。

本"标准"遵循《足球运动竞赛规则》，测试动作违反《足球运动竞赛规则》将停止测试。每级测试，考生有两次测试机会。

2. 被测试者要求

被测试者必须身着运动服和运动鞋参加测试。被测试者必须进行充分的热身和准备活动后，方可参加测试。

被测试者进入测试场地，严格遵守《足球运动竞赛规则》要求，从测试开始至结束，全程不得用手触球。

3. 考官要求

考官职责：要严格测试纪律，按照流程组织测试。测试考官进入场地，要严格检查测试场地、器材安全与相关标准。测试考官必须询问、提醒进入测试场地的被测试者准备活动是否做好。

考官资质：大学、中小学中级以上职称的足球专项教师，且获得 D 级足球教练员证书者；体育专业院校讲师以上职称的足球专项教师；或全国青少年体育考级中心认定的相应级别考官。所有考官均无不良执裁记录。

4. 测试点要求

场地平整，无易造成伤害事故的坚硬物体或其他安全隐患，草长度标准；覆盖喷灌出口；整个测试过程须全程录像等。

（三）各等级测试科目

各等级标准测试见表1-1。

表1-1 各等级标准测试一览

等级	科目
一级	快速运球、短距离传接球、运球过障碍、射门
二级	快速运球、短距离传接球、运球过障碍、射门
三级	快速运球、短距离传接球、运球过障碍、射门
四级	快速运球、短距离传接球、踢墙式二过一、运球过障碍、射门
五级	快速运球、短距离传接球、踢墙式二过一、运球过障碍、射门
六级	快速运球、短距离传接球、踢墙式二过一、运球过障碍、射门
七级	快速运球、短距离传接球、传准、踢墙式二过一、运球过障碍、射门
八级	快速运球、短距离传接球、传准、踢墙式二过一、运球过障碍、射门
九级	快速运球、短距离传接球、传准、踢墙式二过一、运球过障碍、射门

1. 一级测试

科目：快速运球、短距离传接球、运球过障碍、射门。

（1）被测试者将球放在起点线上，举手向考官确认测试可以开始后，运球向前滚动，球离开起点线的瞬间计时开始。

要求：测试开始前被测试者的身体任何部位不能越过起点线。

（2）快速直线运球至短传区内，在短传区内将球传向木板墙1或2，完成短距离传接球。

要求：被测试者必须从短传区进口处进入；传出去的球没有接触到木板墙的（踢飞），此次测试即告失败。木板墙反弹球停在木板墙与短传区之间，应该将球带回短传区，重新完成传接球。

（3）接木板墙1或2反弹回来的球，运球向前出短传区出口，从①号标志杆任何一侧开始连续绕杆运球。

要求：被测试者必须从短传区出口处运球穿出；不得漏杆、撞杆，否则应将球运回，从出错处重新开始。

（4）完成运球绕杆后，在罚球区线前将球射向球门区。

要求：球的整体越过球门线的瞬间计时停表，此次测试结束。球从球门框内侧反弹进球门内的,成绩有效;球直接踢出球门外的(踢飞),或击中球门框弹回场地内或场地外的,成绩无效。

场地布置见图1-16。

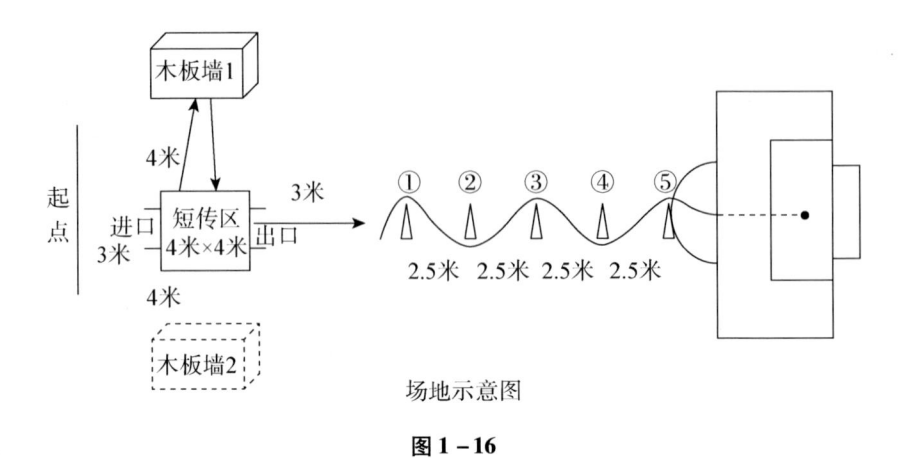

场地示意图

图1-16

短传区出口距①号标志杆3米,①和②、②和③、③和④、④和⑤标志杆之间的距离皆为2.5米。

要点说明:

被测试者向考官举手确认测试可以开始(球在起点线上)。球离开起点线,考官按下秒表。

快速带球向短传区入口,从入口进入,在短传区内完成短传。从短传区出口带球向第一个标志杆,绕杆。

罚球区线前射门,过球门线,球进门。

达标标准:

男生需在13秒以内完成,女生需在16秒以内完成。

2. 二级测试

科目:快速运球、短距离传接球、运球过障碍、射门。

(1)被测试者将球放在起点线上,举手与考官确认测试可以开始后,运球向前滚动,球离开起点线的瞬间计时开始。

要求:测试开始前被测试者的身体任何部位不能越过起点线。

（2）快速直线运球至短传区内，在短传区内将球传向木板墙 1 或 2，完成短距离传接球。

要求：被测试者必须从短传区进口处进入；传出去的球没有接触到木板墙的（踢飞），此次测试即告失败。木板墙反弹球停在木板墙与短传区之间，应该将球带回短传区，重新完成传接球。

（3）接木板墙 1 或 2 反弹回来的球，运球向前出短传区出口，从①号标志杆任何一侧开始连续绕杆运球。

要求：被测试者必须从短传区出口处运球穿出；不得漏杆、撞杆，否则应将球运回，从出错处继续开始。

（4）完成运球绕杆后，在罚球区线前将球射向球门区。

要求：球的整体越过球门线的瞬间计时停表，此次测试结束。球从球门框内侧反弹进球门内的，成绩有效；球直接踢出球门外的（踢飞），或击中球门框弹回场地内或场地外的，成绩无效。

场地布置见图 1-17。

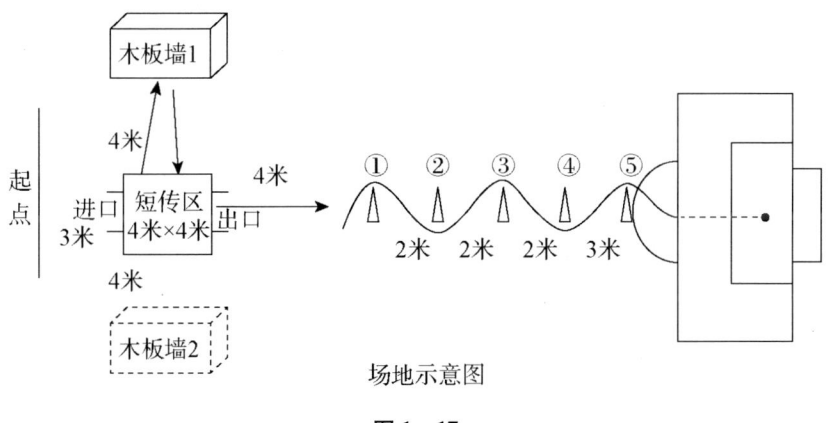

场地示意图

图 1-17

短传区出口距①号标志杆 4 米，①和②、②和③、③和④、④和⑤标志杆之间的距离分别为 2 米、2 米、2 米、3 米。

要点说明：

被测试者向考官举手确认测试可以开始（球在起点线上）。球离开起点线，考官按下秒表。

快速带球向短传区入口，从入口进入，在短传区内完成短传。从短传区出口带球向第一个标志杆，绕杆。

罚球区线前射门，过球门线，球进门。

达标标准：
男生需在 11 秒以内完成，女生需在 14 秒以内完成。

3. 三级测试

科目： 快速运球、短距离传接球、运球过障碍、射门。

（1）被测试者将球放在起点线上，举手向考官确认测试可以开始后，运球向前滚动，球离开起点线的瞬间计时开始。

要求： 测试开始前被测试者的身体任何部位不能越过起点线。

（2）快速直线运球至短传区内，在短传区内将球传向木板墙 1 或 2，完成短距离传接球。

要求： 被测试者必须从短传区进口处进入；传出去的球没有接触到木板墙的（踢飞），此次测试即告失败。木板墙反弹球停在木板墙与短传区之间，应该将球带回短传区，重新完成传接球。

（3）接木板墙 1 或 2 反弹回来的球，运球向前出短传区出口，从①号标志杆任何一侧开始连续绕杆运球。

要求： 被测试者必须从短传区出口处运球穿出；不得漏杆、撞杆，否则应将球运回，从出错处继续开始。

（4）完成运球绕杆后，在罚球区线前将球射向球门区。

要求： 球的整体越过球门线的瞬间计时停表，此次测试结束。球从球门框内侧反弹进球门内的，成绩有效；球直接踢出球门外的（踢飞），或击中球门框弹回场地内或场地外的，成绩无效。

场地布置见图 1-18。

短传区出口距①号标志杆 4 米，①和②、②和③、③和④、④和⑤、⑤和⑥标志杆之间的距离分别为 1 米、3 米、1 米、3 米、1 米。

要点说明：
被测试者向考官举手确认测试可以开始（球在起点线上）。球离开起点线，考官按下秒表。

快速带球向短传区入口，从入口进入，在短传区内完成短传。从短传区出口带球向第一个标志杆，绕杆。

罚球区线前射门，过球门线，球进门。

场地示意图

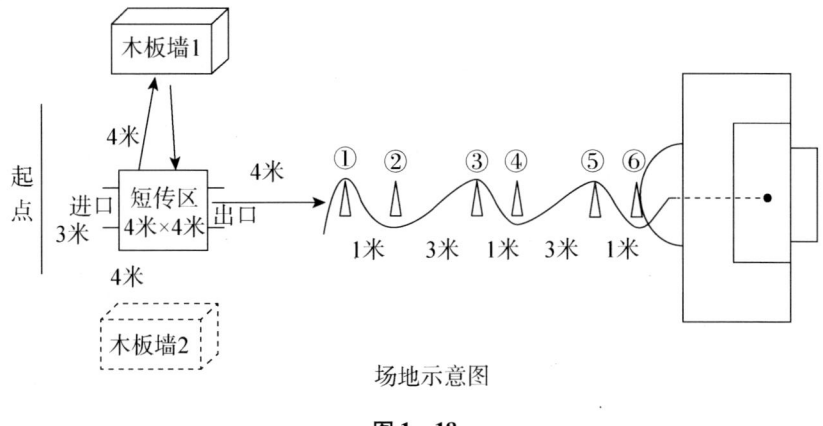

图 1-18

达标标准：

男生需在 12 秒以内完成，女生需在 15 秒以内完成。

4. 四级测试

科目：快速运球、短距离传接球、踢墙式二过一、运球过障碍、射门。

（1）被测试者将球放在起点线上，举手向考官确认测试可以开始后，运球向前滚动，球离开起点线的瞬间计时开始。

要求：测试开始前被测试者的身体任何部位不能越过起点线。

（2）快速直线运球至短传区内，在短传区内将球传向木板墙1或2，完成短距离传接球。

要求：被测试者必须从短传区进口处进入；传出去的球没有接触到木板墙的（踢飞），此次测试即告失败。木板墙反弹球停在木板墙与短传区之间，应该将球带回短传区，重新完成传接球。

（3）接木板墙1或2反弹回来的球，运球向前出短传区出口；将球踢向木板墙3或4，完成"踢墙式二过一"配合。

要求：必须从短传区出口处运球穿出；传出去的球没有接触到木板墙的（踢飞），此次测试即告失败。若木板墙反弹回来的球停在木板墙与"二过一"标志杆之间，须将球带回，重新完成"踢墙式二过一"配合。

（4）接木板墙"二过一"反弹回来的球，从①号标志杆任何一侧开始连续绕杆运球。

要求：不得漏杆、撞杆，否则应将球运回，从出错处继续开始。

25

(5) 完成运球绕杆后，在罚球区线前将球射向球门区。

要求：球的整体越过球门线的瞬间计时停表，此次测试结束。球从球门框内侧反弹进球门内的，成绩有效；球直接踢出球门外的（踢飞），或击中球门框弹回场地内或场地外的，成绩无效。

场地布置见图 1-19。

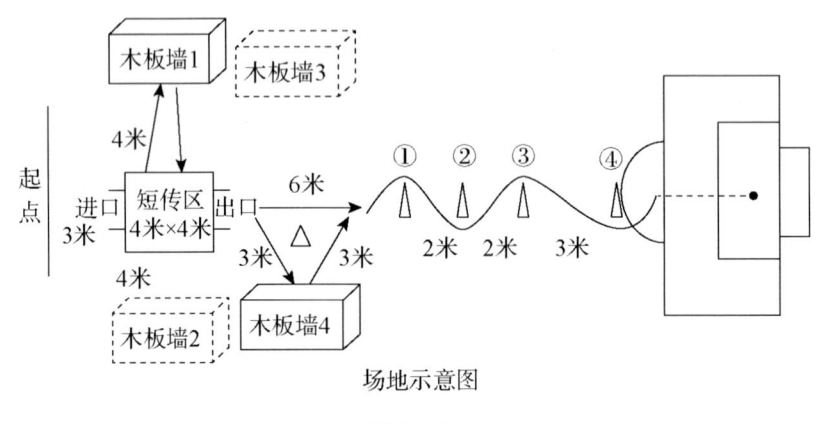

场地示意图

图 1-19

短传区出口距①号标志杆 6 米，①和②、②和③、③和④标志杆之间的距离分别为 2 米、2 米、3 米。

要点说明：

被测试者向考官举手确认测试可以开始（球在起点线上）。球离开起点线，考官按下秒表。

快速带球向短传区入口，从入口进入，在短传区内完成短传。从短传区出口出，完成"踢墙式二过一"传球。

完成后向第一个标志杆运球，绕杆。

罚球区线前射门，过球门线，球进门。

达标标准：

男生需在 15 秒以内完成，女生需在 17 秒以内完成。

5. 五级测试

科目：快速运球、短距离传接球、踢墙式二过一、运球过障碍、射门。

(1) 被测试者将球放在起点线上，举手向考官确认测试可以开始后，运球向前滚动，球离开起点线的瞬间计时开始。

要求：测试开始前被测试者的身体任何部位不能越过起点线。

（2）快速直线运球至短传区内，在短传区内将球传向木板墙1或2，完成短距离传接球。

要求：被测试者必须从短传区进口处进入；传出去的球没有接触到木板墙的（踢飞），此次测试即告失败。木板墙反弹球停在木板墙与短传区之间，应该将球带回短传区，重新完成传接球。

（3）接木板墙1或2反弹回来的球，运球向前出短传区出口；将球踢向木板墙3或4，完成"踢墙式二过一"配合。

要求：必须从短传区出口处运球穿出；传出去的球没有接触到木板墙的（踢飞），此次测试即告失败。若木板墙反弹球停在木板墙与"二过一"标志杆之间，须将球带回，重新完成"踢墙式二过一"配合。

（4）接木板墙"二过一"反弹回来的球，从①号标志杆任何一侧开始连续绕杆运球。

要求：不得漏杆、撞杆，否则应将球运回，从出错处继续开始。

（5）完成运球绕杆后，在罚球区线前将球射向球门两侧A、B区域。

要求：球的整体越过球门线的瞬间计时停表，此次测试结束。球从球门框及A、B区标志杆内侧反弹进球门内的，成绩有效；球直接踢出球门外的（踢飞），或击中球门框及A、B区标志杆弹回场地内或场地外的，成绩无效。

场地布置见图1-20。

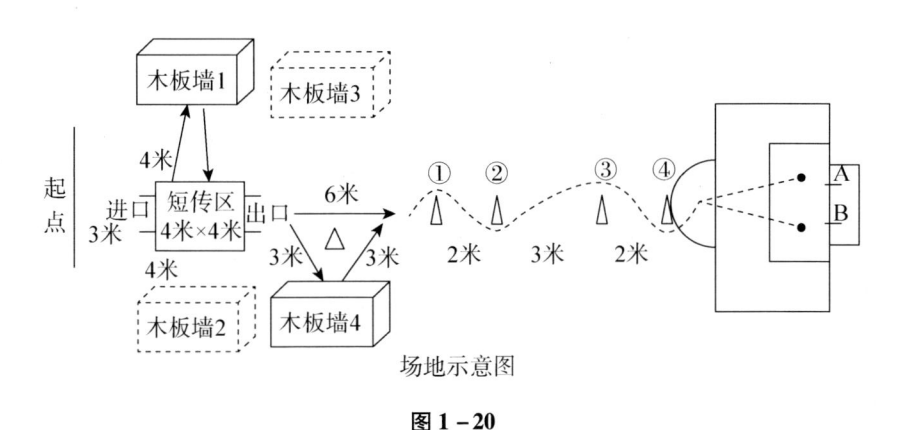

图1-20

短传区出口距①号标志杆6米，①和②、②和③、③和④标志杆之间的距离分别为2米、3米、2米。

要点说明：

被测试者向考官举手确认测试可以开始（球在起点线上）。球离开起点线，考官按下秒表。

快速带球向短传区入口，从入口进入，在短传区内完成短传。从短传区出口出，完成"踢墙式二过一"传球。

完成后向第一个标志杆运球，绕杆。

罚球区线前射门，球进球门两侧 A、B 区域，过球门线，球进门。

达标标准：

男生需在 14 秒以内完成，女生需在 16 秒以内完成。

6．六级测试

科目：快速运球、短距离传接球、踢墙式二过一、运球过障碍、射门。

（1）被测试者将球放在起点线上，举手向考官确认测试可以开始后，运球向前滚动，球离开起点线的瞬间计时开始。

要求：测试开始前被测试者的身体任何部位不能越过起点线。

（2）快速直线运球至短传区内，在短传区内将球传向木板墙 1 或 2，完成短距离传接球。

要求：被测试者必须从短传区进口处进入；传出去的球没有接触到木板墙的（踢飞），此次测试即告失败。木板墙反弹球停在木板墙与短传区之间，应该将球带回短传区，重新完成传接球。

（3）接木板墙 1 或 2 反弹回来的球，运球向前出短传区出口；将球踢向木板墙 3 或 4，完成"踢墙式二过一"配合。

要求：必须从短传区出口处运球穿出；传出去的球没有接触到木板墙的（踢飞），此次测试即告失败。若木板墙反弹回来的球停在木板墙与"二过一"标志杆之间，须将球带回，重新完成"踢墙式二过一"配合。

（4）接木板墙"二过一"反弹回来的球，从①号标志杆任何一侧开始连续绕杆运球。

要求：不得漏杆、撞杆，否则应将球运回，从出错处继续开始。

（5）完成运球绕杆后，在罚球区线前将球射向球门两侧 A、B 区域。

要求：球的整体越过球门线的瞬间计时停表，此次测试结束。球从球门框及 A、B 区标志杆内侧反弹进球门内的，成绩有效；球直接踢出球门外的（踢飞），或击中球门框及 A、B 区标志杆弹回场地内或场地外的,成绩无效。

场地布置见图 1-21。

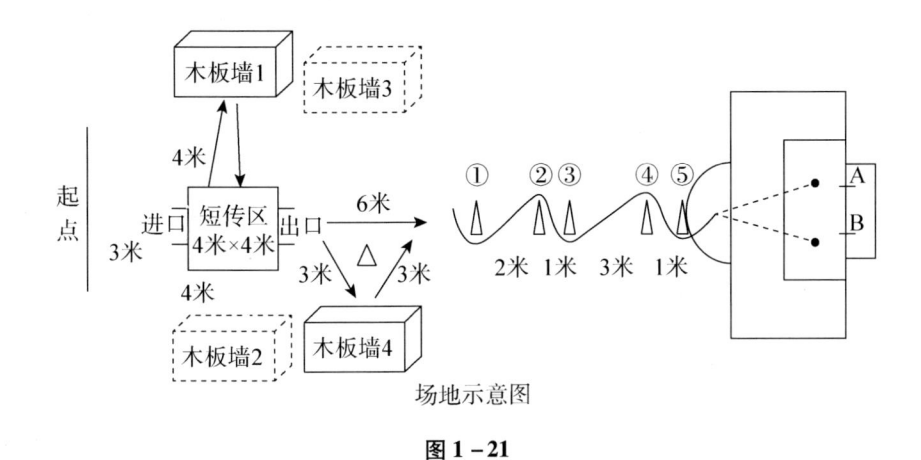

图 1-21

短传区出口距①号标志杆 6 米,①和②、②和③、③和④、④和⑤标志杆之间的距离分别为 2 米、1 米、3 米、1 米。

要点说明:

被测试者向考官举手确认测试可以开始(球在起点线上)。球离开起点线,考官按下秒表。

快速带球向短传区入口,从入口进入,在短传区内完成短传。从短传区出口出,完成"踢墙式二过一"传球。

完成后向第一个标志杆运球,绕杆。

罚球区线前射门,球进球门两侧 A、B 区域,过球门线,球进门。

达标标准:

男生需在 13 秒以内完成,女生需在 15 秒以内完成。

7. 七级测试

科目:快速运球、短距离传接球、传准、踢墙式二过一、运球过障碍、射门。

(1)被测试者将球放在起点线上,举手向考官确认测试可以开始后,运球向前滚动,球离开起点线的瞬间计时开始。

要求:测试开始前被测试者的身体任何部位不能越过起点线。

（2）快速直线运球至短传区内，在短传区内将球传向木板墙1或2，完成短距离传接球。

要求：被测试者必须从短传区进口处进入；传出去的球没有接触到木板墙的（踢飞），此次测试即告失败。木板墙反弹球停在木板墙与短传区之间，应该将球带回短传区，重新完成传接球。

（3）接木板墙1或2反弹回来的球，在短传区内将球长传至踢准区1或2。

要求：长传只踢准一次，球必须落在踢准区内。如没有命中，可拉回备用球，再次长传至这一目标区，直至命中。

（4）完成长传踢准后，再拉回一只备用球，运球向前出短传区出口；将球踢向木板墙3或4，完成"踢墙式二过一"配合。

要求：必须从短传区出口处运球穿出；传出去的球没有接触到木板墙的（踢飞），此次测试即告失败。若木板墙反弹球停在木板墙与"二过一"标志杆之间，须将球带回，重新完成"踢墙式二过一"配合。

（5）接木板墙"二过一"反弹回来的球，从①号标志杆任何一侧开始连续绕杆运球。

要求：不得漏杆、撞杆，否则应将球运回，从出错处继续开始。

（6）完成运球绕杆后，在罚球区线前将球射向球门两侧A、B区域。

要求：球的整体越过球门线的瞬间计时停表，此次测试结束。球从球门框及A、B区标志杆内侧反弹进球门内的，成绩有效；球直接踢出球门外的（踢飞），或击中球门框及A、B区标志杆弹回场地内或场地外的，成绩无效。

场地布置见图1-22。

短传区45°侧前方设置踢准区（男生25米，女生20米），踢准区直径为3米，圆心设标志杆1支。短传区出口距①号标志杆6米，①和②、②和③、③和④、④和⑤、⑤和⑥标志杆之间的距离分别为1米、2米、1米、2米、1米。

要点说明：

被测试者向考官举手确认测试可以开始（球在起点线上）。球离开起点线，考官按下秒表。

快速带球向短传区入口，从入口进入，在短传区内完成短传。长传踢球，长传球落入目标区内。

拉回备用球，运球从短传区出口出，完成"踢墙式二过一"传球。完成后向第一个标志杆运球，绕杆。

罚球区线前射门，球进球门两侧A或B区域，过球门线，球进门。

场地示意图

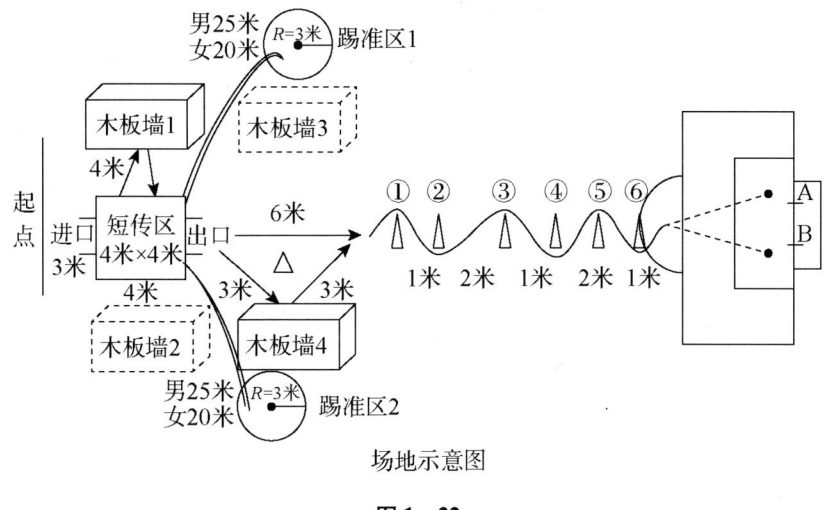

图 1-22

达标标准：

男生需在 16 秒以内完成，女生需在 22 秒以内完成。

8. 八级测试

科目：快速运球、短距离传接球、传准、踢墙式二过一、运球过障碍、射门。

（1）被测试者将球放在起点线上，举手向考官确认测试可以开始后，运球向前滚动，球离开起点线的瞬间计时开始。

要求：测试开始前被测试者的身体任何部位不能越过起点线。

（2）快速直线运球至短传区内，在短传区内将球传向木板墙 1 或 2，完成短距离传接球。

要求：被测试者必须从短传区进口处进入；传出去的球没有接触到木板墙的（踢飞），此次测试即告失败。木板墙反弹球停在木板墙与短传区之间，应该将球带回短传区，重新完成传接球。

（3）接木板墙 1 或 2 反弹回来的球，在短传区内将球长传至踢准区 1 或 2，但须踢准（进）两次。

要求：长传选择任何一侧目标区，球必须落在踢准区内。如没有命中，可拉回备用球，再次长传至这一目标区，直至命中。

（4）完成长传踢准后，再拉回一只备用球，运球向前出短传区出口；将球踢向木板墙 3 或 4，完成"踢墙式二过一"配合。

要求：必须从短传区出口处运球穿出；传出去的球没有接触到木板墙的（踢飞），此次测试即告失败。若木板墙反弹球停在木板墙与"二过一"标志杆之间，须将球带回，重新完成"踢墙式二过一"配合。

（5）接木板墙"二过一"反弹回来的球，从①号标志杆任何一侧开始连续绕杆运球。

要求：不得漏杆、撞杆，否则应将球运回，从出错处继续开始。

（6）完成运球绕杆后，在罚球区线前将球射向球门两侧 A、B 区域。

要求：球的整体越过球门线的瞬间计时停表，此次测试结束。球从球门框及 A、B 区标志杆内侧反弹进球门内的，成绩有效；球直接踢出球门外的（踢飞），或击中球门框及 A、B 区标志杆弹回场地内或场地外的，成绩无效。

场地布置见图 1-23。

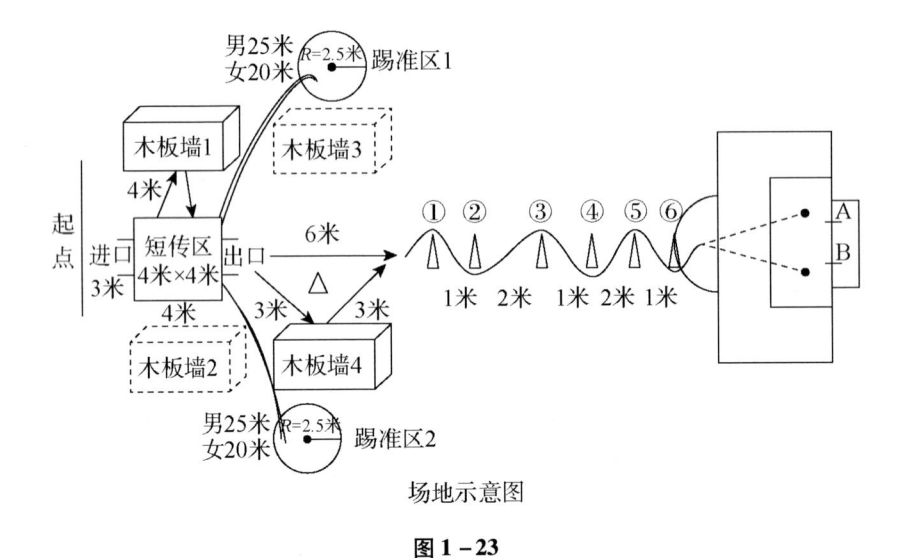

场地示意图

图 1-23

短传区 45°侧前方设置踢准区（男生 25 米，女生 20 米），踢准区直径为 2.5 米，圆心设标志杆 1 支。

要点说明：

被测试者向考官举手确认测试可以开始（球在起点线上）。球离开起点线，考官按下秒表。

快速带球向短传区入口，从入口进入，在短传区内完成短传。长传踢球，长传球需连续踢 2 次且都落入同一目标区域内。

拉回备用球，运球从短传区出口出，完成"踢墙式二过一"传球。完成后向第一个标志杆运球，绕杆。

罚球区线前射门，球进球门两侧 A 或 B 区域，过球门线，球进门。

达标标准：

男生需在 23 秒以内完成，女生需在 31 秒以内完成。

9. 九级测试

科目：快速运球、短距离传接球、传准、踢墙式二过一、运球过障碍、射门。

（1）被测试者将球放在起点线上，举手向考官确认测试可以开始后，运球向前滚动，球离开起点线的瞬间计时开始。

要求：测试开始前被测试者的身体任何部位不能越过起点线。

（2）快速直线运球至短传区内，在短传区内将球传向木板墙 1 或 2，完成短距离传接球。

要求：被测试者必须从短传区进口处进入；传出去的球没有接触到木板墙的（踢飞），此次测试即告失败。木板墙反弹球停在木板墙与短传区之间，应该将球带回短传区，重新完成传接球。

（3）接木板墙 1 或 2 反弹回来的球，在短传区内将球长传至踢准区 1 或 2；然后拉回一只备用球，再在短传区内将球长传至另一侧踢准区。

要求：可以选择先传向左右任何一侧目标区，但必须分别命中踢准区 1 和 2 各一次；如没有命中，可拉回备用球，再次长传，直至命中目标区。

（4）完成长传踢准后，再拉回一只备用球，运球向前出短传区出口；将球踢向木板墙 3 或 4，完成"踢墙式二过一"配合。

要求：必须从短传区出口处运球穿出；传出去的球没有接触到木板墙的（踢飞），此次测试即告失败。若木板墙反弹球停在木板墙与"二过一"标志杆之间，须将球带回，重新完成"踢墙式二过一"配合。

（5）接木板墙"二过一"反弹回来的球，从①号标志杆任何一侧开始连续绕杆运球。

要求：不得漏杆、撞杆，否则应将球运回，从出错处继续开始。

（6）完成运球绕杆后，在罚球区线前将球射向球门两侧 A、B 区域。

要求：球的整体越过球门线的瞬间计时停表，此次测试结束。球从球门框及 A、B 区标志杆内侧反弹进球门内的，成绩有效；球直接踢出球门外的（踢飞），或击中球门框及 A、B 区标志杆弹回场地内或场地外的，成绩无效。

场地布置见图 1-24。

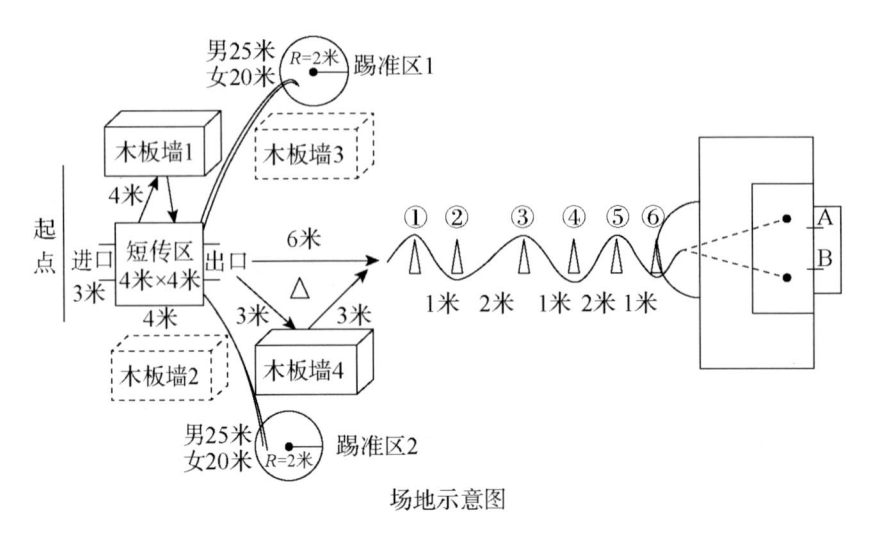

场地示意图

图 1-24

短传区 45°侧前方设置踢准区（男生 25 米，女生 20 米），踢准区直径为 2 米，圆心设标志杆 1 支。

短传区出口距①号标志杆 5 米，①和②、②和③、③和④、④和⑤、⑤和⑥标志杆之间的距离分别为 1 米、2 米、1 米、2 米、1 米。

要点说明：

被测试者向考官举手确认测试可以开始（球在起点线上）。球离开起点线，考官按下秒表。

快速带球向短传区入口，从入口进入，在短传区内完成短传。长传踢球，长传球需连续踢 2 次且都落入测试场地左右两侧不同目标区域内。

拉回备用球，运球从短传区出口出，完成"踢墙式二过一"传球。完成后向第一个标志杆运球，绕杆。

罚球区线前射门，球进球门两侧 A 或 B 区域，过球门线，球进门。

达标标准：

男生需在 22 秒以内完成，女生需在 30 秒以内完成。

第三节 校园足球运动的组织与管理

一、开展校园足球工作的总体要求

2014年11月26日，时任中央政治局委员、国务院副总理刘延东在全国电视电话会议上强调，要认真贯彻习近平总书记、李克强总理关于抓好青少年足球、加强学校体育工作重要指示精神，坚持体教结合，锐意改革创新，推进校园足球普及，促进青少年强身健体、全面发展，夯实国家足球事业人才基础。要充分认识到发展校园足球是成就中国足球梦想、建设体育强国的基础工程，对于深化教育改革、振奋民族精神具有重要意义。

2015年2月27日中央深化改革小组会议通过了《中国足球改革总体方案》，指出实现中华民族伟大复兴的强国梦与中国体育的强国梦息息相关，发展振兴足球是建设体育强国的必然要求，是提高中华民族软实力的一个重要组成部分，也是全国人民的热切期盼。《中国足球改革总体方案》中多次提到校园足球活动，指出校园足球活动是开展好学校体育工作的一个有力抓手和新的平台；是提高青少年体质水平的主要手段；是丰富校园文化生活的主要措施。

开展好校园足球活动首先要理解开展校园足球活动的价值，明确开展校园足球活动的意义，更新开展校园足球活动的观念。

（一）明确开展校园足球活动的意义和价值

1. 足球运动的教育功能

校园足球活动是教育活动的一个重要组成部分。校园足球的根本任务是通过足球活动立德树人，也是德智体美全面发展，所以必须要明确学生的主体地位。

青少年学生通过参加足球活动，不但能够获得直接的身体素质发展与提高、心理健康水平提高、丰富的情感体验、促进运动智慧发展的好处，还能够增强团队合作意识，建立遵守规则的意识，养成尊重他人的意识，保持公平竞争的意识，形成努力奋斗、不断进取的习惯和抗挫折的能力。

2. 促进心理健康

经常参加足球运动对心理健康有着积极的作用。足球比赛时，双方激烈对抗，场上攻守频繁转换，局面变幻莫测，对运动员的感知觉、观察力、记忆力、想象力、思维力和创造力都有较高的要求。一名优秀的运动员不仅要有良好的体能和精湛的技术，还要有很强的思维活动能力，能够在比赛中采取合理的战术打法，运用有效的技术来进攻或防守。经常参加足球活动和比赛，能提高人的自信心，改善人的心理素质。足球运动被称为勇敢者的运动。长期参加足球运动可以培养勇敢顽强、不断进取、坚忍不拔和胜不骄、败不馁等意志品质，以及热爱集体、团结合作、遵守纪律、敢于竞争、光明磊落、文明礼貌等优良道德品质。

3. 提高社会适应能力

所谓的社会适应，是指个人和团体，以及与社会环境的相互关系，是达到人际关系和社会作用的能力。小学生在不断的社会化过程中，经常参加足球运动，可以更好地融入社会环境和提高社会适应性，可以增加与他人接触和相互作用的机会。合作的能力是足球运动员的本质品质和需要通过足球活动开发的技能。经常参加足球运动，可以提高合作的意识，培养团队精神。全体参加者遵守规则，尊重裁判，尊重对方，尊重队友，能展示体育伦理和公平竞争的精神。现代社会的竞争越来越激烈，从小培养竞争意识和强化合作的思想，有助于小学生将来适应社会。

校园足球活动的开展要面向全体学生，使全体学生（无论男女）都享有参加足球活动的权利。同时校园足球活动更要坚持课内与课外相结合，普及与提高相结合，以及健康锻炼与卫生保健相结合。必须防止青少年校园足球活动成为假日足球、仪式足球的一种形式。真正的操场、足球场应该始终向学生开放，让他们利用课外时间自愿参加足球活动，并因地制宜进行足球比赛。

（二）开展校园足球活动的四个要素

青少年校园足球是开展好学校体育活动的一个重要方面。要遵循学校体育工作的有关要求和规律。开展好校园足球活动要抓好四个要素：足球课的教学、足球大课间活动、校内足球联赛、学校代表队的训练。

1. 上好足球课

兴趣是学生学习的主要动力。通过丰富多彩的足球活动，让学生在玩中学、玩中练。足球技术、足球战术是足球课教学的主要内容。小学生足球课要以熟悉球性练习、运控球技术和足球游戏、小足球比赛为主线，让学生体验踢足球的乐趣。足球课的教学形式应当灵活多样，不断改进教学方法，改善教学条件，提高教学质量。足球课要面向全体学生，让学生能够掌握足球的基本运动技能，能参加足球比赛，会做足球游戏。只有在技能不断提高的情况下，学生才会有锻炼的积极性。这对提高学生体质健康水平、促进学校体育工作健康发展具有重要意义。

2. 组织好校园足球大课间活动

校园足球活动的开展要充分利用大课间活动时间，要创新足球活动内容、方式和载体，增强足球活动的趣味性和吸引力，着力培养学生的体育爱好、运动兴趣和技能特长，甚至可以把课堂学的足球核心技术编排成大课间操，让学生练习和展示。

3. 组织好校内足球比赛

足球比赛是校园足球活动开展的主要形式，深受学生们喜爱。开展过程中应鼓励大家广泛参与，力争做到班班有球队、年级有球队，并根据场地条件组织各班、各年级进行5人制、7人制以及趣味性足球比赛，从而形成良好的足球氛围，进而以比赛为载体还可以开展形式多样的校园足球文化活动，如摄影、绘画、作文等。需要注意的是，体育比赛的风气是影响学校体育能否起到育人效果的一个最重要的因素，所以在足球比赛过程中必须加强赛风建设。

4. 组织好校足球代表队

学校体育的发展是建设体育强国的一个重要战略要求。通过普及校园足球活动发现有天赋的足球天才，也是开展好校园足球活动的一个重要组成部分。通过足球课、校内足球比赛，发现一些具有足球天赋的孩子，把他们组织起来，进行强化训练，既能代表学校参加校际的足球比赛，又能在同学中起到示范引领的作用。

二、校园足球教师的工作职责和应具备的素质

校园足球活动中体育教师的素质的好坏、水平的高低、能力的强弱将直接影响青少年学生足球能力的培养、身体素质的发展和良好品格的形成。正因如此，

足球教师需要拥有良好的素质，并明确自身的工作职责。为推动校园足球运动的发展，需明确足球教师应尽的职责义务和所要具备的素质要求，进一步加强对校园足球教师队伍的管理，全面提高其综合素质，不断推动校园足球活动健康发展。

（一）校园足球教师应具备的素质

在足球教学与训练中，足球教师是学生与足球运动之间的桥梁，是向学生传递正确的足球知识、足球技能以及优秀行为品质的枢纽。足球教师在思想道德和专业技能上必须要有过硬的素质，这样才能更好地向学生传递正能量，培养出现代社会所需要的足球人才。

1. 思想道德素质

作为校园足球开展主导的教师，要具有高尚的职业道德和思想素养，对足球运动有着极高的热情，对校园足球活动开展的目的、作用和途径具有清晰的认识，用积极的态度投身到教学训练工作中。此外，校园足球教师还应具有强烈的进取心，不断地学习新知识、领会新政策、掌握新理念，积极探索适宜的教学方法以达到理想的教学效果。

校园足球教师应尊重和服从国家对实施校园足球的有关要求，遵守所在学校的校规、校纪等相关规定，具体表现为：

（1）爱岗敬业，用巨大的热情投身到校园足球活动。
（2）通过自己的付出，为学生的成长做出最大努力。
（3）以身作则，成为学生眼中正面的榜样。
（4）热爱关心每个学生，用正确的方式方法教育学生，不打骂、不体罚，让他们在快乐轻松的环境下成长。
（5）谦虚好学，对足球运动要具有持续性学习的态度。
（6）具有良好的心理素质。

2. 专业技能素质

为更好地开展校园足球教学和训练，足球教师应具备一定的专业素养和能力，主要包括教师为完成正常教学和训练任务所应具备和掌握的足球技能和教学方法以及对足球课堂的组织能力。对足球专业知识有较为深入的理解，拥有丰富的足球运动实践经验，熟练掌握足球运动技术技能，是成为一名合格的足球教师应具备的重要因素。在足球专业知识方面，合格的足球教师要对足球裁判法、足球技战术、运动人体科学等多个专业都有较深入的了解，这样在开展教学训练工作上才能游刃有余、合理到位。足球运动中的很多具体问题是书本和语言上都难以表达的，必须通过实践性的演示和操作才能有效地促进学生的足球学习，只有拥有丰富的足球运动经验和过硬的足球技术能力，才能更好地提升学生的足球运动水平。

3. 自我提升的意识

任何一个成功的校园足球教师都有一套行之有效的教学和训练方法。青少年足球是中国足球的未来，在教学和训练中既要学技术，又要练体能，如何在这有限的时间内发挥出最大的作用，是每个校园足球教师都应考虑的问题。所以校园足球教师要加强自身的业务学习，跟上时代的发展，通过各种方式来加强自身能力，争取用更先进、更实用的方法去培养广大青少年学生。具体的做法包括以下几点：

（1）客观面对自身教育教学的优缺点。
（2）要保持和推广对自己好的教学方法。
（3）虚心听取别人的建议。
（4）积极改良自己的教学训练方法。
（5）通过各个渠道做好对自己的再培训。

（二）校园足球教师的工作职责

校园足球教师是学校校园足球活动的设计者和实施者，是学生认识和学习足球运动的主导者，履行一定的职责是校园足球活动对足球教师的基本要求之一。在人们的认识上，体育教师上好体育课就是最重要的职责，而校园足球活动要求足球教师上好足球课的同时，还应在足球大课间、课外足球活动、足球代表队训练以及校内足球比赛的组织等诸多方面发挥积极作用。

1. 全面关心学生身心健康

足球教师不仅是足球知识技能的传授者，更应该成为学生健康发展的促进者和引导者，因此需要了解学生的实际情况，认真制订好各种足球教学工作计划，认真备课，不断提高教学质量，促进学生健康成长。尤其应做到以下两点：

（1）积极了解各年龄段学生的生理心理特点。

（2）多与学生交流，关注他们的每一点进步。

2. 做好足球教学工作，上好足球课

体育课是学校体育的重要组成部分，而足球课是实施校园足球的基本途径之一。校园足球教师要认真上好足球课，激发学生对足球的兴趣，吸引学生积极参与足球运动，运用恰当灵活的方式方法在体育教学活动中传授足球知识和技术技能。足球教师要认真备课，不断钻研创新，灵活运用场地器材，合理组织足球教学形式，使足球课堂更加生动欢乐，不断发展学生主动参与足球运动的意识。具体应做到以下七个方面：

（1）按要求制订各级教学计划。

（2）认真备好每一节课，做到教学设计科学，教学分段合理，教学组织严密，教学方法有效，教学步骤清晰。

（3）教学目标明确、具体，操作性强。

（4）教学内容的选择符合学生的身心特点与发展需要，能准确地把握足球运动特点和价值，教材的处理和运用要得当。

（5）能够发挥教师的主导作用，充分体现学生在体育学习中的主体地位。

（6）注重将足球运动的特点和青少年儿童的特点相结合，课堂组织形式要新颖。

（7）灵活运用场地器材，因地制宜地制造出可用的教学道具。

3. 紧抓足球代表队的训练工作

校园足球活动中，小学足球队的训练是体育后备人才力量培养的重要途径，是衡量校园足球开展效果的重要方面之一。教师在训练方法上要遵循相应的原则，采用符合少年儿童生理和心理特点的训练方式，增强其足球技能，加深他们对足球运动的理解，注重足球技术和足球意识的提高。在开展训练工作时应特别关注以下八个方面的要求：

（1）全力培养孩子对足球运动的爱好和对规则的了解。

（2）对不同年龄段的校足球队队员提供适当的训练课长度和次数。

（3）向不同年龄段的校足球队队员介绍适当的技术、战术、体能、心理等知识。

（4）按照不同年龄段调整适当的装备、器材和规则。

（5）让每个人有机会尝试场上所有的位置。

（6）满足学生享受足球训练和比赛的乐趣的需要，应积极鼓励，避免负面

批评。

（7）训练时应鼓励学生积极学习的态度，并融入游戏等元素。

（8）尽力帮助每个学生发挥他们的最大潜能，为他们的进一步发展做好准备。

4. 积极组织和参与足球比赛

比赛是最好的老师，在校内组织足球比赛能提高足球项目的受关注度，参与足球比赛是提升学生足球兴趣、提高学生足球技能的最好方式之一。学校代表队参加校外的足球比赛，也是提升校园足球整体关注度和促进学生全面发展的重要途径之一。比赛的输赢并不重要，重要的是学生通过比赛能获得成长和锻炼。通过比赛能使学生更加成熟，团队意识更加深刻，意志品质更加顽强，技术、战术水平快速提高，这要求校园足球教师在日常教学和训练中就要引导学生具有积极向上的品质。在比赛的过程中，校园足球教师能否起到正确的引导和教育作用也是非常关键的。只要校园足球教师摆正心态，沉稳应对各种情况，就能使孩子们收获比赛的成功。具体应做好以下八个方面的工作：

（1）积极组织校内足球联赛，并做好裁判工作。

（2）教导队员遵守比赛规则。

（3）指导队员在场上发扬公平竞赛精神，尊重对手、裁判、同伴和观众。

（4）鼓励队员尊重双方球迷。

（5）鼓励场上、场下的队员态度积极，纪律严谨，不违反规则。

（6）严格处罚蔑视比赛规则的队员或球队工作人员。

（7）冷静、自尊，不公开责备队员或裁判员，以身作则。

（8）对输赢要有正确的态度。

5. 组织特色足球大课间活动

足球大课间活动的开展是校园足球活动的一个特色。足球大课间是全面普及开展足球运动的一个有效方式，更是对外展示本校足球活动开展和学生精神面貌的窗口。足球教师在此项活动中担任着培训与组织的关键角色。足球教师必须结合学校的实际情况，大胆创新，灵活合理地运用场地器材，有条不紊地组织学生开展大课间活动。还应学习其他学校的组织形式，取长补短，使本校的大课间活动有较强的可行性且独具特色。

6. 提高安全意识，预防足球运动伤害

足球运动，尤其是在比赛中存在较为激烈的身体对抗，这使得踢球者受伤的可能性加大。对于正处于生长发育期的少年儿童，足球教师要加强安全防范工作，提高安全意识，及时发现潜在的安全问题，消除体育活动中的安全隐患，让学生在安全的环境中使用安全的方法享受足球的乐趣。

（1）明确校园足球教师在预防校园足球伤害事故中的职责和任务。

（2）教导学生安全地参与足球学习与比赛，提出具体的要求和方法。

（3）执行适当的系统性训练，使校足球队队员的身体状况适合比赛。

（4）严格监督和杜绝球场上的粗野行为，尽量避免导致学生受伤的隐患。

（5）在教学、训练和比赛前认真检查场地、器材、设施及有关装备的安全性。

（6）能够及时科学地应对紧急伤病情况，知道如何对受伤部位进行冰敷和利用急救箱内各种医疗物品。

三、足球大课间的组织与管理

（一）开展足球大课间活动的有关要求

大课间活动的开展要面向全体学生，每天一小时的校园体育活动分上下午进行，每次半小时，纳入课程管理，让学生在轻松的环境中有序安全地锻炼。一般来说，开展足球大课间活动应注意以下几个方面。

1. 全员参与

大课间活动的安排要符合全体学生的技术能力要求和身体素质要求，让所有学生都参与其中。学校领导、班主任、值班教师应参与组织学生快速、有序地进入操场，并尽量参与学生的活动。

2. 保证时间

活动时间一般为 30 分钟。从学生离开教室到学生回教室控制在 30 分钟以内。也有些学校把上午和下午合并为一次 1 个小时进行大课间活动。

3. 保证运动量

大课间足球活动要有一定的运动量。学生既能从中学习足球的基本技术，又能锻炼身体。

4. 以脚为主

要选择以脚为主的足球练习活动。由于参与的人数多，活动的空间相对较小，建议以揉球、拨球、拉球、运球、颠球和短距离的传接球等技术为主。

5. 有序退场

活动结束以后，值日教师、班主任要组织学生有序退场，安排放置好足球和器材。

（二）足球大课间活动示例

为达到锻炼效果，在足球大课间活动中可以合理运用足球中的基本技能。以下介绍一个足球大课间活动的示例。

1. 开始部分：热身环形跑

学生从教室出来后，在指定位置站好队，在班主任的带领下做环形跑。这一部分主要是引导学生进入练习状态。学生以班级为单位，本班级完全到位置以后就开始环形跑，充分利用时间和场地。

2. 准备部分：活力足球操

环形跑结束后，学生回到原位，跟着音乐做足球操（足球操根据学校和学生的特点及足球项目特色创编而成）。这一部分内容主要目的是让学生逐步进入训练状态以更好地展示足球技术，并通过充分活动身体来预防运动伤害。

3. 基本部分：足球技术技能展示

这一部分包括三个环节，是针对不同水平段来设计的，在环节设置上，运动强度较大的和运动强度较小的活动相互交替，前两个环节主要是技术练习，第三个环节是技能展示。

第一个环节，全体学生统一原地练习足球基本技术，由揉球、脚内侧拨球和脚背正面颠球组成。

第二个环节，水平二是加强原地控球技术，双脚拉球和双脚交替踩球；水平三是把五、六年级平均分开，做行进间的双脚拉球和双脚交替踩球，五、六年级要在水平二的基础上，把原地控球练习提高为行进间控球。

第三个环节，由于三年级学生对足球控制较差，所以三年级做距离较短的"U"型踩球练习；四至六年级做环形踩球练习。本环节主要是把技术练习提升为技能展示，把学习到的足球技术动作用在运动中。

4. 结束部分：放松拉伸操

学生在足球练习和展示之后，充分放松身体，拉伸肌肉，调整呼吸，在轻松的歌声中放松身体，结束大课间活动。

足球大课间是让学生增强身体素质的一种方式，也是对学校文化建设、特色传承的一种体现。

四、学校足球代表队的组织与管理

学校足球代表队建设是校园足球文化的重要方面，能够充分熏陶学生的足球情感，使学生更深入地认识足球，享受足球带来的无尽魅力。

（一）球队的组建

一个校园球队的组建要考虑学校的具体状况和学生的特点。组队前要结合学校的办学理念，配合学校的办学导向；经过审批后要做好组队的宣传工作，制订出一系列的能吸引有潜力学生参加训练的具体措施和方案。学生家长和学校间要多方面进行沟通，力争达成共识。在学生参加校足球队的初期，要充分了解孩子身体状况，避免在运动训练时出现意外情况。

（二）足球运动员选材

选材是决定一支球队比赛成绩好坏的关键因素之一。足球队员的选材，不能仅凭身体好或者速度快来进行片面的判定，而是要结合学生的综合素质进行考虑。足球运动是速度、身体、灵敏、协调、力量等方面的综合体现，在校足球队队员的选材方面，要全面考查学生的综合素质。可以采用50米跑、往返跑等测试项目来对学生做出初步判断。

在体形方面，小学阶段一般要选择身材匀称的队员。在遗传方面，简单了解家族病史，有无不适合运动的家族病，了解父母双方的身高情况。在心理素质方面，应选择情绪稳定、自信心强、头脑清醒且有较强自我控制能力的学生，不宜选择过于内向、过于自卑的学生。

（三）足球训练

足球训练是提高队员技术能力的唯一途径。科学制订训练计划，包括周训练计划、月训练计划、学期训练计划、学年训练计划等是科学训练的重要方面。一个好的训练计划是一个球队稳步向前发展的基础。

对于小学阶段的队员，玩是他们的天性。在训练中应经常组织队员做一些有球游戏，既培养队员对足球的兴趣，又可以发现队员不同对抗条件下的运动特点、心理特点。在游戏中使队员得到锻炼和提高，并逐步地把游戏转化为足球基本训练。

在足球训练中，要抓住队员的敏感期。小学阶段队员的模仿能力较为突出，所以校园足球教师要规范自己的技术动作，经常做示范，让队员模仿，逐渐使队员掌握技术动作的要点和难点，并引导他们在比赛中加以运用。

对于小学足球队员的训练有以下五个重点。

（1）小学生练足球应避免大负荷的力量训练，身体素质的训练要以发展灵敏性、协调性和速度的练习为主要内容。

（2）基本功的练习要占整个训练计划的70%以上。

（3）对抗练习不宜用大场地。

（4）80%的训练内容要结合球进行，包括身体训练。

（5）要善于激发提高队员的兴趣与乐趣，培养队员竞争意识，为发展队员的足球天赋提供充分的空间。

（四）足球队管理

对于小学足球队员的管理，主要有以下八项要求。

（1）不迟到，不早退，有事或者生病提前请假。

（2）认真训练，按照教练员的要求认真完成每一项训练内容。

（3）训练时不许吃东西，训练中休息时间可以喝水，但不宜喝饮料。

（4）对教练员布置的作业保质保量地按时完成。

（5）服从管理，对于不服从管理的队员第一次给予警告，第二次从足球队除名。

（6）珍惜爱护学校财产，如按要求收放足球，爱惜足球场地、球门、标志物等设施。

（7）爱护队友，互帮互助，相互学习，共同进步。

（8）严禁出现拉帮结派和排挤个别队员的行为。

第四节　开展校园足球的目的与意义

一、足球运动对青少年成长的价值

足球是一项融集体性、对抗性、健身性、教育性、趣味性、娱乐性于一体的运动项目。经常参与足球运动，可以增强体能、掌握技能、健全人格、磨炼意志、陶冶情操、促进交往、学会合作、体验快乐……足球运动对青少年健康成长的重要价值和积极作用，充分体现在增强体能、掌握技能、立德树人等方面。必须强调的是，足球运动的这一系列价值，是通过身体活动所产生的潜移默化、润物细无声的熏陶和影响，是长期身体运动实践的必然结果。

在开展校园足球活动时应特别重视以下四个方面价值的体现（表1-2）。

表1-2　足球运动促进青少年健康成长的价值

价值	体现
增强体能	增加心输出量和摄氧量；发展跑、跳、投、踢等多种运动能力；增强力量、速度、耐力、灵敏等体能素质
掌握技能	学习、掌握和提高足球运动技能，发展身体运动能力，为终身体育奠定坚实基础
增进心理健康	体验运动快乐，享受比赛乐趣，使人心情愉悦，形成乐观态度，有助性格开朗，陶冶良好情操
立德树人	增强团队精神，磨炼坚强意志，学会遵守服从，有助健全人格，培养爱国、敬业、诚信、友善等社会主义核心价值观

（一）增强体能

足球比赛中，队员必须通过大量的快速起动和跑动来获得有利位置，必须在激烈的对抗中与对手拼抢，必须通过脚踢、手掷、头顶等方法使足球朝自己预期的方向运行，必须在长时间的比赛中奔跑不息、坚持不懈……这些身体运动能有效地提高人体各系统和器官的机能，使肌肉力量增强，心脏跳动有力，呼吸深度加大，摄氧能力提高，动作灵活机敏，神经系统机能加强，使速度、力量、耐力、灵敏等体能素质得以增强。青少年通过参与足球运动可以得到身强体健、机敏灵活、精力充沛等收获。大力开展校园足球，让更多的青少年学生参与足球运动，对于扭转青少年学生体质健康水平持续下滑局面，促进青少年身心健康、体魄强健具有重要的现实意义。

（二）掌握技能

体育锻炼是青少年强身健体的重要手段，参与体育锻炼必须掌握必要的运动技能，学习和掌握运动技能是形成终身体育意识、习惯和能力的基本要求。参与足球运动不仅需要具备良好的体能素质和跑、跳、投、抢、追赶、躲闪等基本运动能力，同时还必须掌握踢球、运球、接球、顶球、掷球等多种运动技能，学习掌握这些运动技能不仅对于参与足球运动有极大帮助，而且能提高学生身体的协调性和灵敏性，有助于学生掌握其他运动项目的技能。参与足球运动的过程，就是学习、掌握和不断提高足球运动技能的过程，是不断发展运动能力的过程，这一过程将有助于学生形成终身参与运动、自主锻炼身体的本领和能力。

（三）增进心理健康

青少年学生在紧张的学习之余，约上同伴好友，踢上一场足球比赛，学习、考试和升学的压力将在汗水的挥洒中得到缓解，各种不良情绪也得到有效的宣泄，无论是踢球者还是观看者，都能在绿茵场上体验到足球带来的欣喜和愉悦，都能通过足球运动享受美好时光，形成乐观向上的生活态度与方式。

经常参与足球运动，可以使人开朗豁达，心情愉悦。有关研究证明，人体在从事一定强度和时间的运动后，会促使大脑分泌一种叫作内啡肽的物质，可使人产生轻松愉悦的感觉，缓解焦虑、抑郁等不良情绪，当机体有伤痛刺激时还可以对抗和减轻疼痛。足球运动具有强度较大、对抗性较强、持续时间较长等特点，非常有利于促进内啡肽的分泌，是改善心境、陶冶情操、形成乐观向上的生活态度与方式的良好手段。

(四) 立德树人

一支球队只有依靠相互协作、共同拼搏才有获胜的希望；参与者必须遵守规则、服从裁判才能保证足球比赛的顺利进行；必须在比赛中表现出勇敢、坚毅、果断等意志品质才能坚持到底，战胜对手；只有表现出对观众、对手、队友和裁判员的尊重才能获得公众的认同；参与者不但能享受和表达胜利的喜悦，还必须学会如何面对失败和挫折；运动员只有具备团结、分享、奉献的精神才有资格成为大众心目中的楷模和榜样……从以上这些事实可以看出，对于促进青少年成为合格公民并顺利融入社会，对于培养青少年爱国、敬业、诚信、友善等社会主义核心价值观，足球运动无疑是一个适合的载体。

足球运动的立德树人的价值是通过这项运动本身的诸多特性体现出来的。经常从事足球运动，青少年将在无形中受到这些特性的影响，潜移默化地形成团队意识、合作精神，学会遵守规则、服从裁判，磨炼意志品质，增进人际交往与沟通能力，从而更好地融入社会。

二、开展校园足球的目的和意义

足球运动具有锻炼价值高、教育作用强、关注人群广、社会影响大等特点，是学校体育的重要内容。校园足球以足球运动为载体，以特色学校示范带动、试点区域引领推进、竞赛活动激励发展为主要举措，以培育和践行社会主义核心价值观、促进青少年身心健康和体魄强健、提高足球运动发展水平为根本目标，是一项富有特色的学校体育活动。开展校园足球对于促进青少年健康成长、培育和践行社会主义核心价值观，对于成就中国足球梦想、夯实我国足球运动发展基础，对于推动我国学校体育的深入发展，具有重要和深远的意义。

(一) 全面育人

校园足球是在学校开展的足球活动，学校是育人的场所，育人也是学校的首要任务，因此开展校园足球活动首先要牢牢把握育人的要务。在我国大力进行教育改革、全面推进素质教育的背景下，校园足球也要通过项目本身的特色，为培养德智体全面发展的社会主义接班人贡献力量。

足球运动本身有诸多特性，如对观众、裁判、对手的尊重精神，对正确胜负观的倡导，对勇敢拼搏精神的崇尚等。青少年学生经常参与校园足球活动，在无形中就会受到这些特性的影响，潜移默化中就会将这些优秀的品质内化于心，形成优良的品德。除了对青少年学生的品德有重要影响外，足球运动还蕴含着很多其他教育场景，诸如如何处理球更合理、如何突破对方防守、如何阻拦对方的进攻等，这些需要根据场上情况想办法解决问题的情境对发展学生智育很有帮助。而场上娴熟的脚法、精彩的射门动作、漂亮的配合等能够提高学生的审美情趣。因此可以说，足球活动对学生的教育是多方面的，而对青少年进行全面教育也是开展校园足球活动所要达到的重要目的之一。

（二）增强体质

足球运动包含跑、跳、踢、顶等人体的基本动作，对发展人的活动能力有很好的促进作用，而足球比赛需要参与者积极的跑动、激烈的对抗与拼抢、有力的传球与射门，这些运动能够有效提高人的耐力、灵敏、力量、速度等身体素质，对增强体质大有裨益。青少年学生经常参与校园足球活动，能够增强他们的身体素质、提高运动能力、保持充沛的精力。这对提高健康水平，使他们具有强健的体魄具有重要意义，而通过足球运动来增强青少年学生的体质也是校园足球所追求的目的之一。

（三）促进青少年全面发展，培育和践行社会主义核心价值观

足球运动充分体现了现代体育精神，超越足球看足球，小球可有大作为。在开展校园足球活动中应深入挖掘校园足球在健身育人方面的独特价值和巨大潜力，充分发挥校园足球在全面贯彻党的教育方针、推动素质教育发展、落实立德树人根本任务和弘扬中华体育精神中的重要作用。鼓励广大青少年积极参与校园足球运动，使他们在激烈竞争中磨炼意志，经受挫折，学会合作。使校园足球成为"立德树人"的重要载体，成为实现学校体育增强体能、掌握技能和健全人格三位一体功能的有效途径。

（四）学习并掌握足球技能，培养终身体育意识

要想更好地参与体育锻炼就必须掌握相关的运动技能，而掌握技能后能够促进学生积极参与体育锻炼，从中体会到运动的乐趣，享受到运动的快乐，也就更

能激发他们持续不断参与体育锻炼的动力，使他们养成锻炼的习惯，从而也就培养了终身体育锻炼的意识，这为学生一生从事体育活动、保持健康体魄打下了基础。开展校园足球活动，其中一个最重要的目的就是让学生学习并掌握足球技能，掌握技能后，学生就能够更好地体会到足球运动带给他们的快乐，从而激发其参与足球运动的动力，为他们养成锻炼习惯、终身参与体育活动打下良好基础。

（五）提高社会适应能力

足球运动是一项集体运动，讲求全队配合，注重团队意识。在从事足球活动中，每一名学生都会感受并接纳团队活动所要求的集体意识和集体行为，在与团队成员相互沟通交流中，逐渐培养他们与人相处、融入集体的适应能力，可以为青少年学生未来走向社会、适应社会集体生活打下良好基础。提高学生社会适应能力也是开展校园足球活动的目的之一。通过校园足球活动的开展，学生积极参与其中，能够培养他们与人相处的能力，提高集体意识和团队合作能力。而丰富多彩的足球活动，也能够缓解和疏导学生学习、考试以及升学等带给他们的压力，培养积极健康、乐观向上的心态，这都为未来适应社会生活打下了基础。

（六）培养足球后备人才

开展校园足球活动，在普及足球运动的同时，能够为有足球才华的青少年学生提供一个学习、提高、展示的平台。通过对这些学生的训练、选拔和深造，进而培养出大量的足球后备人才，能够为我国足球整体水平的提高打下坚实的基础。我国足球水平落后，其中一个重要的原因就是青少年足球后备人才的数量和质量明显不足，后继乏人。这与对青少年足球重视不够有关，也与足球后备人才培养模式息息相关。开展校园足球活动，将足球后备人才培养落实到学校里，这无疑为足球运动发展提供了肥沃的土壤，也为我国足球水平的整体提高提供了条件。而培养足球后备人才也是开展校园足球活动非常重要的目的和意义之一。

（七）校园足球是深化学校体育改革、推动"健康中国"建设的有效抓手

加强青少年体育，增强青少年体质，是强国强教、利国利民的大事。近年来，在党中央的高度重视和关心下，我国的学校体育得到不断加强，但青少年体

质健康水平持续下降的局面还未得到彻底扭转,学校体育仍是学校教育中的薄弱环节。大力开展校园足球,可以对学校体育的发展产生强有力的辐射带动作用,有利于丰富学校体育内容,促进体育教学改革,加快体育场地设施建设,活跃校园文化生活,形成"崇尚运动,热爱锻炼"的校园文化氛围,为全民健身和"健康中国"建设积淀厚实土壤。

校园足球的广泛深入开展,将有力推动我国学校体育的发展进程,给学校体育带来新的生机与活力,也必将带动其他体育运动项目尤其是集体性运动项目的发展与兴盛,形成相互促进、相互支撑、共同发展、共同提高的学校体育新态势。一个丰富多彩、生动活泼的学校体育新局面必将展现在我们面前。

第二章 校园足球教学基础

校园足球课程的设计与实施并不是盲目随意的,其需要一定的理论作为指导依据。而校园足球课程的理论基础就是为校园足球课程的设计与实施提供思维框架、理论依据和方法原理。本章主要对教育哲学基础、教育心理学基础、体育学基础进行简单的介绍。

第一节 教育哲学基础

哲学阐明了人们关于整个世界的各个基本问题的认识,指明人类社会生活的前途和方向,为人们思考和探索各种问题提供了基本的思想前提和方法论。同时,不同的哲学思想对教育也会产生不同的影响,而教育哲学在很大程度上决定着教育决策。通过对教育哲学思想理论的整理,有助于教育工作者了解不同的教育哲学理论所带来的启示。接下来就通过教育哲学的相关理论、教育哲学与校园足球课程这两个方面进行说明。

一、教育哲学的相关理论

教育哲学是以一定的哲学观念和方法研究教育基本问题的学科。由于思考的起点和角度的差别,其各自的理论观点也会不同。已经出现四种公认的教育哲学,分别是永恒主义、本质主义、进步论和重构论。这四种教育哲学都植根于四种传统哲学理论。比如,永恒主义主要取自实在论,本质主义植根于唯心论和实在论。进步主义和重构论来自实用主义,某些重构论与存在主义的观点有关联。为了更好地了解教育哲学,接下来先对四种传统哲学理论进行介绍,如表 2-1 所示。

表 2-1 四种传统哲学理论

哲学	现实	知识	价值	教师的角色	学习的重点	课程的重点
唯心论	精神的、道德的或智力的；不变的	反思潜在观念	绝对的和永恒的	将潜在知识和观念带到意识层面；做道德和精神导师	回忆知识和观念；抽象思维是最高形式	以知识为基础；以科目为基础；古典或人文艺术；科目的等级制度；哲学、神学和数学最为重要
实在论	基于自然法则；客观的并由物质构成	由感觉和抽象组成	抽象的、永恒的；基于自然法则	培养理性思维；做道德和精神导师；扮演权威	训练思维；逻辑和抽象思维是最高形式	以知识为基础；以科目为基础；科目的等级制度；人文课程和科学课程
实用主义	个人和环境相互作用；变动的	基于经验；使用科学方法	依情境而定、相对的；服从于变化和验证	培育批判性思维和科学过程	处理永恒变化的方法；作出科学解释	没有永恒的知识或科目；具有承上启下、传递文化并为个人应对变化做准备的经验
存在主义	主观的	个人选择的知识	自由选择的；基于个人感觉	培养个人选择和个人自我定义	有关人类情况的知识和原则；经过选择的行动	科目材料、选修课的选择；情感的、美学的和哲学的科目

对唯心论者来说，学习基本是一个涉及唤起观念、以观念行事的思想过程。唯心论教育工作者偏爱种种观念和概念相互关联的课程。课程是等级制的，它构成了人类文化传统，以博学的原则为基础。

实在论者则从对象和物质的角度来看世界。他们认为人们通过自己的感觉和理性可以了解世界。万物来自自然并服从于自然的法则。当人类行为服从于自然的法则或受到物理法则和社会法则的制约时，是理智的。实在论者将最普遍和最抽象的科目排在了课程等级制度的顶端。培养逻辑和抽象思维的课程得到强调。

对实用主义者来说，教学应当聚焦于批判性思维。教学是探索性的而不是解释性的。方法比科目材料更为重要。理想的教学不要只关注学生想什么，而是更要关注教学学生进行批判性思考。

按存在主义哲学的看法，人不断地做出选择，并借此界定自己。成为什么样的人是个人自己的选择。在做出这种自我选择时，人造就了自我本质和自我认同。因此，人创造的本质是自我选择的结果。当然，这在个人之间千变万化。存在主义者提倡学生应当自由地选择如何学和学什么。存在主义者的课程应当由赋予他们个人自由和选择的经验和科目构成。

通过对这四种哲学理论的认识，我们再来看看由这四种哲学理论衍生的四种教学哲学观念或理论，如表2-2所示。

表2-2　由四种哲学理论衍生的四种教育哲学观念或理论

教育哲学	哲学基础	教育的目标	知识	教育的角色	课程的焦点	相关的课程趋势
永恒主义	实在论	教成有理性的人；培育知识分子	关注过去的和永恒的学问；掌握事实和永不过时的知识	教师帮助学生理性地思考；基于苏格拉底式的方法；口授明确传统价值观	古典课程；文献分析；恒定课程	巨著；全面教育建议；回到人文科学
本质主义	唯心论、实在论	促进个人的智力发展；教成有才能的人	基本技能和学业课程，掌握课程内容的概念和原理	教师在特殊课程领域是权威；明确传授传统价值观	基本技能（3R）和基础课（英语、科学、历史、数学、外语）	回归基础；文化素质；培育卓越人才
进步论	实用主义	促进民主的、社会的生活	导致成长和发展的知识；边生活边学习的过程	教师是解决问题和科学探索的向导	以学生的兴趣为基础；讲授人类的问题和事务；跨学科课程内容；活动与规划	恰当的课程；人文主义教育；激进的学校改革
重构论	实用主义	改良和重构社会；教育为变化和社会改革服务	辨认和改善社会问题所需要的技能和课程；和当代、未来社会相关的主动学习	教师充当变革和改革的代理人；扮演规划指导者和研究带头人，帮助学生意识到人类面临的问题	重视社会科学和社会研究方法；考察社会、经济、政治问题；关注现在和未来的趋势，以及国内和国际问题	国际教育；概念重构论；教育机会平等

对永恒主义者来说，人性是不变的。人类有能力进行推理，并理解自然的普遍真理。教育的目标是通过开发学生的智力和品德，发展理性的人，揭示普遍真理。永恒主义者的课程是以科目为中心的，它严重依赖指定的学科或逻辑组织严密的内容体系。

本质主义者强调知识的习得。本质主义者看重事实和知识，不过他们也强调观念思维和解决问题的技能。许多本质主义者强调掌握构成科目材料之基础的技能、事实和概念。

根据进步论的思想，这些技能包括解决问题的方法和科学方法，学校应当培养协作精神和自我约束，并传递社会的文化。其强调如何思考，而不是思考什么。

对于重构论者而言，单纯对问题作出分析、阐释和评估远远不够，教师和学生必须实现变革。课程总是随着社会的变化而变化的。基于社会问题和服务社会的课程是理想的课程。

综上对教育哲学相关理论的阐述，教师可以了解各种教育哲学理论的思想观念与差异。然而，对教育哲学的相关理论阐述的根本目的，就是希望教师能够从这些理论中得到一些思考，从而有自己的教育思想与观念。教育本身就是创造性的工作，教育允许有不同的观点，这才是教育朝着更好方向发展的基础。

二、教育哲学与校园足球课程

哲学为人的行动提供了指导方向。而教育哲学则为我们教学活动过程提供了更多的思考维度。上述介绍的几种教育哲学，主要是从宏观层面的课程上来阐述的。从教师层面来说，它对校园足球课程的设计与实施具有非常重要的意义。

首先，教师了解教育哲学相关理论能够对校园足球课程本身有更深层次的认识。每个体育教师的经验与视角不同，对校园足球课程的认识也就会有差异。通过对教育哲学的了解与认识，体育教师的思考维度得以丰富，明确自身所持的教育哲学观，在校园足球课程构建与实施过程中对校园足球课程的定位就会更加清晰，思维也会更加多元。

其次，教育哲学也为校园足球课程的设计与实施提供了方法理论，用以指导课程构建与实施的具体实践活动。在各个教育哲学的阐述观点中，传统的教育哲学（永恒主义、本质主义）比较注重知识、科目内容等，而当代教育哲学（进步论、重构论）则比较重视问题和学习者。这就促使教师思考在校园足球课程设计与实施过程中，如何把握与处理好科目系统知识和学生本位之间的关系或矛盾。

第二节 教育心理学基础

心理学是一门研究人类心理现象及其影响下精神功能和行为活动的科学。行为是指有机体发出的任何反应，即我们能观察、记录的任何活动。心理过程是指我们从行为中推断出的内部主观体验。由于我们所构建的课程要更好地服务于学生的发展，因此，了解学生的心理活动是非常必要的。这也就使得心理学成为课程构建与运行的重要理论基础。

一、教育心理学相关理论

教育心理学的研究对象是学校教育情境中教师教学和学生学习的基本心理学规律。而桑代克是教育心理学的开山鼻祖、教育心理学的奠基人，被誉为"教育心理学之父"。他创立了第一个完整的学习理论，使学习成为教育心理学的中心领域。经过后续的发展，教育心理学理论也更加丰富。主要有行为主义学习理论、认知主义学习理论、人本主义学习观、建构主义学习观等。

（一）行为主义学习理论

行为主义心理学主要研究人外显行为或反应形成的机制。它是对人能观测到的表现进行研究。在一定程度上行为主义心理学比较注重客观性。接下来介绍几种主要的行为主义心理学理论，即通过联结主义、经典性条件反射、操作性条件反射、观察学习等来了解行为主义心理学，如表2-3所示。

表2-3 几种主要的行为主义心理学理论

相关理论	主要内容或观点	代表人物
联结主义	联结是指刺激与反应之间的联结，这种联结是通过盲目尝试—逐步减少错误—再尝试这样一个反复作用的过程而形成的。同时，这一试误的过程主要是受练习律、效果律和准备律支配的	桑代克

续表

相关理论	主要内容或观点	代表人物
经典性条件反射	学习是由以前的中性或不充分的刺激方式所诱发的反应构成的。在反应之时，一些中性刺激与一种无条件刺激结合起来，逐渐就获得了诱发反应的能力。其来源就是著名的经典条件反射实验	巴甫洛夫
操作性条件反射	其主要分为两种反应：诱导的反应，即和特定的刺激对应的反应；自发的反应，即显而易见与可确认的刺激无关的反应。当反应是诱发性时，其行为是反应性的；当反应是自发性时，其行为是操作性的——没有任何可观察或可测量的刺激可以解释反应的出现	斯金纳
观察学习	我们可以通过观察和模仿其他人的行为来形成某种反应，这就是观察学习。观察与学习特定行为的过程常被称为模仿。儿童倾向于模仿榜样人物的言谈举止。通过观察学习既可以获得亲社会行为，也可以习得反社会行为	班杜拉

注：本表整理自张大均等的《教育心理学》。

对于联结主义理论，桑代克集中关注测试刺激和反应之间的关系，他将学习界定为习惯的形成，界定为将越来越多的习惯联结成一个复杂结构。练习律主要是指在试误学习过程中刺激与反应的联结，经常练习和运用联结就会增强，反之则会逐渐减弱甚至消退；效果律主要是指在试误学习过程中，其他条件相同，学习者对刺激做出的反应得到肯定或积极信号时联结就会增强，反之则会削弱；准备律主要是指在试误学习过程中，刺激和反应的联结处于准备状态时，实现会感到满意，不实现则感到烦恼。联结主义学习理论强调学习是学习者通过一定规律的尝试与错误形成的渐进过程。

对于经典性条件反射理论，巴甫洛夫的经典条件反射实验对人类的学习具有重要的启示意义。在反应之时与无条件刺激（食物）联系在一起的一些中性刺激（铃声），逐渐获得了诱发反应（分泌唾液）的联想。它强调学习是以可观察或测量的行为主义科学为基础的，而不是以认知过程为基础的。

操作性条件反射理论更加强调对刺激的运用。强化主要分为正强化和负强化。正强化是指有机体做出某种反应后得到有利的刺激，那这一反应以后发生的频率就会增多；负强化是指通过厌恶刺激的减少或降低来增加反应的发生频率；惩罚是指当有机体做出某种反应后，及时给予厌恶刺激，从而使该反应发生频率降低，其与负强化是不同的；消退是指有机体以前被强化的反应，没有强化刺激后，反应发生的频率会逐渐减少或降低。同时，建立连续、渐进的目标能够促进复杂行为的形成。

社会学习理论强调的是外界环境和个体内部因素。学习是通过观察、模仿并内化逐渐形成的。班杜拉认为人类大多行为是通过观察获得的，即观察他人的行为与后果，从而获得经验教训以引导观察者今后的行为。

行为主义心理学注重的是个体外在行为的形成。这一理论虽然只是作为心理学相关理论中的一种观点，但其实对于我们体育学科来说具有非常重要的借鉴意义，因为体育的学习最主要的就是表现在行为动作方面。

（二）认知主义学习理论

认知主义学习理论主要强调学习是人主动理解与学习的过程，更关注人内在心理认知的变化。主要有如表2-4所示的几种认知主义学习理论。

表2-4　几种主要的认知主义学习理论

相关理论	主要内容或观点	代表人物
认知发展阶段理论	认知的本质就是适应，即儿童的认知是在已有图式的基础上，通过同化、顺应和平衡等机制，不断从低级向高级发展。其发展一般要经历四个阶段：感觉运动阶段、前运算阶段、具体运算阶段、形式运算阶段	皮亚杰
发现学习理论	学习的本质不是被动地形成刺激——反应的联结，而是主动地形成认知结构，即学习者不是被动地接受知识，而是主动地获取知识，并通过把新获取的知识和已知的认知结构联系起来，积极地构建知识体系。其中包括获得、转化和评价三个过程	布鲁纳
最近发展区理论	教学必须走在学生心理发展的前面，才能促进学生的发展，即学生独立解决问题的真实发展水平，和成人指导下或与他人合作情况下解决问题的潜在发展水平之间存在差距	维果茨基

注：本表整理自张大均等的《教育心理学》。

布鲁纳认为学习活动首先是新知识的获得。新知识可能是以前知识的深化，也可能与原知识相违背。获得了新知识以后还要对它进行转化，我们可以超越给定的信息，运用各种方法将它们变成另外的形式以适应新任务，并获得更多的知识。评价是对知识转化的一种检查，通过评价可以核对我们处理知识的方法是否适合新的任务，或者运用得是否正确。因此，评价通常包含对知识的合理性进行评判。

奥苏伯尔的有意义的接受学习理论要求学习材料本身必须具有逻辑意义，适合于学生的理解学习，并且具有同化新知识的旧知识，能够主动地结合新旧知识。接受学习更多的是在教师的指导下学习现成、已有的基础知识，学生并不是被动学习，而是主动参与。

加涅的信息加工学习理论强调学习者的学习活动是通过头脑对信息进行加工而不断提升，教学事件则要按照学习的基本原理来设计。这对于理解教学、设计教学提供了可操作的思路。

对认知主义学习理论的学习主要的目的是能够让体育教师在校园足球课程设计与实施的过程中关注学生本身的接受程度。不能过分地要求学生达到某一标准，而要遵循教学中的原理，这才是体育教师思考的关键。

（三）人本主义学习观

人本主义学习观是将人看作一个整体，注重个体的内在主观能动性。强调人的价值、创造性和自我实现。其主要包括全人教育思想、自由学习观等，具体介绍如表2-5所示。

表2-5 几种主要的人本主义学习观

相关理论	主要内容或观点	代表人物
全人教育思想	教育的目的绝不只限于教学生知识或谋生技能，更重要的是针对学生的情意需求，使他们能在知识、情感、意志或动机三方面均衡发展，从而培养其健全的人格	库姆斯
自由学习观	教育目标应是促进变化和学习，培养能够适应变化和知道如何学习的人，而不是再像过去一样只注重学生知识内容的学习及知识结果的评判	罗杰斯

注：本表整理自张大均等的《教育心理学》。

库姆斯的全人教育思想主要是促进学生素质的全面发展。强调知觉是信念的构成基础，信念有指导行为，注重学生的情意需求。

罗杰斯的自由学习观更加强调以学生为中心，培养学生的躯体、心智、情感等。同时，他认为教师应该信任学生，真诚地对待学生、尊重学生、深入了解学生。

通过对人本主义学习理论的学习，体育教师应该清楚在校园足球课程的设计过程中去更加关注学生本身的需求，最终实现促进学生身心健康发展的目标。同时，也让教师更加重视对学生完整性的培养。

(四) 建构主义学习观

建构主义学习观将学习作为个体原有经验与社会环境互动的加工过程。在教育心理学中，建构是指学习者通过新旧知识和经验之间反复、双向的相互作用，形成和调整自己的经验结构的过程。在学习上，建构主义者更加关注学生如何以原有的经验、心理结构和信念为基础来构建知识，强调学习的主动性、社会性和情境性，对学习和教学提出了许多新的见解，主要有新知识观、新学生观、新学习观、新教学观等。下面就对这几方面进行介绍。

新知识观强调知识是在不断更新的，随着社会的不断发展，有些新的知识会出现，一些陈旧、落后的知识则会被抛弃。教师则要树立这种观念，在综合知识、素养等方面不断地学习和提升，这样才能保证教学的质量和效果。

新学生观强调学生的能动性，学生是具有思考能力的，会依据现有的知识结构和经验基础进行思考并解决问题。作为教师要重视学生的经验基础，对于新知识和技能的教授要建立在原有基础之上，这样才能促进学生更好地提升。

新学习观强调学习的主动构建性、社会互动性和情境性。学习的主动构建性指学习是个体学习者基于自己的经验背景建构知识的过程，不是由教师向学生传递知识的过程。因此，学生是主动的信息构建者，不是被动的刺激接受者，学生要对外部信息做主动的选择和加工，因而不是行为主义所描述的 S-R（刺激—反应）过程。学习的社会互动性指学习是通过某种社会文化的参与内化相关的知识和技能、掌握有关的工具的过程，这一过程常常需要通过一个学习共同体的合作互动来完成。学习的情境性强调学习知识和智慧的情境性，认为知识是不可能脱离活动情境而抽象存在的，学习应该与情境化的社会实践活动结合起来。作为教师应该给予学生足够的空间引导学生主动地进行学习，并且能够充分地调动各种资源，把握好教学知识和技能的真实价值和特性。

新教学观强调的是让学生通过学习来解决问题，学生能够根据问题不断地去探索。作为教师应该在教学中通过设置适宜的问题或目标，来引导学生主动地学习或练习，创设有利于学生不断探索、不断学习的环境。

二、教育心理学与校园足球课程

教育心理学同样是校园足球课程设计与实施的非常重要的理论基础。它为体育教师研究学习者的心理提供了基础,能够让体育教师更加了解学习者,从而使校园足球课程更加适合学习者的学习。并且在校园足球课程实施过程中能够为我们提供一些组织的方法技巧,能够更加贴近或适宜学生学习,为学生创设更加有利的学习情境。

第三节 体育学基础

体育学是研究体育科学体系及其发展方向的一门学科。它是对体育领域相关原理的总结。校园足球有别于其他竞技体育项目,具有自身的特殊性。这就需要教师充分了解并探索体育学相关理论以及这些理论与校园足球课程之间的联系。

一、体育学相关理论

(一) 动作发展理论

体育的本质是指体育本身特有的不同于其他事物的根本属性。体育本质的定性是:有目的地以身体运动为基本手段促进身心健康发展的文化活动。而体育的本质是要依托体育功能来体现的。从体育功能入手,透析体育的本质可抓住其特殊性。体育功能具有一定的层次性,主要分为自然质功能、结构质功能和系统质功能。自然质功能主要是针对人身体的发展、促进作用,即体育的健身功能。这是体育最基本的功能,主要是指人通过身体的练习来促进身体的发展。体育课程标准明确界定了体育课程的性质,指出体育与健康课程以身体练习为主要手段,以体育与健康知识、技能和方法为主要学习内容,以增进学生的健康为主要目的,并专门设有"运动技能"学习领域。体育最本质的基础就是身体练习,身体练习的核心就是动作,而足球运动中的技术就是由一连串动作组成的。如果不重视学生基础动作的发展,其在身体发展方面就会出现问题。总体来说,人的运动技能发展是有一定阶段性和连续性的,在发展形成的过程中主要经历基本动作模式、基本运动能力、基本生活、运动能力和运动专门技能(职业和运动)、技能表现等阶段,如图 2-1 所示。

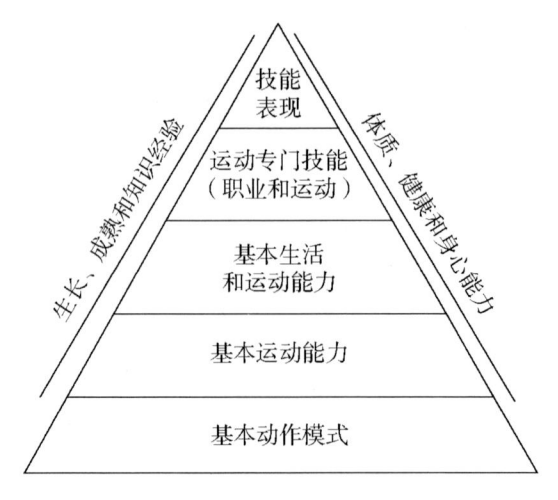

图2-1 专门运动技能发展

同时，作为体育教师应该清楚的是在设计与实施校园足球课程的过程中，要对不同阶段水平的学生进行有针对性的设计。一般1~3岁时要注重基本动作模式的发展；4~6岁时要注重基本动作技能的发展；7~12岁时要注重基本运动技能的发展，具体情况如图2-2所示。

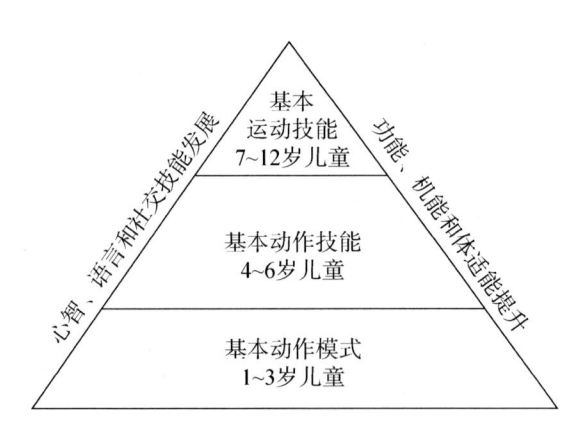

图2-2 儿童运动技能发展金字塔

作为体育教师还应该明白，运动技能的发展是存在一定逻辑关系的。运动技能的熟练掌握是基于动作技能和动作模式的发展。动作模式主要是动作本身的发展，如爬、走、抛等动作模式的发展；动作技能则是对动作的掌握，强调的是动作完成的质量；运动技能则是连续动作的运用，整体顺序如图2-3所示。

Greg Payne、耿培新等从终身体育和健康促进的视角，揭示人类胚胎和婴儿期、儿童和少年期、青年和成人期、老年期的动作发展规律；着重研究影响人类一生动作发展的重要相关因素，让教育、体育工作者对人类动作发展进程有更清晰、更科

```
1 动作模式  →  2 动作技能  →  3 运动技能
```

图 2-3　人类身体技能发展的逻辑顺序

学的认识，对人类动作发展与体育的关系有更深刻的理解，从而更有效地教授或引导人们依据人类动作发展的客观规律掌握动作技能，达到建立终身体育意识、具有终身体育能力、促进身心健康的目的。关于人类动作发展的特征规律也可用于确定人一生中其他阶段的动作成熟水平，可以作为学生动作发展的诊断依据。通过全面理解人在某个阶段的动作典型特征，教师能大大提高教学质量和效果。

（二）其他相关理论

其他的相关理论主要是指在体育学中对学生体育学习构成影响的一些理论。其中包括运动训练学、运动生理学、体能训练学、运动心理学等，这里不展开做具体介绍。这些理论知识对校园足球课程的设计与实施具有非常重要的指导意义。

二、体育学与校园足球课程

足球运动属于体育项目中的一种，它具有体育学科本身的特殊属性。透过体育学相关理论能够更好地思考足球运动特点、学习原理以及校园足球课程设计与实施依据。了解体育相关的理论知识能够指导教师对校园足球课程设计与实施，如图 2-4 所示。

动作模式	生长发育	技能形成	体育教学	足球运动
人类动作发展规律，人类运动技能发展模式	学生身心发展规律，认知、情感和动作技能的阶段性与整体性	运动技能形成的规律，动作技能引领的理念，健全人格的不可替代性	由简到繁/身体承受运动负荷的刺激与适应，学习的内隐形与体悟，动商的一致性	最完善的运动项目，最难学习的运动项目

图 2-4　设计校园足球课程应遵循的基本规律

动作是人体进行身体活动最基本的结构单位，各种各样的动作构成了人类日常生活的各种活动。校园足球课程的设计与实施必须遵循体育学科中特有的规律。以此为基础的校园足球课程才符合体育的本质，才更加适宜学生学习。同样，在体育学相关理论中还有身体机能变化规律、技能形成规律、科学训练、体育教学原理、足球技能教学与训练等理论。这些理论为校园足球课程设计与实施提供扎实可靠的操作依据。因此，作为体育教师应该不断地去学习和掌握体育学相关的理论。

第三章　校园足球的教学体系

足球运动深受广大学生的欢迎和喜爱,尤其是在足球体制改革下,足球运动在校园中得到了更好的普及和开展。本章对校园足球运动的教学体系进行研究,主要包括校园足球教学的任务与要求、原则与方法、组织与实施,以及创新理念在足球教学中的应用等。

第一节　校园足球教学的任务与要求

一、校园足球教学的任务

(一) 全面提高学生的身体素质

良好的身体素质是个体从事体育运动必要的基础。足球运动要求学生必须具备充沛的体能和良好运动技能。通过足球运动的教学,不仅能够促进学生身体正常发育,全面提高身体素质,增强体质,还能使学生的身心都得到很好的发展。要想较好地学习和掌握足球技术和战术,增强学生的运动能力,就必须打好身体素质这一基础。

(二) 培养学生欣赏和参与足球运动的能力

在校园中生活和学习的学生已经成为了足球运动最主要的关注者和参与者,而且随着足球运动的发展,其魅力也促使更多的年轻人被吸引成为球迷。起初人们对足球的欣赏几乎都处在肤浅和表面化状态,俗语为"看热闹"。而通过校园足球教学,则可以有效地培养学生对足球运动的兴趣,使学生掌握足球运动的基本知识，提高学生足球运动能力，提高学生欣赏足球赛事的能力，增强学生的足球素养和意识，慢慢将"看热闹"变成"看门道"，将关注进球的精彩程度变成了注意双方的技战术打法。同时，有效地发挥学生的智力和知识结构的优势，起到开阔眼界、拓宽思路的作用。

首先，现代足球运动无论从技术还是战术方面都朝着"全面、快速、娴熟、简练、强对抗"的方向发展，这就需要体育教师在进行足球技战术教学中，要随时根据学生生理、心理和智力特点与足球技战术教学相结合，力争保存教学的趣味性和目的性。切记不要急于教授高深的足球理论或战术打法，应使学生由浅入深、由易到难地逐渐掌握足球技术和练习方法，从而获得参与足球运动的基本能力。

其次，在校园足球战术的教学中，体育教师除应详细讲授足球技战术知识外，还应注重培养学生对足球运动的兴趣与爱好，适当安排足球欣赏课以提高其欣赏能力，并把足球运动的理念和终身踢球的习惯灌输到学生的主观意识中去，使其受益终生。

（三）促进学生德、智、美素质的全面发展

1. 校园足球教学的德育任务

之所以能够将足球运动纳入到学校体育教学内容中，主要原因在于足球运动本身具有极强的教育性，这种教育性在学生思想品德教育方面的表现得极为突出。具体来说，足球教学的德育主要表现在以下几个方面。

（1）校园足球训练紧张、对抗激烈、生理负荷大，要求学生克服内心障碍和外部障碍，以坚定的意志和顽强的毅力克服和战胜足球运动中遇到的各种困难，在遵循道德规范和准则的情况下，通过努力实现自己的目标。因此，校园足球教学与训练，可以促进学生良好的个性心理品质的形成，培养其良好的意志品质。

（2）由于我国计划生育政策的限制，使得现代学生的自我意识越发增强。这种自我意识有时更多地会演变成为自私，而忽视大众的、集体的利益。校园足球组织严密、竞赛规则严谨、技术规范严格，要求学生在运动中必须服从集体的需要，融于集体之中，正确地处理个人与集体、自由与纪律、个性与共性的关系，规范个人行为，加强组织纪律性。因此，校园足球严格、生动的教学与训练，可以规范学生的组织纪律性，使其形成良好的道德意识。

（3）足球运动在具体规则的约束下，始终沿着固定的方向发展。在校园足球教学与训练中，尊敬教师、尊敬对手、团结同伴等行为会受到赞赏和喜爱。反之，动作粗野、无视规则、个人主义等行为会受到处罚和谴责。因此，校园足球的教学和训练能为学生营造一个强制而又自然的环境，促使学生学会控制和约束自己的行为，形成良好的道德风貌和道德行为。

（4）足球运动是一项由11人组成队伍的竞技运动。足球比赛的获胜来自队员以积极的、健康的道德情感作为基础的协调配合和统一行动，这种道德情感是队友之间共同的责任感、荣誉感的精神升华。因此，校园足球教学与训练可以培养学生的集体主义精神，可以培养学生与人交流、共同协作的能力和情感。

2. 校园足球教学中的智育任务

智力包含的方面有很多，其具体表现为人的注意力、观察力、记忆力、想象力、思维力以及分析判断能力等。在校园中通过对学生进行足球教学活动，可以使学生智力水平获得增长。学生学习足球运动的基本知识，发展运动记忆，在培养技术、战术的过程中分析和评价自己的行为，全面地促进学生智力的提高。这既是智育所要完成的任务又是足球教学的目标。足球教学的智育任务主要内容如下。

（1）训练学生的记忆力。以足球教学培养学生记忆的敏捷性和正确性为例分析如下。首先，足球教学的实践性决定了大部分上课时间都在户外，这就要求学生在上课期间迅速识记教师的理论讲述、动作讲解、动作示范等学习内容，并且能在实际练习中记忆动作之间的联系、完整技术动作的先后次序和外在形象，以联想和再生的方式在头脑中形成正确的技术动作的运动表象，在完成动作的过程中训练记忆的敏捷性。其次，足球技战术是连续性活动，由若干技术和战术环节组成。足球练习和比赛的成功与否都建立在正确的技战术环节组成上，任何失误都有可能导致被动和失败，这样足球技战术的训练就对学生的记忆的正确性提出了高标准和高要求。因此，校园足球教学与训练能培养学生记忆的正确性。

（2）开发学生的想象力。想象是在人们头脑中对过去感知的形象进行再加工产生新形象的过程。在校园足球教学中，学生通过想象、模仿、表现去不断地体验技术动作和战术活动。尤其是在足球比赛中，场上的情况瞬息万变，参与比赛的学生随时要通过不断变化的情况做出应变反应。例如，为了进攻得分就需要在进攻时不断发挥想象力和创造力，攻其不备、攻其弱点。如果学生在踢球时没有通过思考和想象，那么比赛将会显得死气沉沉，毫无欣赏价值。由此可见，足球教学有助于发展学生的想象力。

（3）培养学生的观察力。足球运动要求参与者瞬间反应、判断并完成动作，因此经常参加足球运动能提高学生视觉、听觉等感觉器官的敏感度。在校园足球教学中，学生学习各种足球动作，不仅要通过观察教师的示范动作来建立动觉表象，然后做出符合要求的动作，还要在技术动作的多样性和复杂性以及场上多变的环境中保持自己注意力的稳定性，同时观察同伴和对手的变化，并在瞬间迅速决策。因此，校园足球可以培养学生在观察范围上的敏锐度和选择对象上的精细度。

（4）提高学生的思维力。人的左脑主要负责合理的伦理、分析的思维，右脑主要负责情感和意志。校园足球能很好地提高学生的创造性思维能力。首先，在校园足球教学中，学生通常是在快速激烈的情况下思考问题，因此学生必须迅速地估计情况并果断地放弃错误的想法，同时做出正确决定，由此可以使思维的速度得到训练。其次，足球比赛往往情况多变，参赛双方都想控制对方和摆脱对方的制约，这就需要学生根据实际情况机动灵活地调整战略战术，及时应对场上的变化，从而使思维的灵活性得到锻炼。再次，足球技战术多样，球场赛势多变，能促使运动员积极地进行思维活动。因此，校园足球教学与训练可以使学生思维的速度反应、灵活性、独立性得到显著提高。最后，学生在参与足球运动时，对于场上各种情况的分析和判断都是独立的，有助于学生思维独立性的提高。

3. 校园足球教学的美育任务

美是每一个人都非常欣赏和喜爱的一种情感，没有人会拒绝美的事物。体育，也是美的一种表达方式，它体现了一种健康美、运动美（包含技术美和战术美）和意志品质的美。健康美是人体美的最基本的表现形式；技术美则是人体美和动作美的有效结合，显示了人的本质力量及体育美丰富多彩的内容；意志品质美主要表现为体育运动所需要的原则和精神，此外还有建筑美和服饰美等。足球运动的美育任务主要表现在教学。在教学过程中应注意培养学生对美的感受能力、欣赏能力、评判能力以及表现能力。

（1）培养学生美的感受能力。美具有形象感染性，离开了感性认识就谈不上审美感知。因此，教师在校园足球教学中要正确引导学生的意识倾向，鼓励学生在运动中尝试美的内在体验和自觉的审美意识。并从体育和卫生的角度来训练和保护学生的感觉器官，以利于学生日后健康地参加审美活动。

（2）培养学生美的欣赏能力。体育教师在校园足球教学中应注意把竞技常识与美学原理结合起来，系统地传授足球知识，以培养学生在视觉上的运动美感，使学生通过亲身参与足球运动来培养自身神经与肌肉上的美感。

（3）培养学生美的评判能力。体育教师在足球理论方面的教学中，要注重对技战术原理的教学，让学生明白每种技战术的使用目的和使用时机，使学生能够"会看球"和"看懂球"，力争能够使他们对足球比赛拥有深刻的理解，如在何种情况下使用防守反击战术，在何种情况下使用长传冲吊战术等。

（4）培养学生美的表现能力。一般人只能将审美意识反作用于生活，而具有艺术创作才能的人可以根据运动的各种艺术形式，创造出比体育更集中、更强烈的艺术美。因此，在足球教学中实施美育的特殊性就表现在如何培养学生健美的身体，以及与之相应的美的思想和美的行为。一方面，在校园足球教学实施美育，应通过对健美身体的塑造，使学生形成健康的审美观；另一方面，在校园足球教学实施美育的过程中，不仅要培养学生对足球运动的兴趣和爱好，使之形成良好的体育作风和文明行为，还要培养学生热爱美、鉴赏美、表现美的情感，培养学生的自信心、独立性和创造力。

二、校园足球教学的要求

（一）注重增强身体素质与促进全面发展相结合

校园足球的教学应在增强每个学生体质的基础上，使所有学生的身体素质、心理素质、智力水平、美育能力等各方面都得到发展。因此，校园足球教学应做到以下几点。

（1）树立现代校园足球教学价值观。现代体育教学的价值观对校园体育教学提出了新的要求，校园足球教学不仅要具有改变学生生物学特征的生物学价值，还要具有对学生进行心理学、教育学、社会学以及美学教育的价值。这些价值观是衡量校园足球教学质量的重要标准。

（2）做好校园足球教学工作计划。教师在制订校园足球教学计划和编写教案时，既要突出足球的专项特点，也要保证教学活动对学生身体的全面训练性，更要结合足球教学促进学生身心的全面发展。

（3）做到教学内容和方法多样化。在校园足球教学的准备阶段、实施阶段、复习阶段以及评价阶段，要结合学生的身心特点和个性特征，采用丰富的教学内容，运用多样化的教学方法和手段，促进学生的全面发展。

（二）注重教师的主导性与学生的能动性相结合

现代体育教学已不同于以往，已经摒弃了以往的简单灌输式的教学方法，而更倾向于师生双边互动的教学活动。在校园足球教学中，教师应根据学生适龄的身心特点，正确处理好师生关系，充分发挥两个教学主体的主观能动性，积极地进行教与学的活动。教学应以体育教师为主导，充分调动学生参与的热情和练习的兴趣，要想做到这些，就需要做到以下几点。

（1）树立正确的教学观。在校园足球教学中，正确处理师生关系，发挥教师和学生双方的积极性，克服"教师中心论""学生中心论"的片面教学思想和观念。

（2）以教师为主导。在教学实践中，教师应及时提高自身的教学水平和专业素质，做到学识渊博、技术全面、为人师表、平等待人。同时，教师应不断提高足球教学的艺术性和启发性，培养学生良好的学习动机和兴趣。

（3）充分调动学生的能动作用。主观能动性是提高学生学习效率的有效动力，教师在教学中应充分调动学生的主观能动性，指导学生明确学习目标，让他们开动脑筋积极主动地学习，并在实践中大胆地实践。

（三）注重循序渐进与系统性相结合

对于新鲜事物的学习一般都会本着循序渐进的原则。像技战术较为复杂的足球运动的教学就更应如此，足球运动的教学实质上也是一个渐进的、系统的过程。这个过程一方面体现在教师在足球教学中应按照科学的训练规律，使教学内容由易到难，足球练习方法和组织形式由简到繁，足球运动负荷由小到大地发展；另一方面足球教学中的各种技战术应是环环相扣、紧密衔接的，它是由规律的不同周期组成，一个周期又可以分为不同阶段，各周期和阶段的教学和训练任务不同，教师在教学和训练中应注意各周期、各阶段内容的互相关联和承接。

（1）教学内容由易到难。以学习足球传球技术为例，可先从脚弓传球开始，并从传地滚球开始，在此基础上再学习其他部位的传球技术，进而进行长传球与过顶球技术的教学。

（2）练习手段和组织方式由简到繁。在足球技战术练习中，可先让学生从模仿练习开始，而后独立实践，再到局部对抗，最后进行整体训练。

（3）对抗程度由弱到强。足球的技术练习必须由无对抗到有对抗，由弱对抗到强对抗，最后进行实战接受检验。

（4）运动负荷由小到大。运动负荷的安排应当波浪式地逐渐加大，在组织训练时，教师要注意处理好负荷与恢复的关系。

（5）教学与训练要有系统性。足球教学与训练是由不同周期、不同阶段、不同任务组成的过程，系统的教学与训练能积极、有效、科学地提高学生的技战术水平。

（四）注重感觉、思维与实践相结合

足球运动几乎涉及所有身体部位的锻炼，除此之外，它还对人的神经系统和大脑思维起到重要的锻炼效果。在进行运动时，学生集感觉、思维与实践于一身，灵活机动地处理运动中遇到的各种情况和问题，快速进行分析并做出正确的判断。因此在校园教学过程中，教师应做到以下几点。

（1）在教学中教师要利用多种形式的直观教学手段。例如，在校园足球教学中教师除了可以沿用传统的体育教学示范法与语言法提示等手段外，还要在条件允许的范围内与时俱进地选择使用照片、录像、电影等直观教学方法和手段进行教学和组织观摩比赛，使学生能在较短时间内对技术动作获得最为直观的感受，建立起正确的技术动作表象。

（2）运用直观感觉手段要有针对性。足球运动教学的直观性还要求具有一定的针对性，针对的对象就是广大学生的性别、年龄、身体素质、运动经历、理解能力、基础知识和技能等方面的差异。因此，在校园足球教学中，体育教师不应搞"一刀切"似的教学，尽管这种方式最为节省时间，但在追求教学质量的现代教育理念中需要尽可能的在实践中多多分析不同类型学生的学习需求和教学方法，以期让教师能够更有针对性地对不同学生群体开展教学工作。如对于水平较低者相应多采用示范、图像等直观手段，对于水平较高者多使用形象化语言描述技术动作。

（3）正确处理感觉、思维与实践的关系。在校园足球教学实践中，直观感觉方式的运用有助于学生建立正确的动作表象，但要达到对动作的结构、要点及动作正误界限的理解，还必须克服单纯的机械模仿、重复，使学生积极思考、加强运动思维，培养发现问题、解决问题的能力。并要鼓励学生大胆地将直观、思维与实践有机结合起来。

（五）注重综合性与实战性相结合

足球教学的综合性，是指在足球教学中把技术、战术、体能、心理和智力等各方面有机地结合起来，进行综合性训练，并力求教学训练更贴合实战情景。教学的根本目的在于学生在足球运动临场比赛时能够良好、顺畅地将技战术应用出来，因此，为了更好地达到这一效果，就需要根据比赛的客观规律与要求安排日常教学内容和教学方法。如足球运动是一项经常存在身体接触和高强度对抗的激烈运动项目，这就需要在日常的教学训练中加入对抗的因素和模拟实战的条件，从而提高练习的实战性，具体包括以下几方面。

（1）不同技术合理搭配。在校园足球教学中，教师应根据比赛的需要，将不同的足球技术合理地串联和搭配起来组织学生进行练习，并根据学生的水平决定技术搭配的多少和难易程度。

（2）技战术与身体素质结合。身体素质是足球技战术运用和发挥的基础。因此，在校园足球教学中，教师应科学安排练习的组数、时间、密度、强度和运动量，从而使身体素质与技战术都得到提高。

（3）技战术与意识结合。意识是足球技战术的灵魂和生命。在校园足球教学中，教师应根据足球比赛的客观规律来设计和组织练习，加强对学生正确足球意识的培养，提高学生运用技战术的能力。

（4）技战术与对抗能力结合。对抗能力是足球技战术运用的根本保证。因此，在校园足球教学中，教师应根据学生技战术掌握的熟练程度加入适宜的对抗性因素。

（5）在模拟实战中练习技战术。根据循序渐进的教学原则，起初学生接触的足球教学是在没有身体接触和对抗的基础上完成的。而实际上足球运动却并不是这样，激烈的身体对抗性是足球运动的本质特点。因此，在学生基本掌握相关运动技术后，体育教师就应该适当加入一些身体对抗性练习，或是安排在模拟实战的气氛和状况下练习，使训练能更好地为比赛服务，提高学生的积极性。

第二节　校园足球教学的原则与方法

一、校园足球教学的原则

（一）主体性原则

校园足球教学的主体性原则是指在体育教学中，教师选择的教学方法、教学内容等一系列与教学活动相关的事宜都不应与学生的需要和特点相脱离。学生同时也要在教师的指导下积极配合教师的教学工作，并在充分发挥学生主体性、自主性和创造性的基础上更多地掌握足球运动理论和技战术知识。校园足球教学中遵循主体性原则应注意以下几点。

（1）校园足球教学是教与学的双边活动。要求教师在足球教学中尊重学生的主体地位，体现学生的主体精神，充分发挥学生的积极性、创造性，引导学生积极思考、勇于探索、刻苦训练，自觉掌握足球理论和技战术方法，提高学生自主观察问题、分析问题和解决问题的能力。

（2）发挥教师的主导作用。足球运动对动作操作思维、战术思维和快速反应能力的要求都很高，因此，在校园足球教学中，教师要以提高学生的运动能力和思维能力为核心，运用设疑、联想、比较、形象等教学方法，充分启发学生积极思维，从而最大限度地挖掘学生的运动潜力。

（3）引导学生明确学习目的。学习效果与学习动机密切相关。如果学生的学习目的不明确，学习动机不正确，就不可能自觉、积极地学习，也不可能长期保持自觉、积极的学习状态。

（4）培养学生学习足球的兴趣。兴趣是形成学习动机的重要因素，它可能是暂时的，也可能转化为长期的主动学习动机。足球运动的趣味性较高，在教学中，教师应采取丰富多样的教学方法，将学生对足球运动的兴趣转化为执著的热爱，使其学习的积极性更高、更持久。

（5）建立民主平等的师生关系。在足球教学中，创造一个生动和谐的教学环境很重要。在教学实践中，教师要承认学生的个性差异，采用科学方法发展学生个性，建立民主的师生关系，平等对待每一个学生。

（二）实效性原则

校园足球教学的实效性原则是指足球运动教学活动要本着从学生学习的实际出发，认真了解和解决教学过程中遇到的主要矛盾和次要矛盾，使教学更加具有针对性、专业性和务实性，以求在有限的教学时间内，使学生更多、更快、更好地掌握足球运动知识和提高身体健康水平。校园足球教学中遵循实效性原则应注意以下几点。

（1）选择合理的教学方法。教学方法是实现教学目的、完成教学任务的手段，直接影响是否完成教学任务和教学质量的高低。教师在足球的技战术教学中，要深入研究教材和教法，充分利用现代化的教学方法和手段，做到精讲多练。

（2）经常调查研究。要求体育教师在足球运动教学中不要仅满足于现有的足球教学理念和标准。时代在发展，学生们对于足球运动学习的需求也在随时发生着变化，因此教师要不断发现新问题、分析新问题，并找出解决问题的方法。在校园足球教学过程中，教师应重视教学的实际效果，根据学生的实际情况及时调整教学方法和练习形式。

（3）用唯物辩证法指导教学工作。校园足球教学中，教师要一切从实际出发，把握事物的本质，全面、准确地把握教材内容，深入地分析技战术内涵，抓住教学难点和教学重点。

（三）直观性原则

校园足球教学的直观性原则是指教师利用学生的感官和已有经验，通过将最为直白的视觉、听觉和肌肉本体感觉作为信息接收方式，使学生快速在大脑中建立起对足球技战术的生动表象和感觉，以此达到掌握足球技战术和足球技能、发展思维能力的目的。通常在现代校园中，足球教学经常采用的直观教学有动作示范、战术板讲解、视频、技战术演示图片等形式。校园足球教学中遵循直观性原则应注意以下几点。

（1）明确教学目的和要求。教师要根据教学任务、教材特点、学生情况等，有目的地使用直观教学方法。如对水平较低的学生，宜多使用动作示范、技术图片等，也可以重放学生的动作录像，与正确的技术动作进行比较，纠正学生的错误动作。

(2) 在教学中充分利用学生的视觉、听觉以及肌肉本体感觉，使学生明晰足球技战术表象，激发学生的学习积极性。

(3) 要善于启发学生思维。学生正确表象的形成离不开积极的思维活动，因此，在教学实践中要不断启发学生的思维，并与技术、战术练习活动紧密结合起来，以提高教学质量和教学效果。

（四）循序渐进原则

校园足球教学的循序渐进原则，是指教学要按照学科的逻辑系统和学生的认知规律，由简单到复杂、由低级到高级、由单一到组合，循序渐进地组织教学，使学生逐步掌握知识、技术、战术和技能。校园足球教学中遵循循序渐进的原则应注意以下几点。

(1) 教学内容的系统性。体育教师应根据教学大纲的要求，合理安排教学进度和课时计划，使教学进度符合足球运动的规律。使教学活动由易到难、由简到繁，使训练从无对抗到有对抗，运动量逐渐增加。

(2) 教学方法的系统性。体育教师应根据足球技战术形成的规律，从认知定向阶段（泛化阶段）、巩固提高阶段（分化阶段）到熟练阶段（自动化阶段），依次根据动作技能形成的阶段性特点组织教学，并针对不同阶段采取不同的教学方法。

(3) 安排适宜的运动负荷。运动负荷是足球教学课程计划的重要组成部分。在校园足球教学中，要合理安排恰当的生理和心理负荷。在校园中，大多数学生没有参加系统足球训练的经验，他们的身体素质也不尽相同，因此，为学生安排符合他们身心特点的运动负荷就显得很有必要。负荷太弱，不能引起机能和心理状态的变化，也不能发展体能，更无法满足学生对足球学习的需求；然而负荷太强，又会过度透支学生的体能，且运动中还极易造成运动创伤。

（五）因材施教原则

在校园足球教学过程中，体育教师"教"的对象是全体学生，教师对全体学生提出统一的教学要求。但是教师也要注意每个学生的身体素质与能力水平是有差异的，因此要重视针对个别学生的"教"，也就是要贯彻因材施教，具体要从以下几方面加以注意。

(1) 坚持从客观实际出发。教师因材施教的前提条件是对学生的身体素质与个体差异进行全面了解。教师全面了解学生的主要途径是调查，调查的主要内容是学生对足球的兴趣与爱好、身体素质等基本情况。只有了解学生的这些情况，认识到学生之间的差异，才能更好地贯彻因材施教。

学校的客观条件是校园足球教学中贯彻因材施教原则需要考虑的因素。其中，对足球教学产生影响的因素有季节、地区、场地器材和设备条件等。在制定足球教学目标时，教师需要综合考虑教材、学生特点、组织教法以及上述各方面的客观条件，从而更好地贯彻因材施教原则。

（2）从整体上把握。在足球教学中，教师努力的目标是全体学生足球运动技能的提高与发展。制定足球教学计划、教学目标和要求，应符合大多数学生的实际能力。同时，还要兼顾身体素质较好、足球技能较高和身体素质较差的两类学生。努力为第一类学生创造更好的条件，鼓励他们积极参加课余足球训练，努力提高专项成绩。与此同时，要热情、耐心地帮助身体素质差的学生，使他们在原有的基础上逐步提高足球技战术水平，完成足球教学的要求。

（六）巩固提高原则

在足球教学中加强师生交流，可以使学生经常复习所学的足球知识、技术和技能，并且不断地提高健康水平、足球技术能力和思想品质。而且通过交流，也可以及时反馈学生的学习效果，让教师能有效地调节、控制教学过程，提高足球教学效果。因为根据遗忘规律和运动条件反射建立与消退的理论，学生学到的知识与技能在一段时间内，如不经常复习就会遗忘或消退。另外根据"用进废退"原理，若学生对所学习的足球技能进行反复练习，则有助于发展运动能力、身体素质和生理机能，起到强身健体的作用。因此，要注意让学生巩固提高所学到的足球知识和运动技能。遵循巩固提高原则需要做到以下几点。

（1）利用讲解、示范、练习、提问、评价等方式，保证师生间及时传递信息。根据信息有效性的原则，信息传递得越及时，损耗越小；信息的准确度越高，所产生的教学效果越好。也可以通过提问、考察、竞赛等方式，巩固提高体育知识、技术和技能。

（2）增加运动密度和动作重复的次数，反复强化，不断巩固运动条件反射，提高技术水平、身体素质和体育能力。

（3）教师要给学生布置适量的课外足球作业或家庭足球作业，将课内课外结合起来，达到巩固提高的目的。

（4）不断提出新的学习目标，培养学生进行足球运动的兴趣和进取动机。

（七）身体全面发展原则

在足球教学过程中，促进学生全面协调发展的基础是选择和安排全面多样的教材内容，指导学生进行全面的身体锻炼。只有这样，学生身体的各个部位才可以得到全方位的发展。身体全面发展原则的贯彻要做到以下几点。

（1）对足球教学大纲提出的教学目标和教学要求进行综合贯彻。在足球教学中，要使学生积极地学习国家所颁布的足球教学大纲的精神，自觉遵循足球教学大纲所提出的要求与目标。为了更好地制订足球教学计划，保证学生身体素质能够得到全面发展，体育教师要注意合理搭配足球教材。

（2）在足球课堂教学中，应始终贯彻身体全面发展的原则。一节足球课的理想教学如下：

首先，足球课的准备部分，加强学生全身各部位肌肉、关节、韧带的活动，让学生充分伸展肢体，为完成足球课的目标奠定基础。

其次，足球课的基本部分，要加强学生上肢与下肢的练习，全面并协调地发展学生的身体。

最后，足球课的结束部分，指导学生通过一系列活动来放松身体，并给学生布置课外足球作业。

二、校园足球教学的方法

（一）讲解法

讲解法是指在教学过程中教师为了使学生通过"听"来感知教学内容，采用简练准确的语言来对相关教学内容进行分析的方法。它主要包括技术动作的方法和要领、战术配合的方法和要求以及运用过程中的注意事项等。在校园足球教学实践中，教师运用讲解法时应注意以下几点。

（1）讲解要明确。教师在讲解之前要有明确的目的。在足球教学过程中，教师的讲解必须根据教学目标、教学内容、学生特点等来具体地选择讲解内容、讲解方式、讲解速度以及讲解语气等，在讲解过程中要抓住重点与难点，做到有目的性、有针对性。

（2）讲解要正确。所谓的"正确"包括两方面含义，一方面是教师的讲解不能脱离学生的知识范围和结构，应在学生的能力接受范围之内，即教师讲解的广度和方式要符合学生的体育基础和已有的知识经验，利于学生接受；另一方面是教师的讲解内容要符合科学技术原理，而不能是不规范的内容。

（3）讲解要生动。生动的讲解有助于帮助学生在头脑中建立正确的动作定型。试想一下，如果教学仅仅是通过语言讲解那么将显得非常单调。肢体语言的加入是对语言讲解的一个非常好的补充，简单的语言并不能让学生深刻地认识技术动作。因此，教师必须善于借助于学生已经接触过的事物或已经学过的运动技术与教学内容产生联系，以便于学生更好地理解动作。

（4）讲解要有启发性。运用对比、类比、提问等方式进行的启发性教学手段有利于学生积极思考，使学生举一反三、触类旁通，让学生将看、听、想、练各种感官动员起来。

（5）讲解注意时机与效果。在体育教学过程中具体表现为，在学生面对教师、注意教师时进行讲解，在学生练习过程中或背对教师时尽量少讲解或不讲解。

（二）示范法

示范法是指教师在校园足球教学中以自身的动作作为足球技术动作教学的范例，对学生的训练进行指导的方法。这种方法可以使学生对所学动作的结构、形象、技术要领和完成方法有所了解，从而有助于学生建立正确的动作表象。在足球技术教学过程中，教师通过运用正确、优美、轻快的动作向学生进行展示，可以进一步调动学生学习的兴趣。另外，在实际的教学过程中，将示范法与讲解法相结合，可以使学生对足球技术动作的结构和特点有清晰的认识和理解，从而建立完整的动作概念。

在足球教学中教师运用示范法时，需要注意以下几个方面。

（1）示范目的要明确。足球教学中的动作示范要突出足球教学的重点和难点，而且对于技术基础差的学生还应注意适度。特别是对于年龄较小的学生，过多的示范往往会对他们识记、辨别、记忆动作产生影响，导致他们提取信息失败。因此，在足球教学的初始阶段，教师要抓住足球技术的关键动作进行示范，以便给学生留下更为清晰的动作表象和记忆。

（2）示范要正确、熟练。根据学生接受能力、模仿能力和好奇心都较强的特点，在进行足球技术动作示范时，教师要严格按照规格要求来完成动作技术，要准确无误地把握好动作的开始、行进方向和结束的时间。只有正确的动作示范，才能使学生更好地建立正确的动作概念和动作表象。正确的动作示范既可以使学生掌握正确的动作，同时也可以给学生以轻快的感受，激发学生的学习兴趣，避免产生畏难情绪。

（3）示范要便于学生观察。在进行动作的示范时，教师要选择合适的示范面、示范速度以及学生观察示范动作的距离和视角，以便于学生观察到整个动作的示范过程。示范面要根据需要来选择，即不同的需要采用的示范面也有所不同。通常采用的示范面有正面、侧面、背面和镜面四种。教师在示范与讲解时还可运用正误对比的方法，通过各种直观教具的演示和提示来启发学生对正确和错误动作进行观察、对比、分析，以便于明辨是非，更好地掌握正确的技术动作和战术方法。在开始进行示范时，应以完成动作的正常速度进行示范，以使学生建立起完整、正确的动作表象；为了将动作的某些环节结构更好地突现出来，要以较慢的速度进行示范。此外，若一些动作无法利用慢速来进行示范，可以借助于其他的直观教具来完成，如观看录像、图片等。对于学生观察动作示范的距离，教师应根据动作示范时所需的活动范围、学生的人数和安全需要来确定。无论示范距离的远近，都要以学生能够看清楚为准。

（4）示范、讲解与启发学生思维相结合。在足球技术动作学习的过程中，只有使学生的听觉和视觉器官同时利用起来，才能获得更好的教学效果。示范是通过视觉器官作用于人体，而讲解是通过听觉器官来对人体起作用，通过示范与讲解相结合可以增强技术动作的内在联系，学生获得的感知效果远远高于运用一种方法。因此，根据足球教学的需要，教师在进行动作示范时，要及时、恰当地结合讲解，同时还要善于启发学生的积极性思维，从而达到最佳的教学和学习效果。

（三）指导发现教学法

指导发现教学法，是让学生在经历了教师有意识设计、指导的实验、观察、分析、假设和论证后发现规律和建立概念的一种教学方法。因此，指导发现法包括教师的"教"和学生的"学"两个方面。这种教学法特别适合运用在足球战术的学习、足球攻防关系的认识和足球技术要点等内容。在校园足球教学中，教师主要采取以下步骤实施指导发现教学法。

（1）学生通过在课前预习教师所要教授的教学内容，发现一些解决不了的问题，并且将其带到课堂中去。

（2）教师以指导语的方式改造所授足球教材内容，从而使学生自行解决学习中遇到的困难和问题，并且将一些相关的观察结果和分析的直观感知材料提供给学生，帮助学生进行学习。

（3）学生通过教师的教学指导来寻找课前所发现的问题的具体解答方案，并采用分析和归纳的方法解决问题。

（四）游戏教学法

游戏教学法，是指在教学中使学生通过做游戏这种方式充分发挥主动性和创造性来完成预定教学任务的教学方法。这种教学法的应用比较广泛，下到初学足球的学生，上到职业运动队的专业选手。在校园足球教学中，教师运用游戏教学法应注意以下几点。

（1）教师在选择游戏项目时要遵循不能脱离校园足球教学的本质这一宗旨，并在组织的游戏中应制定相应的规则与要求。

（2）教师应在教学过程中要求全体学生必须遵守游戏规则，同时，注重积极鼓励学生发挥个体的主动性和创造性。

（3）教师应认真做好游戏的评判工作，公开、公平、公正地评价游戏的结果，客观地评价每位学生在游戏中的表现。

（4）游戏教学法中安排的游戏内容要注意负荷量的控制。由于学生个人的选择性与独立性较大，因此，教师在体育教学中安排游戏运动负荷与动作控制方面会受到很大限制，应妥善处理。

（五）合作学习教学法

校园足球教学过程是师生共同参与的双边教学过程。因此，在教学过程中，离不开教师与学生、学生与学生的相互配合。为了取得较为理想的教学效果，教师在教学过程中应采取多样化的教学手段和活动组织方式，以便使学生能够在轻松的教学环境中更好地掌握足球教学的内容，使学习成为学生之间的一种合作活动，并让学生在按时完成学习任务的同时，喜欢和享受这种学习环境和人际关系。合作学习教学法就是在教学中充分调动教、学双方积极性和主动性的教学方法。

在校园足球教学中教师主要采取以下步骤实施合作学习教学法。

（1）在教学初期，让学生自愿分成人数不等的若干个小组，各自结成"伙伴"。

（2）在教学过程中，教师以小组为单位进行教学，通过充分发挥小组内的技术骨干的带头作用，指导小组成员互帮互助，促进小组的学生共同完成学习任务。

(六)程序教学法

程序教学法是指依据认知和技能形成的基本规律,将足球技术、战术教学内容分解成为若干个相互联系、便于学习的"小步子",同时建立起相应的评价信息反馈系统的教学方法。

在校园足球教学实践中,学生首先依据"小步子"进行学习,然后评价学习情况,最后依据评价的结果反馈学习效果,教师针对反馈信息有的放矢地组织教学。

(七)案例教学法

案例教学法,是指教师在教学中通过列举具体的案例帮助学生更清晰、更深刻地认识教学内容的教学方法。这种教学法在足球战术配合教学、足球竞赛组织编排、足球规则与裁判方法的教学过程中应用最广。它的最大优势就是直观,用符合教学要求的案例来说明问题具有极强针对性。

在校园足球教学中,运用案例教学法应遵循以下步骤来组织教学。

(1)教师在备课阶段,应按照教学内容的不同选择有针对性的典型的有关足球教学内容的案例作为教学核心。案例的选择不仅要能充分反映教学内容,还要具有典型意义,同时要符合学生的学习基础和学习能力。

(2)教师在教学过程中对已经选择好的足球教学案例进行深入的分析,使学生尽快地建立起相关概念。

(3)在组织足球教学时,教师应注重调动学生的积极性,活跃课堂气氛,组织集体练习,促进学生结合案例进行思考并主动完成学习任务。

第三节 校园足球教学的组织与实施

一、足球教学文件的制定

(一)教学大纲的制定

作为教师开展教学工作的指导性文件,校园足球教学大纲是开展校园足球教学的重要依据，同时也是对教学工作任务的完成程度进行衡量的基本依据。此外，校园足球教学大纲也为整个校园足球教学活动的发展指明了方向。因此，为了确保校园足球教学工作顺利开展，就必须要制定出科学、合理的校园足球教学大纲。

1. 校园足球教学大纲的内容

（1）说明：主要是对校园足球教学大纲制订的依据与原则、课程性质等进行阐述，并提出具体的完成措施。

（2）教学目的要求：该部分主要是对校园足球教学的具体任务进行阐述，其内容主要包括足球的基本理论知识、基本的足球技战术与技能、促进学生身体素质全面提高的要求、进行专业思想教育和思想品德教育，以及学生优良意志、品质和集体主义精神的培养等。

（3）教学内容及课时数分配：该部分主要是对校园足球教学中不同教学内容与总课时数的比例、足球理论教学与足球实践教学的比例、理论教学的题目和课时及教学条件、参考书目和考核等内容进行阐述。

（4）教材及参考书：该部分主要是将校园足球教学所使用的教材和教学参考书一一列出。在学生对教材内容进行学习并掌握的基础上，教师和学生有针对性地选择一些具有权威性的足球专著，对教学内容进行进一步丰富和补充。

（5）教学设施：主要包括校园足球教学所需要的足球场地和设备，以及教学比赛所需要的口哨、号码衣等器材。对于有条件的学校还可建立和完善足球电化教学设施。

（6）考核内容和方法：主要包括理论知识、技战术、技能的考核。理论知识考核一般采用笔试的形式；技术考核可采用技评和达标的形式；技能考核可采用作业评检、实习、实际操演等形式进行。

（7）成绩评定：主要是对学生的学习态度、思想品德和具体的足球理论知识、技术、战术与技能等进行评定。在对学生的基本技能进行评定时可以结合平时的考核，根据校园足球教学培养目标的具体要求来确定总成绩中各个部分所占的权重与比例。

2. 制定教学大纲的基本要求

（1）从校园足球教学的实际情况出发，将校园足球教学计划中所规定的培养目标和要求进行贯彻和落实，并提出校园足球教学的目的和教学任务。

（2）校园足球教学的内容是通过足球运动的特点、课程任务和教学课时数来确定的，要突出足球基本理论知识、技战术与基本技能的教学训练与培养。

（3）对校园足球教学课程时数进行合理的分配，保证足球理论教学与实践教学的适当比例，以确保顺利完成校园足球教学任务。

（4）在校园足球教学大纲制定的过程中，要重视足球教学内容的系统性、先进性和科学性。

（5）校园足球教学大纲的考核重点应放在足球基本理论、基本技术与技能方面，所采用的考核方法应能对学生的真实水平进行全面、客观的反映，同时评分方法要科学、合理。

（二）教学进度的制定

教学进度是教学活动的参考指南，它是在教学大纲的指导下制定的，可谓是详细版的教学大纲。教学进度对教学目标、教学方法和教学安排等内容进一步明确，它是开展校园足球教学活动的指导性文件。

教学进度是根据教学大纲所规定的教学任务、教学内容和时数分配，把教材内容具体落实到每次课中的教学文件。教学进度是对教学方法与策略的直观反映。科学、合理的教学进度能够促进教学效果和教学质量得到有效的提高。

在制定校园足球教学进度时，应注意以下几点要求。

（1）合理安排，突出重点。根据校园足球教学大纲的具体要求和规定，以及足球运动技能的基本规律，对足球教学内容进行合理安排，并将足球教学的重点予以突出。

（2）教材安排符合逻辑。所安排的足球教材，必须要体现出足球理论知识和技术结合的逻辑关系，从而使学生在学习时能够产生更好的效果。

（3）注重教学课的搭配。在遵循和贯彻渐进性教学原则的基础上，对每次课的教学内容进行合理分配和搭配。

（4）理论与实践相结合。要遵循理论指导实践的原则来安排校园足球课程，要安排针对性强的理论课教学，并使足球教学理论与实践紧密结合。

（三）足球教案的制定

如果说教学进度是对教学大纲的进一步落实，那么教案就是对教学进度进一步细化。教案是教师在教学进度的框架内，对每一堂课的教学内容、教学步骤、时间安排和详细步骤进行编写的教学文件。由于体育教学所涵盖的范围非常广泛，尤其是校园足球教学，既有少量的理论课教学，也有大量的室外实践课教学，因此，对校园足球教学教案的制定有着较高的要求。编写校园足球教案的具体要求如下。

（1）根据校园足球教学的目标、进度、教学性质等对校园足球教学的基本任务进行具体化。

（2）针对教学课的基本任务确定相应的教学方法。教学组织应严谨有序，教学过程应有条不紊。

（3）考虑场地、器材、设备、学生人数、学生基本运动能力等要素，正确运用教学方法和教学步骤，合理安排练习次数和运动负荷。

（4）从整体出发确定教学任务，同时注意因材施教、个别对待。

（5）注意课与课之间的衔接，保证教学过程的完整性和系统性。

在编写校园足球教学教案时，还要注意其基本结构和形式，具体如下。

教案有自己专属的结构，以一般体育教学（含足球运动教学）教案的结构为例，通常可以分为准备部分、基本部分和结束部分。

准备部分：主要目的在于明确足球课的教学任务与要求，调动学生学习的积极性，做好准备活动，进入良好的适应状态。基本内容有足球基本功练习、身体素质练习、足球游戏等。一般用时 15~20 分钟。

基本部分：主要目的在于发展和提高一般和专项身体素质，学习足球基本理论知识、技战术，培养学生教学活动的组织管理能力。在教学实践中，必须要突出重点，主次分明。基本内容主要包括教学顺序与步骤，练习方法、手段、次数、时间，运动负荷，教学组织管理等。一般用时 70~90 分钟。

结束部分：主要目的在于结束本次课的教学活动，使学生逐渐恢复到相对安静的状态。一般采用自我按摩、互相按摩、舞蹈和罚球等轻松愉快的练习形式组织教学，以达到放松、消除疲劳的目的。结束部分要简明地进行小结，对学生完成学习任务的情况给予恰当的评价。一般用时 5~10 分钟。

此外，编写校园足球教学教案的常用格式主要有表格式和条文式两种，具体如下。

表格式：如表 3-1 所示，表格式教案是在确定了课的任务之后，按表格各栏的先后顺序，填写各部分的教学内容、组织教法、练习次数、运动量及其他相关事项和小结。

条文式：这种形式的教案常用于理论课教学，除写出课时计划规定的项目外，以讲授提纲与组织教法的条文配合理论课讲稿使用。

表 3-1 表格式足球课教案

授课班级	课的编号			上课日期			
课的基本教材				课的任务			
课的部分	时间	课的内容	组织工作	教学步骤	运动负荷			常犯错误及纠正方法
					时间	次数	心率	

二、足球教学课的组织

(一) 足球理论课的组织

校园足球理论课的主要内容为与足球运动相关的各种理论性知识。虽然校园足球教学不是一门理论课，但对于学生来说，掌握必要的足球理论知识有助于更好地学习和掌握足球技术和战术。尤其是进入了战术学习阶段，如果学生已经很好地掌握了足球理论知识，那么便可以很快地理解和掌握足球战术的部署和执行方法。因此，校园足球理论课教学的主要任务是让学生掌握基本的足球理论知识，包括足球的技战术基本理论、足球的发展趋势及足球的教学、训练、裁判、组织竞赛等，并使学生理论联系实践，更好地指导校园足球运动实践。

与其他学科教学形式相同，课堂教学也是足球理论课教学经常采用的形式，但从课堂活跃度方面来讲可以更加灵活一些，教师应更多地采用诱导性教学方法，鼓励学生通过自身思维思考足球运动中的各种问题。首先，以提问或讲述的形式引出前次足球课的教学内容，为新授课的内容做好学习准备。其次，进行本次课内容的讲授，突出对足球课的重点和难点进行反复的论证，采用提问、作业等形式，强化学生对教学重点和难点的理解和掌握。在足球课的结束部分，教师要简明扼要地总结和归纳本次课的重要知识点，布置课后作业，并宣告下堂足球课的教学内容。

(二) 足球实践课的组织

1. 准备部分

校园足球教学实践课准备部分的主要任务是通过一定的身体活动，使学生机体由相对静止状态进入工作状态，为学习足球课程内容做好生理和心理上的准备。

准备部分的教学可采用与足球基本教学相呼应的走跑练习、基本体操、控制球的专门练习和引导性、针对性、激励性的游戏等方法进行身体活动，运动负荷逐步增加，以达到活动身体的目的。另外，还可采用简单的技术练习方法，以达到技术动作学习和身体活动的目的。准备部分的活动组织形式一般采用集体作业的方式进行，内容可根据课的任务、时间、学生身体素质和气候条件等略有增减。

2. 基本部分

根据校园足球课教学进度的内容安排，进行足球技术、战术的教学和练习，全面发展学生的身体素质，培养学生良好的足球意识和心理品质是校园足球教学实践课基本部分的主要任务和内容。

应在足球教学的基本部分将其教学的重点内容突出，并结合学生的实际情况和教案选择相应的教学手段和教学方法，同时还要布置一些巩固性的作业练习。在本阶段，教师主要是对教学内容进行讲解和示范，并让学生进行练习和纠正错误等，使学生对旧知识进行巩固的同时，对新内容进行体会和练习。具体教学步骤为：先对新的教材内容进行学习，然后对已经学过的教材内容进行巩固和改进，最后进行发展学生身体素质的练习和组织足球教学比赛。在校园足球教学实践中，要对教学时间进行合理的安排，并充分地利用足球场地和教学设备，逐步增加学生练习的次数，选择较为适宜的运动负荷量，提高学生的练习效果和练习质量，促进学生逐步掌握和改进足球技能。此外，教师要对学生的练习情况进行密切的观察，并做好详细的记录，根据反馈的信息，及时对练习方法进行调整，以保证整个的足球教学过程合理而有效的进行。

3. 结束部分

在校园足球实践课的结束部分，主要的任务就是让学生从身体和心理上逐渐地恢复到课前相对安静的状态，通常情况下多采用集体活动的形式来进行。

结束部分一般要根据教学内容的性质、练习的强度与密度等，选择一些降低运动负荷的练习，如慢跑、简单的运球和传球、活动性游戏等。在整理活动结束后，教师要对本次课的总体学习情况进行简明扼要的总结，对教学任务完成情况作出恰当的评价，在肯定学生学习成绩的同时找出不足，明确下一步努力的方向。最后布置课后作业，预告下次课的主要教学内容。

（三）足球讨论课的组织

足球讨论课是一种较为灵活的足球教学组织方式，它的教学地点可以是教室，也可以是球场边。讨论课的目的在于提高学生的表达能力，并且发展学生的观察能力与分析能力，激发学生的创造性思维。足球讨论课的讨论话题与足球运动中遇到的多种问题相关，可以是某种技战术的问题，也可以是某位球星的踢球风格等。这种讨论课最适宜在进行足球技战术分析、规则裁判法等的教学时采用。

教师应在讨论课开始前将所要讨论的内容、需要解决的问题以及课堂要求等向学生宣布。在讨论前要对所要讨论的对象进行观摩，并要求学生做好观摩笔记，并将自己的观摩体会、感想和疑问等进行记录。

在讨论课结束后，教师先作引导性发言，然后采用民主的形式，组织学生围绕本次课的议题进行发言，鼓励学生发表不同的意见，并积极进行争论。最后，围绕讨论情况，教师要作出总结性的发言，并对所讨论的问题和学生的讨论情况进行评述。

（四）足球实习课的组织

校园足球实习课能有效地提高学生的训练能力、裁判水平和组织竞赛能力等。其组织方法可以贯穿于每堂足球课中，如在每堂课开始前安排 2~3 名学生作为本节课体育教师的助理，以锻炼他们组织训练的能力；安排 3 名学生作为本节课教学比赛环节的裁判员，以此锻炼他们的足球裁判执法能力等。

在实习课开始之前，教师要对需要实习学生的人数进行确定，并对这些学生进行指导，以使其做好相应的准备工作。

在实习过程中，教师要对学生的实习情况进行观察，并做好记录。

在实习结束后，教师要对实习学生的表现作出客观评价，并让实习学生写出实习总结。此外，要鼓励学生积极参与到足球实习课的讲评与讨论之中。

三、教学工作总结

校园足球教学工作总结是指体育教师要定期向体育教研室和上级主管部门提交的教学工作总结性文件。

校园足球教学工作总结是体育教师对校园足球教学任务的完成情况作出评价，并从中总结经验和找出差距的文字材料。校园足球教学工作总结是校园足球教学实践的精华，它是对校园足球教学过程的真实反映。通过校园足球教学工作总结，教师能够从中总结出非常可靠的教学经验和教学规律，找出影响教学质量提高的问题和因素，为今后校园足球教学提出新的课题作准备，并促使教学质量不断提高。

通常情况下，校园足球教学工作总结主要包括以下几个方面。

（1）教学的基本情况：介绍课程任务、课程性质、教师时数、学生人数、系院、年级、班级、教学条件等。

（2）教学过程：介绍教学中采取的教学改革方案或措施，实事求是地对执行情况作出自我评估，总结教学改革的成功之处，指出存在的问题以及产生问题的原因。

（3）教学过程评价：对学生学习状态进行总体评价，特别要重视分析教学中学生主体作用的发挥情况；对学生的学习成绩进行客观分析，必要时以数据和事实根据对教学过程作出准确的比较性评价。

（4）教学设想和建议：根据本阶段或学期足球教学任务的完成情况和足球教学中所遇到的问题进行分析，对下一轮的足球教学工作提出改革设想和建议。

第四节　创新教育理念在足球教学中的应用

一、转变教学观念

在校园足球教学领域中，创新理念更多地体现在转变传统教学观念方面。传统的教育教学观念之所以能够在我国长久不衰，其原因是这种传统教育教学观念也有非常多的可取之处。但在现代教育中，传统式的教学观念显现出了非常多的弊端，如在教学中无法做到"以人为本"和因材施教等。这就导致了学生的独立性、创造性和创新性无法在教学过程中得到充分的发挥。因此，为了使学生的共性和个性在教学过程中能够得到协调发展，就必须要转变传统的教学观念，并在教学管理制度方面突出多样性、灵活性和伸缩性。

（一）以学生为主体

与传统的教育教学理念的根本区别是，校园足球创新教育理念重视校园足球教育教学活动中学生的主体地位。校园足球创新教育理念改变了知识和技能在课堂上的单纯传递，改变了教师在教学过程中对学生的"填鸭式"教学，使学生在学习过程中的主动性和积极性得到充分的调动，并使学生能够积极主动地发现问题、分析问题和解决问题，提高学生的创新能力，从而将学生的被动学习转变为主动学习。

（二）以"教"为"学"

校园足球创新教育理念是在校园足球教学中充分尊重和切实保障学生主体地位的同时，使教师的"传道、授业、解惑"的作用得到最大程度的发挥。在校园足球教学中，教学只是教师的一种手段，而不是目的，教师的主要作用是对学生进行引导和启发，以"教"为"学"，通过学习使学生的创新能力得到发展和提高。

二、改革教学模式

足球运动是一项具有极强技巧性的团队运动。每一名球员的技术动作的学习都要经过一个长期的教学过程。在这个漫长且枯燥的过程中，为了调动学生的学习兴趣，促进其尽快掌握足球运动技能，必须充分发挥学生的创新意识和创新能力，将创新教育理念融入校园足球教学实践中，建立和实施创新型教育教学模式。

（一）创设"情景剖析"的教学情景

首先，课前的准备工作对教师的授课有着重要的影响。学生的课前预习有助于加快学生对足球技术动作的理解。在校园足球教学过程中，学生的课前预习能促进学生在理性上对所学的技术动作有一定的认识。其次，在校园足球教学实践过程中，教师在课堂上的示范对学生运动技能的学习有着直接的指导作用。在教学示范前，教师应对所要教授的动作技术的重点和难点进行精细的讲解，要求学生认真观察示范动作。如教师在教授正面脚弓传球动作技术时，应提示学生注意观察传球前的准备姿势、脚型、击球点、用力顺序和击球方向，示范后，让学生依次回答。对于在课前进行了预习的学生而言，基本上都能准确地回答出教师提出的问题，使其大脑中动作的初期现象得到了进一步的强化。教师针对学生回答问题的情况进行重点分析和讲解，就能加快学生对脚弓传球动作技术的正确认识，缩短了学生对动作技能从理性到感性的认识过程。

（二）创设"情感创新"的教学情景

创新能激发人的求知欲望，使人精神愉悦。因此，教师在校园足球教学过程中应该注重培养学生自主设计或组织运动技能练习的能力，在教学中为学生创造一个自由发挥的空间，鼓励学生利用所学知识解决实际中存在的问题，使学生大胆实践、勇于创新。

随着学生身体素质、理论知识、运动技能的不断积累和增长，学生分析问题、解决问题、独立学习的能力等都会有显著的提高。在校园足球创新教学模式中，学生既可以根据教师所提供的练习形式和方法进行练习，也可以自主设计练习形式和方法进行练习。因此，创新教育理念指导下的教学模式是充分发挥学生能动性、鼓励学生积极参与教学过程的新型教学模式，使学生在学习足球技能时乐学、好学、会学。

三、改革教学方法

教学方法对于学生真正学习到教学内容起着非常重要的作用。再好的教学内容如果没有采用正确的教学方法教授，都不会激发学生对教学活动的兴趣，那么教学结果当然只能是事倍功半。我国校园足球教学方式和教学程序普遍仍然延续着传统教学方法，显得形式过于单一、乏味。这是由于传统教学方法忽视了足球项目自身的特点。另外，传统的教学方法过于重视教师在课堂中的作用，忽视学生的实战能力和个人技能及特长的挖掘。因此，创新教育理念提倡改革教学方法，拓宽教学组织形式。

（一）情境教学法

创新教育理念要求在校园足球教学中，体育教师积极参与到创设与教学内容相关的教学情境中来，因为他们毕竟是最了解学生的人。体育教师可以选择恰当的教学方法和组织形式，将学生带入既定的教学情境中，让学生在教师所创设的教学情境中质疑、设想、体验、探索，以最大限度地开发学生的智力、挖掘学生的运动潜能。例如，在进行"二过一"战术教学时，可以创设如"我们正在进行足球对抗赛，对方防守很严密，我们如何才能突破对方的防守呢"的教学情境，然后安排学生进行一人防守两人"二过一"的练习。在练习该技术的过程中，不同的同学采用不同的方法突破防守，如踢墙式、直传斜插、斜传直插等。让学生做示范，教师在旁边做指导，这样就能活跃课堂气氛、激发学生的学习兴趣，使学生较快地掌握动作技能。

（二）互动教学法

传统的教学方法中，教师是课堂中的主体，学生是课堂中的客体，教师负责教，学生负责听，师生之间没有情感和知识上的互动。创新教育理念下的互动教学法要求教师作为教学活动的组织者和指导者，充分重视学生在学习中的主体地位，尽量为学生创造一个民主、轻松的学习环境，寓乐于教，使学生在平等的合作讨论中获得知识和技能。如教师在教授校园足球前场局部进攻战术时，让学生根据其自身的特点和优势组织进攻和防守，进攻方和防守方的同学经过相互交流和讨论，从而总结出最佳的进攻方案来突破防守。整个教学过程采取"讨论—实践—应用—讨论"的过程，促进学生战术水平的提高。

（三）探究教学法

探究教学方法是在教师的指导下，通过启发学生思维，让学生在发现新的知识点、运动技能的同时，将发现的问题收集起来，带着问题去听课或自主解决问题，即充分发挥学生探究学习的能力。例如，在针对有一定足球运动基础的同学的教学时，可以在其练习击球的过程中，当既可用脚踢球、也可用头顶球、还可用胸顶球时，即面临如何充分利用身体部位时，体育教师可引导、鼓励学生探索，如提问当球在某一高度时最恰当的击球部位是哪里，哪个部位击球比较舒服和方便下一个动作的衔接。当学生尝试了不同方式后，他们就能更加印象深刻地理解这一问题，并在探索中尝到一定的甜头。在体验和探索中获取运动知识、掌握运动技能，能激发学生的学习兴趣，增强学生的学习信心，使学生乐于探索、勇于探索。

四、创新足球教学理念

校园足球的特点要求学生具有较高的综合素质,要求学校培养全面发展的人才,这与创新教育所要求的培养高素质的体育人才是相符的。

传统的校园足球教育教学将足球运动技、战术作为教学的核心内容,体育教科书将足球运动确定为"以脚支配球为主,两个队在同一场地内进行攻守的体育运动项目",即将足球运动定性为以"球"为主的运动项目。显然,"球"在足球运动中处于主要地位,而足球运动的参与者在足球运动中处于次要地位,教学活动更多的是围绕着"球"来开展,这样本没有错。但与此同时,也不能过分忽视学习的人的主观能动性。在校园足球教学中,人是运动的参与者,是运动的主体,校园足球教学必须以促进人的全面发展为根本目标。

创新教育理念在校园足球教学中对教学理念的改革具体表现为,教师应将创新教育贯彻到足球运动的教育教学过程中去,以培养学生的足球意识、道德情操、人文素质为重点,健全学生的人格,促进学生的全面发展。要全面发展学生的以思想道德、体能素质、心理素质、文化知识、运动技能为核心的综合素质,以适应社会发展的需要。

五、创新成绩评价标准

科学的考核既能够对学生的学习成果进行评判,同时这也是考察教师教学水平的有效方式。从目前来看,理论知识与技术相结合的考核制度是我国校园足球教学考核常采用的方式,但是这种考核制度往往忽视了对学生的足球意识和运动实践能力进行评价,而足球意识和运动实践能力才是足球运动的精髓。而且,这种考核制度也与"终身体育"和"健康第一"的校园体育教学目标相左。这就需要更多的相关的体育教育工作者来对校园足球教学的考核制度进行探索和研究。

创新教育理念指导下的新型成绩评价标准要求具备以下两个条件。

(1)降低技术内容在校园足球教学考核成绩中所占的比例,并在考核体系中纳入学生的身体机能水平、心理健康素质、足球理论素养和足球实践能力等因素,将传统单一的考核转变为多元化的考核。

(2)将学生平时的出勤情况、学习态度、教学进步幅度、互动能力等因素纳入校园足球教学考核体系中,将对学生成绩进行评价的标准与新课程改革下的素质教育的要求相统一,从根本上来提高学生的学习能力和教师的教学质量。

第四章　校园足球训练实践

第一节　校园足球训练指导要点

训练是球员完成学习、实践、纠错的一个过程，教练员在训练中的工作原则就是在实际的客观条件下尽可能地提高训练的效率。

为了实现高效的训练，教练员需要注意以下要点：

（1）提前根据训练的目的与客观情况制定训练的内容与安排。
（2）训练安排紧凑，要与时间赛跑。
（3）遵循教学原则与心理学原则。
（4）强调"教练员—球员—队伍"之间的关系。
（5）与教练团队分工配合进行执教。
（6）提升教练员自身素养。

在训练的准备阶段，教练员需要考虑以下方面：

（1）训练目标。
（2）训练类型（技战术、身体素质等）。
（3）训练课的结构（三个阶段）。
（4）学习方式（整体式、分解式）与训练方法（间歇、持续、循环）。
（5）最佳的"运动—间歇"比率。
（6）球员的个体差异与特殊需求。
（7）训练的天气、气候、器材、装备、场地。
（8）科研监测与评估的参考意见。

教练员的性格、领导方式、执教方式、投入程度都会对训练起到很重要的影响。如果把训练比作一部歌剧，那么教练员就是这部歌剧的导演，他在其中不但要指导，还要观察、建议、聆听、演示、强化、决策等。良好的指导训练模式应该：

（1）以足球训练的过程为出发点，同时考虑不同年龄段的不同目标。

（2）把训练的目标公式化，对每次训练都有明确的要求。

（3）充分理解训练中所发生的情况，找到合适的描述问题的模式及分析问题的方法。

（4）阅读比赛，分析影响成绩的各种因素。

（5）指出比赛中的四个重要时刻的目的和原则。

（6）解决比赛中的时间与空间问题。

（7）实现简明的教与学。

第二节 教练员的指导原则

足球教练员根据足球运动的客观规律，针对学生运动员的实际情况制订科学、合理的训练计划，对于高校足球运动员的个人能力和球队整体水平的提高有积极的效用。高校足球训练的过程是一项科学全面的系统工程，是一项从易到难、由简到繁、由量变到质变的积累过程。高校足球训练的原则是高校足球运动客观规律的反映，是人们在长期的足球运动实践中经验的总结，是想要达到理想锻炼效果一定要遵循的基本准则。因此，要想使高校足球运动训练顺利进行，并且取得较为理想的训练效果，就必须遵循这些原则。高校足球训练在长期的发展中逐渐总结出了一些原则，主要包括：系统性原则、全面性原则、周期性原则、"三从一大"原则、训练与比赛相结合原则、区别对待原则、积极主动原则、适宜负荷原则和一般训练与专项训练相结合原则。

一、系统性原则

高校足球训练的系统性，指的是从训练开始的最初阶段到运动员达到一定技术水平并且继续提高运动能力的训练过程中，要实现前后连贯、紧密相连的系统训练。高校足球运动的训练实践证明，要想使足球运动员的技术水平和身体素质得到切实的提高，从而在足球比赛中有更佳的表现，那么必须经过长时间的系统训练。

现代足球训练中的各个训练阶段以及各个训练阶段的内容都是彼此相关、相互影响和相互促进的。严格贯彻系统训练的原则可以保证足球训练的训练效果，在这个过程中要注意两个方面的内容：一是在高校足球训练的过程中要坚持长时间的系统训练，设置合理的训练阶段，并使得每个训练阶段紧密联系起来而成为一个统一的整体；二是注意在高校足球训练中要使训练周期和训练阶段有机地结合起来，在训练内容、重点、方法和运动负荷的安排上要有机地结合起来，使下一阶段的训练成为上一阶段训练的继续和提高。总之，应使每次训练都能取得良好的训练效果。

二、全面性原则

足球运动是一项全身的运动。在足球比赛中，身体的各个部位、各器官的功能都得到了发挥，各种身体素质如力量、速度、柔韧性、灵敏度等都得到了体现。在高校足球训练中，就要针对这些身体素质都进行科学、合理的训练，从而使运动员的身体素质得到综合的提升。

足球运动是全面性的锻炼，是各身体部位、各个项目、各个性质的运动结合在一起的。进行全面训练，可以使身体的各个部位、各项身体素质相互促进、共同提高。高校足球运动训练的全面性原则具有重要的综合指导意义。

三、周期性原则

足球运动的技术一般要经过多次的重复训练才能逐渐掌握、熟练和巩固。足球运动员的身体素质必须通过多次的重复练习才能得到逐渐的发展，足球比赛的成绩必须通过多次的训练才能得到保障。周训练是阶段性足球训练的基本单位，而阶段性训练又是年度训练的基本单位。每个足球运动员都会经历多个这样反反复复的训练周期。足球训练在周期上是一个螺旋上升的过程，经过一个周期的训练，足球运动员的技术水平会得到一定的提高，从而在下一个周期的训练中具备较好的基础，而这个周期的训练也会为下个周期训练提供更高的起点。在周期性训练过程中，运动员的身体素质、技术、战术，以及心理机能、恢复能力和理论知识等方面都会逐渐得到提高。教练员在遵循周期性原则的基础上，还要根据训练者的实际情况和运动水平，有针对性地不断调整训练内容、各方面训练的比重和要求，有针对性地制订训练计划，而不是在不同的周期只简单地进行重复，应该循序渐进，逐渐提高。

四、"三从一大"原则

高校足球训练要秉持"三从一大"原则，这是从我国高校足球训练的多年实践经验中总结出来的重要原则之一，对于提高高校足球运动水平具有重要的影响。

"三从"指的是"从严、从难、从实战需要出发"。训练要求"从严、从难"，这就需要对运动员进行严格要求、从难训练，对运动员的技术水平和身体各项素质都提出更多要求，以便于激发出运动员的最大潜力；"从实战需要出发"就是要求足球训练的安排要严格遵循足球运动比赛的规律，根据比赛对手的特点，结合本方队员的各自身体特点和技术特点进行有针对性的训练，并且要从实战需要出发，制订合理的训练计划，以便在比赛中可以取得良好的成绩。

"一大"是指"进行大运动量的训练"。具体说就是要进行有效的大负荷训练，通过加大训练量激发运动员的运动潜质，提高运动员的技术素质和身体素质。这是进行科学训练的必由之路。

五、训练与比赛相结合原则

足球运动是一项注重比赛的项目，运动的目的不仅是比赛成绩，在比赛中也可以发现训练中的问题，从而指导训练。因此，高校足球训练要和比赛结合起来进行，使得比赛指导训练，同时训练可以有针对性地为比赛服务。

在高校足球运动中，各个训练周期的主要任务不同，比赛次数也要不同，比赛和训练的关系要安排得当。要使得训练与比赛相辅相成、相互促进。在实际操作中，初学者和技术水平不高的足球队应该以训练为主，要在训练中打好基础，尽量不要安排过多的比赛，以免影响他们训练的积极性。

训练与比赛相结合是指在高校足球运动训练的整个过程中，技战术的训练要符合足球比赛的实际需要，通过训练与比赛发现问题、提高水平。足球训练就是为了比赛。足球训练的任务就是创造条件、改变条件、变换环境、增强实力以在比赛中具有更加优良的表现和获得理想的成绩。

六、区别对待原则

区别对待就是具体问题具体分析，这就要求足球教练员在日常训练中要根据运动员的个人特点和身体素质，如年龄、性别、身体条件、承担负荷的能力、技术水平和心理品质、文化程度等方面，有针对性地制定训练任务、选择训练方法和手段、安排运动负荷。

不同的运动员由于性别、年龄等具有不同的身体素质，也就有不同的运动能力，这些都会影响到运动员技战术水平的发挥和提高。如果对不同的运动员采取同一种训练方法，就很难取得应有的训练效果，还会造成资源和时间的浪费。在训练的过程中，每个运动员的起点不同，进步速度也不同，随着训练的进行，他们的身体素质和技战术水平发生的变化也各异，这就要求教练员不停地针对实际情况进行科学、合理的调整。

为了能够更好地在高校足球训练中贯彻实施区别对待原则，在足球训练过程中，有以下两个方面的事项需要注意。

（1）教练员要对运动员的实际情况进行深入细致的了解，包括运动员的身体素质、技术水平、年龄、学习能力等。教练员在训练过程中要建立丰富的资料库，监测运动员的身体素质及技战术的发展变化水平，做到真正了解每一个运动员。

（2）训练中要兼顾运动员个人素质的提高和球队整体水平的提高，根据球队的需要和运动员的个人水平，制订合理的训练计划。在全面了解全队和每个人的基础上，充分发挥全队的特点和个人的特点。

七、积极主动原则

足球运动的训练过程是一个长期而艰苦的过程，在训练中会遇到各种困难。如果运动员的训练目的不明确，没有主动积极地参与训练，就很容易产生退却的心理，甚至会导致运动员的训练半途而废。要想在高校足球训练过程中更好地贯彻积极主动的原则，要求做到以下两个方面。

（1）要求足球运动员明确自己参加足球运动训练的目的，明确自己参加训练的动机，端正自己的训练态度。明白足球运动可以对自己的身体、学业和心理素质产生积极影响的道理，认识到足球训练的价值，并正确使用科学方法，才可以取得最佳的训练效果。

（2）要使运动员真正对足球运动产生兴趣，把被动地接受训练变成主动要求训练，应该培养他们对于足球的热爱，让他们对于足球运动的产生发展和现状有系统的了解，培养他们对著名球星的喜爱，这样才可以激发他们对足球运动的热爱情绪，从而主动地进行训练。良好的兴趣激励会使得运动员的身体机能上升，产生身体上的良性循环，使运动员体内血糖上升、肌肉力量增加，会使运动员的精神更加饱满，精力更加充沛。

八、适宜负荷原则

适宜负荷原则指的是高校足球运动员在进行训练的过程中要根据训练任务、训练水平和训练要求，科学合理地在各个训练环节中逐渐增加负荷量，直至达到最大负荷要求。其在很大程度上影响着训练的最终效果。在具体实行的过程中，要注意以下两个方面：一是要根据训练的实际情况考虑运动负荷的安排；二是在训练过程中，要明确知道运动负荷会经过增大—适应—再增大—再适应的螺旋提高过程。

高校足球教练员在制订足球训练计划时，要合理考虑适宜负荷原则，既不能因为负荷太小而达不到应有的训练效果，也不能因为运动负荷过大而对运动员的身体造成损害。适宜负荷原则要求合理考虑运动员在不同训练阶段身体素质水平的发展情况，以及对负荷强度和负荷量的承受能力，在此基础上确定适宜负荷。训练中运动负荷的增大必须是循序渐进的。

在增大运动负荷的过程中要处理好负荷量和负荷强度的关系，同时处理好运动负荷与恢复的关系。另外，训练中运动负荷的增加必须达到极限，这样才可以最大限度地提高运动员的身体素质和技术水平。

九、一般训练与专项训练相结合原则

足球训练中的一般训练，是指通过多种多样的身体训练来提高运动员各器官系统的机能、全面发展运动员的运动素质、改进身体形态和一般心理品质的训练。专项训练指的是在足球训练中更加侧重足球专项技术动作、战术方法的训练。一般训练与足球专项训练联系紧密，是不可分割的整体。

一般训练和专项训练相结合原则，是指在高校足球训练的过程中，要根据足球运动的专项特点、运动员的训练水平和不同训练时期、阶段的训练任务，适当地安排一般训练和专项训练的比重。要根据不同层次足球运动员的训练水平、足球训练的专项特点和训练任务，有比例地进行安排。同时，在不同的训练阶段，对于一般训练和专项训练比重的安排也有所差别。一般主要有以下两种情况：一是在多年训练中的基础训练和专项提高阶段，当处于训练大周期的准备期和过渡期、恢复调整的小周期时，就需要安排一般训练的比重大一些；二是如果在比赛阶段，那么就需要根据实际情况和需要安排专项训练的比重大一些。

第三节　校园足球运动的技术、战术及训练

一、足球运动的基本技术

足球运动技术是运动员在足球比赛中为完成战术意图而用身体的合理部位处理球的动作方法，以及合理调整身体姿势及运动状态的无球动作的总称。

在构成足球运动的技术、战术、身体素质、心智能力和规则裁判（包括场地器材）五大要素中，技术是其中最核心的要素。没有技术，其他要素就失去了存在的意义，可以说没有技术也就没有足球运动。现代足球运动在全攻全守的方向上不断发展，攻守保持平衡是现代足球的重要特点，因而也对技术提出了更多、更新的要求。

足球技术复杂多样，按照不同的分类依据可以分为以下几种。

（一）踢球技术

踢球技术是运动员有目的地用脚的某一部位将球击向预定目标的技术动作。

1. 踢球技术动作概述

踢球的动作很多，要领和方法也不相同。然而，它们均由助跑、支撑脚站位、踢球腿摆动、脚触球、踢球的随前动作5个环节组成完整过程。5个环节中，又以支撑脚站位、踢球腿摆动、脚触球3个环节为决定踢出球的性质、力量、准确性的关键环节。

（1）助跑。助跑是踢球前的几步跑动。在踢球过程中，它是第一个环节，其目的是调整人与球之间的相对位置并使踢球者获得一定的前移速度。

各种踢球技术的动作结构虽然一样，但其技术细节不同。对运动员来说，球可能从各个方向飞来，如果已经决定采取某一种方法踢球，就应尽量争取按其动作规格要求进行。也就是说，必须调整人和球的相对位置，使之便于在支撑时按照所选用的踢球动作进行。另外，由于助跑使身体获得一定的前移速度，"腿"在蹬地和腾空中就可以获得相应的速度，为后面的环节作好准备，因为踢球腿的后摆与助跑时腿腾空的技术相似，有利于完成整个踢球技术动作。

(2)支撑脚站位。支撑脚站位的作用就是要使踢球腿在整个的摆动过程中有一个理想的、牢固的支撑点，这样才能使踢球腿摆动的效果充分发挥出来。支撑脚与球的相对位置对于不同的踢球动作有着不同的要求，而同一种踢球动作对不同运动员也稍有差异。

根据人体结构的特点，一脚支撑，另一脚摆动踢球最为理想。然而，支撑又是对助跑中运动的身体一种制动，使运动速度有所损失，为了尽量减小制动，支撑腿膝关节要微屈。

(3)踢球腿的摆动。为了使足球获得可能获得的最大动量，踢球脚应在踢球前获得尽可能大的速度，并作用于足球，因为腿的摆动是踢球力量来源的主要因素。它的一部分过程与支撑脚站位这一环节有所重叠，即在支撑脚站位的同时踢球腿的后摆已在进行；当踢球腿后摆至一定程度时（可能的最大值时），大腿带动小腿由后向前摆动；当踢球腿膝关节摆至接近球的正上方时，小腿绕膝关节做爆发式的加速摆动，从而使踢球脚以最快的速度击球。

为了使击球部位的速度有较大的增加，可以增大摆幅或增加摆速。但增大摆幅是有限的，过分地增加摆幅会造成不协调而使技术动作变形。而加快踢球腿的摆速，除了完善技术动作外，可以通过增大肌肉力量来增加摆速。

(4)脚触（击）球。脚触球是决定出球性质及准确性的主要环节，同时对球所能获得的动力有较大的影响。脚触球技术包括脚的部位和球的部位两个方面。同时不论使用何种动作击球，在触球瞬间踝关节都必须处于功能性的紧张状态，以保证将球踢向预定的目标。

如果上一环节是决定施力大小和方向这两个要素的话，那么本环节就是决定作用点这一要素的关键所在。通过这一环节决定了被击出球的性质（旋转与否）和形式（地滚、低平、半高、高球等），并在很大程度上决定了被踢出球的准确性。它综合体现了前几个环节的作用。

对于踢定位球来说，击球点与施力方向的连线通过球的重心时，击出的球将沿施力方向飞行（若此连线与地面平行，则击出的球为低平球；若此连线与地面成一定角度，例如小于90°，则击出的球将沿抛物线轨迹飞行）；若击球点与施力方向的连线不通过球的重心，则踢出的球为旋转球，其飞行轨迹将偏离不旋转球的飞行轨迹，俗称"香蕉球"。

(5)踢球的随前动作。当"脚触球"环节结束时，脚与球已脱离，身体的任何动作对球都不能产生影响，而随前动作的目的在于保证前4个环节的正常进行。如果球被踢出后踢球腿立即停止前摆或收回，那么在脚触球之前前摆的对抗肌势必就得提前工作，这样前摆速度势必受到影响。所以，从这个角度讲，踢球的随前动作是不可略去的环节。

2. 踢球技术的主要动作方法及要领

踢球的方法有很多种，这里只叙述脚内侧踢球、脚背正面踢球、脚背内侧踢球、脚背外侧踢球及脚尖踢球等几种主要踢球动作的方法及要领。

（1）脚内侧踢球。脚内侧踢球是用脚内侧部位（第一跖趾关节、舟骨、跟骨内侧等所形成的平面）击球的一种方法，是在足球比赛中使用最多的一种方法，多用于中近距离的传球和射门。

脚内侧踢定位球，首先是直线助跑，支撑之前最后一步助跑应大些，支撑脚站在球侧面12～15厘米处，脚尖正对出球方向，支撑腿膝关节微屈，支撑脚落地时大腿要带动小腿由后向前摆，此时踢球腿屈膝外展，使踢球脚与支撑脚成垂直状，脚尖微上翘，脚底与地面平行，踝关节做功能性紧张固定脚型。当膝关节摆至接近球的正上方时，小腿加速前摆。在用脚内侧部位击球的后中部的同时，髋关节向前送出（平移），身体也随之前移。

在做以上动作时，重点应注意支撑脚脚尖要正对出球方向，触球瞬间踢球腿摆动方向应与出球方向相同，且脚内侧部位正对出球方向（踢球脚与支撑脚垂直），踢球时应注意踢球腿小腿不可上撩，身体也不可后仰。

脚内侧踢空中球（低于胸部的高度）时，运动员应根据来球的运行轨迹、速度，及时移动到合适的踢球位置。踢球腿大腿抬（屈）起并外展，小腿屈并绕额状轴后摆，接着由后向前摆动，当摆至额状面时击球的后中部（被击出的球为平直球）。击球时应控制小腿的摆动，不要使小腿有上撩的动作。通过击球的不同部位来控制出球的方向。

（2）脚背正面踢球。脚背正面踢球是用第一跖骨体的内侧和第二、第三、第四跖骨体的上面所形成的面（即脚面）去击球的一种方法。由于脚背正面踢球时腿的摆幅较大，加之与球的接触面较大，因而踢球力量大，出球的方向及性质变化较小，故准确性较高。在比赛中，经常使用脚背正面踢定位球、地滚球、空中球、反弹球及倒钩球等。踢出球的性质多为不旋转的直线球，但可以用来踢抽击性的前旋球。

（3）脚背内侧踢球。脚背内侧踢球是使用第一跖趾关节及跖骨体去触（击）球的一种踢球方法。这种踢球法脚的摆幅较大，多用于中远距离的传球或射门。

脚背内侧踢定位球时，一般采取斜线助跑，其方向与出球方向约成45°角，最后一步稍大，以支撑脚脚底外沿成滚动式积极着地，脚尖指向出球方向，并踏在球的内侧后方20～25厘米处，膝关节微屈，支撑脚落地的同时踢球腿大腿带动小腿由后向前摆动。当大腿摆至与支撑腿接近同一平面时，小腿做爆发式摆动，踢球脚脚尖外转，脚跖屈（脚背绷直），以脚背内侧部位触（击）球的后部（以出球方向为准），踢球腿及身体随球前移。

选择的击球部位不同，如击球的后中部或中下部，则踢出的球会出现高、中、低不同的效果；若要踢成弧线球，则应使作用力线不通过球的重心，触球时脚形也要略作改变，以增加脚与球的摩擦，使球旋转。

（4）脚背外侧踢球。脚背外侧踢球是用第三、第四、第五跖骨体触（击）球的一种踢球方法。其动作结构与其他踢球方法相同，技术上除第四环节外，均与足背正面踢球相同。

脚背外侧踢定位球，直线助跑，支撑前最后一步稍大，支撑脚站在球的侧面10～12厘米处，踢球腿在支撑前已基本完成后摆（大腿伸小腿屈），在支撑脚着地的同时，踢球腿大腿带动小腿由后向前摆动。当膝关节摆至接近球正上方时，小腿做爆发式前摆（大腿的摆动继续）。此时要求踢球脚脚尖内转、脚内翻、脚背跖屈（绷直）并提踵，脚趾用力屈曲，使脚背外侧部位击球的后中部（出球为低平球）。若需踢成弧线球，施力的作用线应不通过球的重心，并视其所需的弧线大小决定其接触部位、摆动方向，但脚形应有利于增加旋转，即加大接触面、增大摩擦力和加大旋转力矩。

由于用脚背外侧踢球时脚腕的灵活性较大，摆腿方向变化较多，并且在助跑时又不会破坏正常的跑动姿势，故其出球的隐蔽性较强。在现代足球比赛中，各种距离的弧线球及非弧线球都使用这种踢球方法。

脚背外侧踢地滚球、反弹球、半高球、倒钩球、凌空倒钩球等，方法与脚背正面踢球基本相同。在倒钩球及凌空倒钩球中，出球方向不是正后方而是侧后方，可以参照学习。

（5）脚尖踢球。脚尖踢球包括脚尖踢球和脚尖捅球两种方法。实际上是利用足球鞋尖的帮底黏合处较硬的部位击球，击球力量主要靠踇指传递。

脚尖踢球的技术动作与其他踢球技术相同，但踢球腿的摆动是以小腿爆发式摆动为主（大腿基本无后摆），脚触球时间短，要求脚尖稍翘起，踝关节做功能性紧张固定脚形。

由于脚尖踢球主要依靠小腿爆发式的摆动获得力量和速度，所以出球速度快，往往出人意料，尤其是在雨地比赛中使用脚尖射门能收到奇效。脚尖踢球能够发挥踢球腿的最大长度，可以用来踢那些距离身体较远、用正常动作无法踢到的球。脚跟踢球有两种不同的方法，一种是同侧的脚跟踢球；另一种是异侧脚跟踢球，即踢球脚后摆时在支撑脚前面交叉，摆到支撑脚外侧用脚跟击（触）球。

基于人体结构的特点，这种踢球方法产生的力量小，但其出球的方向向后，因此具有隐蔽性、突然性，有一定的实用价值。

以上 5 种踢球动作是比赛中常用的踢球技术，其中以脚内侧、脚背正面、脚背内侧、脚背外侧等踢球动作用得最多。这些动作可以用来踢定位球、地滚球、空中球、反弹球等，不仅能踢出不旋转的球，也可以踢出各种不同性质的旋转球。由于各种踢球动作在结构上的特点及限制，不同的踢球方法只适合于踢某种旋转球。例如，脚背正面踢球适合于抽击出前旋球和搓击出近距离的回旋球，不适用于踢侧旋球；而脚背内侧和脚背外侧踢球更适用于踢出侧旋球或侧前旋球，其中脚背内侧也可以踢出回旋球。对上述各种踢球动作不仅要熟练地掌握其动作要领和规格，而且还应深刻理解其动作结构的理论依据，这样才能正确地运用各种踢球技术。

（二）运球技术

运球方法很多，每一种运球方法都是由跑动和推拨球两个动作组成。这两个动作过程又由支撑脚踏地后蹬、运球脚前摆触球和运球脚踏地支撑三个紧密衔接的环节组成。

1. 支撑脚踏地后蹬

支撑脚踏地后蹬一是可以推动人体重心前移；二是可以支撑身体平衡，使运球脚能离地、提起，完成推拨球动作。支撑脚应尽量缩短支撑时间，积极后蹬前摆，加快运球速度。

2. 运球脚前摆触球

运球脚前摆触球一是可以给球作用力，使球产生位移；二是可以不断调节触球力量、部位、方向和触球时间，协调其与跑动速度的关系。应做到球动人跟进，人能控制好运球路线，使球始终能控制在脚下以便随时改变方向或推进速度。

3. 运球脚踏地支撑

运球脚踏地支撑一是可以使运球脚在完成推拨动作后，立即踏地保持身体平衡；二是可以使运球脚由踏地支撑转换到后蹬，使人的身体产生位移。

在运球过程中，支撑脚踏地后蹬是决定跑动速度的主要环节，运球脚前摆触球是控制球运行的关键。后蹬要随着摆腿的方向转动,并与髋关节、踝关节协调用力带动身体重心随之移动。

运球技术包括:脚内侧运球、脚背正面运球、脚背外侧运球、脚背内侧运球和拉球。在这五种运球方法中,脚背外侧运球可作直线和曲线运球;脚背内侧运球技术多用于直线运球与快速推进;脚内侧运球多在变向和掩护运球时采用。

(1)脚内侧运球。脚内侧运球时,支撑脚领先于球,踏在球的侧前方,膝关节稍弯曲,上体前倾向里转;肩部指向运球方向,重心放在支撑脚上;运球脚提起屈膝,用脚内侧部位推球的后中部,使球前进;然后运球脚着地。在改变方向运球时,用两只脚交替拨球。

特点是:易控球,但推进速度较慢,适用于掩护性运球。

(2)脚背正面运球。脚背正面运球时,身体保持正常跑动姿势,上体稍前倾,两臂自然摆动,步幅不宜大;运球脚提起,膝关节稍屈,髋关节前送,脚背绷紧,提踵脚尖下指,在着地前用脚背正面部位触球后中部推拨前进。

特点是:直线推拨,速度快;路线单一,推进时前方需有较大的纵深距离。

(3)脚背外侧运球。脚背外侧运球时,身体保持正常跑动姿势,上体稍前倾,两臂自然摆动,步幅不宜过大;支撑脚保持在球的侧后方,运球脚提起,膝关节稍屈,髋关节前送,脚跟提起,脚尖稍向内旋,使脚背外侧正对运球方向;在运球脚落地前,用脚背外侧推拨球。向前侧推拨球的后中部。

特点是:灵活性、可变性强,速度快,可做直线、弧线和向外变向运球,易于控制运球方向和发挥运球速度,并便于对球进行保护。

(4)脚背内侧运球。脚背内侧运球时,身体稍侧转并自然放松,两臂协调摆动,步幅要小些,上体稍前倾;运球腿提起外展,膝关节微屈外旋,提踵脚尖旋,使脚背内侧正对运球方向,在运球脚落地前用脚背内侧推拨球,使球随身体前进。

特点是:控球稳,但运球速度较慢,适用于向支撑脚一侧的转动变向运球和掩护性运球。

(5)拉球。拉球时,将运球脚前脚掌放在球的上部或侧上部,支撑脚在球的侧后方;触球脚向后下方用力将球拉回。向回拉球一般都是在躲开或逗引对方出脚抢球的瞬间将球拉回,再迅速地将球推送出去,并越过防守者。拉球时也可接触球的上部,将球向左右两侧拉。

特点是:容易诱骗对方,使对方抢球落空。

（三）抢截球技术

抢截球技术是指防守队员对持球的进攻队员所运用的一切防守技巧。一般来说，抢球技术可以分为断、堵、抢、铲、争顶5大类，各自都具有不同的技术特征，适合运用于不同的场合，这些防守技术构成全队防守的基础。对攻方持球队员的时间、空间严格控制，能有效地遏制攻方的进攻行动，争得全队防守的成功。

无论是抢、堵、断、铲、争顶等任何一种抢球技巧，在具体的运用中都会不同程度地涉及以下3种要素。

（1）接近。接近是指防守队员跑向持球队员的一段距离。接近的速度要尽可能地快，但快中要稍有控制，稍有余地。

（2）角度。角度是指以球和守方球门中点连接的直线为基准迎上盯抢的方向。一般来说，"接近"的角度同球与本方球门的中点连接是一致的。

（3）防守队员与持球进攻队员之间的距离，取决于是阻止射门、传球还是运球。如果是封堵射门和传球，其距离应比防堵运球更贴近对手。就兼顾各种情况而言，最好与对手保持约1.5米的距离，这样既可封阻对手向前的活动，又可限制他的活动空间，达到紧逼盯人的目的。

抢截球技术主要分正面抢截、侧面抢截、铲球及断球。

（1）正面抢截：防守队员面向对手，将脚的里侧对准球的中部，用力将球"堵住"。弯曲双膝，以便平衡身体，聚集力量，然后以一脚支撑地面，另一脚将球向前推，突破对方的阻挡。

（2）侧面抢截：阻截队员像正面阻截那样迎着对方的脚下将球截住。因为是从一个角度进行阻截的，他不能将身体位于球的后面，因而他的阻截脚必须承受对方的冲击。

（3）铲球：铲球常用在危急时刻，其目的并不是得到球，而是将球铲离对方队员的脚下。铲球队员从侧面逼近，在靠近对手处将脚铲出，在身体倒地时，用力将球踢离对方脚下。铲球在湿滑的场地上最容易奏效。

（4）断球：截获对手传球的方法。要求断球前一定要观察清楚，判断准确。

1. 正面抢截技术

这种抢截方法是在对方队员迎面带球时采用。

当对方运球队员的球刚刚离脚时，抢球人突然上前，以抢球脚内侧对正球，膝关节弯曲，身体重心由后脚移到前脚，上体前倾。如双方的脚同时触球时，抢球人的脚触球后要顺势提拉，使球从对方的脚背滚过，身体向前跟进，把球控制在自己脚前。

2. 侧面抢截技术

抢球队员与对方运球队员并肩跑动或双方争抢迎面来球时，常采用侧面抢截技术。

当与对方队员并肩跑动时，先降低身体重心，手臂紧贴身体。在对方队员靠近自己，脚离地时，立即用肩部冲撞对方肩部（做合理的冲撞动作），使对方队员身体失去平衡，把球抢过来。

准确地掌握好抢截时机是成败的关键。若防守队员抢截过早，容易被进攻队员将球轻弹，从他伸出的脚上飞过。

3. 铲球技术

铲球技术运用最多的情况是对手已突破防线，防守队员无法回到正面抢球位置时。最关键的因素是适时，随便倒地会延误下一行动，并使本方即刻失去名有用的队员。因此，应首先尽可能接近控球队员，重心置于支撑脚上，看准时机抢球腿下滑，以脚底、脚背或脚内侧把球铲掉。

4. 断球技术

断球技术是抢球技术中最积极、最主动的方法，但也是难度最大的抢球手段，它要求防守队员具备丰富的经验、敏锐的观察力和预判能力。

（1）断球的顺序：预测传球—判断传球的时机和球速—选择断球点—选择断球时的触球部位—出击断球。

（2）传球断球：防守队员判断对方传球的速度，确信他能在球到达对方队员之前，能沿最短路线快速穿插到球前进的路线上将球阻截。拦截对方控制地滚球的最佳方法是使用脚的内侧断球。

（3）干扰：虽然防守队员无法断掉这个球，但他可以在对手后面追击，并伸脚破坏对方的带球，即使他不能成功，也可以干扰进攻队员，让其无法准确地传球。

（4）争抢：当对方带球前进时，阻截是允许的。在进攻球员准备接一个来球时，防守队员应努力不让其有时间得到来球。当球接近时，防守队员可插到近旁，即使他不能阻截并得到此球，他的争抢也将延误对手的时间，阻止其自由运动。

（5）头球解围：在防守时运用头球，其顶出的距离经常比准确性重要，因为球员的目的是将球顶出，使球远离自己的球门，并在可能时将球传给自己的队员。头球解围时，同伴的互相提醒和默契配合是非常重要的。

（四）假动作技术

假动作技术是为了隐蔽自己动作的意图，运用各种动作假象迷惑和调动对方，使其产生错误的判断，失去身体的平衡，从而取得时间、位置、距离等有利条件，以更好地实现自己的真实意图。在现代足球比赛中，单一的技术动作很容易被对方识破，特别是在强强对抗的情况下，较难摆脱对手，因此，假动作更有着重要的作用。假动作已渗透到各项技术和临场比赛的应用之中，就连跑位、抢截、接应也包含着假动作技术。假动作可分为有球假动作和无球假动作。

1. 有球假动作

（1）传球假动作。队员正要传球，若对方迎面跑来抢球，可先做假踢动作，诱使对方堵截传球路线，然后改变传球方向。若向前假传球，可将球让过再急速转身控制球。

（2）停球假动作。在对方紧逼下停球时，可先假装向左方停球，在对方身体重心跟随移动时突然改变停球方向。在停球时，若对方要来抢截，可先做假踢球动作，诱使对方停下来，再突然改为停球。

（3）头顶球改为停球的假动作。在停高球时，可先做假顶球的动作，再突然改为胸部停球。

（4）停球改为头顶球的假动作。面对来球假装做胸部停球，诱使对方逼近抢球，然后突然改用头顶球传球。

（5）过人假动作。当背靠对方停球时，可先向左侧做虚晃动作，诱使对方身体重心向左移动，然后用右脚外脚背将球向右轻拨，转身过人。运球至对方面前，将速度减慢，对方若上来抢夺，可用脚底将球后拉，紧接着用脚内侧或脚外侧推球突破对手。对方在侧面抢球时，运球队员应先快速运球前进，诱使对方追赶。这时运球队员可根据对方的位置，考虑是继续推球前行还是突然降低速度或以假动作停球（脚在球上面晃动）。若对方贴近运球队员，运球队员为摆脱对方可放慢速度，然后突然加快速度甩掉对方。

2. 无球假动作

（1）改变速度的假动作。为了摆脱对方的紧逼，在跑向空当接球时，可先慢跑诱使对方放慢跑动速度，然后突然起动快跑摆脱对方。

（2）改变方向的假动作。为了跑到空当接球，可用声东击西的跑位战术摆脱对方的紧逼。如先向右侧跑，当对方也向右紧随时，突然向左侧快跑摆脱对方（最好在对方接近自己的一瞬间改变方向）。

（3）抢截假动作。当对方运球时，抢球队员可先向右做身体的虚晃动作，诱使对方向左侧运球，然后突然逼近对方进行抢截。

（五）守门员技术

守门员技术包括准备姿势和移动、接球、扑球、拳击球、托球、掷球、抛踢球。

1. 准备姿势

守门员的准备姿势是很重要的。它是守门员进行各种动作前的合理站立姿势，为迅速而准确地完成各种扑、接球和移动做好身体准备。动作要领：两脚左右开立与肩同宽，两膝自然弯曲并稍内扣，两脚跟稍稍抬起，身体重心放在前脚掌上，上体含胸前倾，两眼注视来球，两臂弯曲，五指自然分开，掌心向下置于体前。

一般在对方控制球推进到本方半场时，守门员就要开始做动作了。特别是对方已进攻到本方罚球区附近时，更要时刻注视和判断其进攻的发展方向，并根据球路的变化不断调整自己的位置，做好正确的准备姿势。当球被本方队员抢断，并向前场推进时，守门员可放松并可适当地向前移动，但两眼要始终注视球。

2. 移动技术

移动技术是为了更好地堵截和截获对方的射门与传球，要根据对方传球或射门前球和人的位置变化而相应调整自己的位置，一般是通过脚步移动来完成的。

向前移动时，保持准备姿势，步幅要小，重心要低，为接低球与跃起接球做好准备。

向后移动时，重心略高，步幅稍大，前脚掌向后蹬地，要注意保持身体平衡。

向左右侧移动包括侧滑步和交叉步两种情况。

向左（右）侧滑步时，先用右（左）脚用力蹬地，左（右）脚稍离地面并向左（右）滑步。右（左）脚在左（右）脚落地的同时快速沿地面滑动跟上。

两眼始终要注视球。

在接两侧高球或扑接球时，为便于蹬地跃起，多采用交叉步。向左（右）侧时，身体先向左（右）侧倾斜，同时右（左）脚用力蹬地，并快速向左（右）前方跨出一步成交叉步，然后左（右）脚向左（右）侧移动，右（左）脚和左（右）脚依次快速移动，并蹬地跃起。

在比赛中，守门员在接离自己较远的地滚球或低平球，或冲出准备接空中球时，采用向前移动的步法；守门员外出、背对球门，对方吊门时，采用向后移动的步法，准备跃起将球托出；守门员接离身体不远的左（右）侧来球时，可采用侧滑步；守门员接侧面速度比较急的空中来球时，采用交叉步，使身体向侧面来球方向跃起。

3. 接球技术

接球时，守门员需要根据不同的来球采用不同的手法将球接住并抱牢，接球是守门员技术中最主要的技术，包括接地滚球、平直球和高球。

（1）接地滚球。面向球，两脚开立单膝跪地，膝部和另一只脚的脚后跟相靠。双手手指分开向下，小指靠近，接球的后底部。在手触球的一刹那，双手后引，屈肘（内靠），屈腕，两臂靠近将球抱于胸前。

如果来球是低球，可以直接弯下腰，两脚稍微分开，两腿伸直，保持身体在球的后面，接球方法同上。

在比赛中，守门员接来球力量较小的地滚球或低平球时可采用直腿式，接力量较大或小角度射门球时可采用跪撑式。

（2）接平直球。平直球一般指高度在胸部上下的来球。

接齐胸高的平直球时，身体正对来球，两臂屈肘前伸，两手拇指相靠，掌心对球。当手触球时，手腕和手指适当用力挡住并接稳球，同时屈臂后引，反掌将球抱于胸前。

接低于胸部的平直球时，身体伸直迎向来球，两臂下垂屈肘迎球，两手小指相靠，掌心对球。为了使身体在被球撞击时不致失去平衡，在接来球时身体应稍后收。接球方法同接地滚球一样。

接平直球易犯错误：

①接球时手法不对，双手掌心相对或向下，容易造成接球脱手。

②接齐胸球时，手指、手腕未用力，当来球力量大时，球直接撞到胸部造成球脱手。

③接球后，抱球时两肘未靠近，接住又漏掉。

在比赛中，接平直球时一般有两种情况：一种是正对球门的平直球，守门员不需要移动就可接球；另一种是边路传来的平直球，守门员要判断准确，果断外出用原地或跳起接球的方法把球截断。

（3）接高球。

原地接高球时，判断来球，确定落点，移动到位，两臂微屈，上伸迎球，拇指相对，掌心对球。接球手指、手腕适当用力将球挡住、接稳，然后屈肘翻腕将球抱牢。

跳起接高球时，判断来球，确定高点，迅速前跑，重心落在起跳脚上，屈膝蹬地，两臂上摆，上伸迎球，拇指相对，掌心对球。接球手指、手腕适当用力将球接住，然后屈肘、翻腕，回缩下引将球抱于胸前。落地屈膝，重心前移。

接高球易犯错误：

①接球后未顺势屈肘、翻腕，造成球脱手。
②手触球时，双手距离过大或手指、手腕未用力，造成漏接。
③助跑起跳接高球时，判断不准，起跳过早或过晚而接不到球。

在比赛中，守门员接高球多用于断截对手的长传吊中球或边路传中球与角球吊中。

4. 扑球技术

当对方将球射向守门员身体两侧，守门员在原地或侧向移动已不可能接到球时，必须运用倒地扑接球的方法。

（1）原地倒地扑侧面球。倒地时脚先着地，然后依次是小腿、大腿、臀部、上体和手臂外侧着地。

原地倒地扑侧面球易犯错误：

①倒地时未按身体着地顺序倒地，而是平板式倒地，容易摔伤。
②倒地时身体未伸展开，扑球后未立即收腹屈膝，球容易脱手。

在比赛中对手小角度近距离射门或用快速的低平球射门时，应原地倒地扑球。

（2）跃起扑侧面低球。同侧脚用力蹬地跃起，身体展开，两臂伸出接球。落地时两手按球，前臂、肩、上体侧面和下肢侧面依次着地，屈膝团身，将球抱于胸前。

跃起扑侧面低球易犯错误：
①判断不准确，跃起太高，导致球从守门员腋下穿过，入网。
②手持球后，手指和手腕未用力，容易造成球脱手。
③手持球后，未将球抱于胸前，或未屈膝团身保护球，造成球脱手。

比赛中，如果对方向球门柱附近或利用底线扣中传来低平直球时，球速度快、力量大，一般传射的距离也比较近，守门员应用跃起扑接的方法接球。

（3）跃起扑侧面空中球。同侧脚用力蹬地，向侧上方跃起，身体展开伸出挡接球。落地时两手按球，前臂、肩、上体侧面和下肢依次着地，同时屈肘、翻掌屈膝团身将球抱于胸前。

跃起扑侧面空中球易犯错误：
①蹬地脚爆发力不够，身体未能腾空。
②身体腾空后，未能展开，双臂未能伸向来球。
③接球落地时，手指、手腕用力不够，造成脱手。

比赛中，守门员应对对方射向球门柱两端的空中球或截断对方边路传中的空中球时，应跃起扑球。

（4）扑脚下球。果断前冲，缩小角度，降低重心。在射门队员触球前的一刹那或触球同时，突然扑向对方脚下。身体侧倒，尽可能封住角度，断球后立即屈膝团身保护身体和球。

扑脚下球易犯错误：
①判断不准，出击不果断，容易被对手骗过。
②扑脚下球时，未利用身体封堵，容易受伤与脱手。
③扑到球后，未立即屈膝团身做自我保护。

比赛中，在对手已突破后卫防线直逼球门时，守门员应果断外出，迅速接近对手。这样一方面可以缩小射门角度，同时也给对手以心理上的压力。

5. 拳击球技术

守门员没有把握接球或有对手争抢时，守门员为了避免接球脱手，经常采用拳击球的方法将球击出。

（1）单拳击球。两眼注视来球，判断移动到位，当球飞行至身体前上方时，快速冲拳击球。

单拳击球易犯错误：

①击球时不是用屈臂冲拳击球，而是用抡臂挥拳击球，击球无力。

②跳起过早或过晚都不能发挥击球的最大力量。

比赛中，在对方采用长传冲吊、边路传中或利用发角球高吊传中时，如门前混乱，双方都在跳起争顶，守门员应采用跳起单拳击球的方法将球击出。

（2）双拳击球。判断来球，移动到位，两臂屈肘握拳于胸前。当跳至接近最高点时，双拳同时快速冲击球。

双拳击球易犯错误：

①击球前两臂过早伸直，击球无力。

②动作速度慢，没有发挥出前冲力量。

比赛中，当对方利用力量较大、稍高于头部的平直球向门前冲吊，本方后卫又背对来球，不能判断球的情况时，守门员应果断出击，运用双拳击球的方法将球击出。

6. 托球技术

在比赛中对方有弧度较大的高球吊向球门，来球旋转很快，其落点又在球门横梁附近，守门员跳起接球把握不大时，多采用托球，将球托过横梁。

（1）跳起托球。判断来球，屈膝下蹲，用力跳起，身体展至背呈弓形，手臂伸向来球底部，掌心向上，手指用力将球稍向后上方托起，使球越过球门横梁。

跳起托球易犯错误：

①对来球弧度、速度判断不准，造成球擦手而过。

②起跳时间没有掌握好，未能在最高点托击球。

比赛中，对速度快、旋转急、没有把握接住的来球或在球门横梁上勉强可以触到的球，应跳起将球托过球门横梁。

（2）向后鱼跃托球。判断好来球，后退跑中跃起，身体展至背呈弓形，仰体，手臂向后伸出，掌心向上，用手掌指根部将球向后上方托起。托球后转体侧身屈体落地。

比赛中，守门员站位靠前或正在向外出击时，如果有弧度较大的高球吊向球门，守门员已来不及退回门前接球，需要快速后退，运用向后鱼跃托球，将球托出。

（3）向侧跃起托球。向侧跃起托球动作与跃起扑侧面空中球动作相同，只是用靠近球一侧的手臂用力伸直将球托出，另一手臂屈肘在体前。

向侧跃起托球易犯错误：
①蹬地力量不够，身体未能展开，够不到球。
②托球时手臂未伸直，手触球时手指未用力。

比赛中，当对方将球射向球门的左、右上角，守门员跃起扑球很难接到球时，应运用向侧跃起托球的方法，将球托出。

7．掷球技术

掷球技术是在比赛中守门员接到球后，为了争取时间组织快速反击，用手将球传给同队队员的技术动作。

（1）单手肩上掷球。两脚前后开立，单手持球于肩上，身体侧转，利用后脚蹬地、转体、挥臂、甩腕的力量将球掷出。

单手肩上掷球易犯错误：
①没有充分利用蹬地、转体、收腹动作，出球无力。
②球出手时没有甩腕动作，出手速度不快。

比赛中，需要将球准确、快速地掷给在中场的队员，而又便于队员接球时，可运用单手肩上掷球。

（2）单手低手掷球。两脚前后开立，单手体侧持球后摆，重心后移，利用后脚蹬地、转体、挥臂、拨指的力量向前掷出地滚球。

单手低手掷球易犯错误：
①掷球时，身体重心未降低，掷出的球在地面反弹，队员不好接球。
②掷球手未前送，出球不准。

多用于比赛中掷给在罚球区附近的后卫。

（3）侧身勾手掷球。两脚前后开立，身体侧对出球方向，单手持球后引，臂微屈，同时重心移到后脚上；掷球时，后脚用力蹬地，同时转体，重心由后腿移向前脚；掷球手臂由后向前经体侧沿弧线摆至肩上时，手指、手腕用力将球掷向目标；球出手后，后脚向前迈出，维持身体平衡。

侧身勾手掷球易犯错误：
①挥臂时，未能同时蹬地转体，造成出球无力，也容易出手过早使球高飞。
②出球时没有甩腕动作，球出手的速度不快。

侧身勾手掷球是力量最大的一种掷球方法。比赛中，守门员可运用侧身勾手掷球，将球掷给距离较远的同伴。

8. 抛踢球技术

这是在比赛中守门员接到球后直接传给远离自己的同队队员时采用的技术动作。抛踢球有踢自抛的下落空中球和踢自抛的反弹球两种方法，其动作要领与脚背正面踢球基本相同。但由于要求踢得更远，守门员都是向前上方踢。

（1）抛踢空中球。首先要抛好球，可用双手或单手抛球。在抛球前先向前助跑两步，当支撑脚落地时，上体稍向支撑脚一侧倾斜，身体重心落在支撑腿上。此时将球抛起，球不要抛得太高，球离开手后，摆动腿以髋关节为轴，大腿带动小腿前摆，用正脚背击球的后下部。触球后小腿随球前摆。

抛踢空中球易犯错误：
①抛球太高，击球不准，出球偏高。
②踢球时，身体重心未完全落在支撑腿上，摆动腿不能充分摆动。

抛踢空中球多用于远距离大力发球，如直接传球给在对方半场的本队中锋。

（2）抛踢反弹球。抛踢反弹球动作方法与抛踢空中球基本相同，两者的主要区别是小腿加速前摆与脚接触球的时间应在球自地面反弹起、距地面15厘米左右时，用正脚背击球的后中部；触球后小腿随球前摆。

抛踢反弹球易犯错误：
①抛球太高，不容易判断反弹后的击球点。
②摆腿动作慢，击在球的下部，造成高飞球。

抛踢反弹球出球快，球飞行的路线低，故需要比较准确，比赛中多用于中距离传球。下雨天不适宜应用抛踢反弹球。

二、足球运动实用战术

足球是一项对抗性很强的集体运动项目，因此在比赛中常常需要几个队员相互合作配合，这种相互合作配合的行为就是足球战术活动。足球战术是指运动员在比赛中为战胜对手而采取的各种集体配合活动和个人突破行动。

战术的作用是最大限度地发挥自己一方的各种优势，最大限度地限制对方的各种特长，为保证自己能够取得比赛的最后胜利而创造机会。

足球战术依据不同的分类标准可以分为多种类型，一般按攻守关系可分为进攻战术和防守战术；按参加配合活动的人员多少可分为个人战术、小组战术、全队战术；按完成战术涉及的范围可分为局部战术和整体战术；按照战术的特殊性可分为任意球战术、固定战术；按照战术实施的场区可分为中路战术、边路战术等。

（一）阵型中各位置职责

1. 守门员的职责

（1）守门员是防守的最后一道屏障，要力争守住球门。

（2）要尽量扩大活动范围，利用空中优势争夺空中球，起到第三中卫的作用并及时出击。

（3）守门员要掌握全面的守门技术，还必须有高度的战术素养；利用踢、接、击、扑等技术将对方的传球和运球断掉或破坏掉，确保球门安全。

（4）守门员要起到激励士气和指挥全队防守的作用。

（5）守门员的进攻职责是接球后利用手抛球和抛踢球，迅速、准确地传给位置最好的同伴，直接发起进攻。

2. 后卫的职责

（1）边后卫的职责。边后卫位置处于守门员与前卫之间，活动范围在场区的左边或右边，是全队主要的防守力量。

全力阻止对方在边路发起进攻，扼守禁区两侧威胁球门的通路。

不让进攻队员突破，一旦被突破要立即去追，追上后要尽力阻止对方下底，对方下底后不让其传中。

要掌握全面的防守技术，还必须有高度的战术素养；对方接球前要紧追不让其接球，对方接球后要防其突破或传中并伺机将球抢下来。

要与中卫、前卫协同防守，并相互保护、补位，区域结合盯人，防对方转移、插上或包抄射门。

由守转攻时，主动参与进攻，成为中、后场的组织者，并在同侧的边锋队员内切或回撤时，利用空当插上进攻，起第二边锋的作用。

（2）中后卫的职责。中后卫是防守的支柱，位于左后卫和右后卫之间，保护球门前中央禁区的危险地带，确保球门安全。

3. 前卫的职责

前卫的位置处于后卫与前锋之间，是锋、卫之间的桥梁和攻、防的枢纽。如果是三名前卫，通常是左、右两名边前卫突前，一名中前卫拖后，共同形成三角形；如果是四名前卫，就让另一名中前卫突前一点，保持层次，控制中场。前卫要求技术全面、体力充沛、战术意识好。进攻时，前卫是中场的发动机；防守时，前卫是阻止对方进攻的屏障。

（1）边前卫的职责。边前卫的职责是重点看守对方的前卫，就地抢截。延续、瓦解对方的进攻，为本方后卫组织整体防线赢得时间。

（2）中前卫的职责。中前卫是封锁对方进攻通道的防守屏障。延缓对方进攻速度，从而为本方后卫组织整体防线赢得时间。

4. 前锋的职责

（1）边锋的职责。边锋位置处于最前端，是全队主要的进攻力量。活动范围在场区的左（右）边、中间等，可分为左边锋、右边锋。

通过传切配合、运球突破对方边路防守来射门或传中。

由攻转守时，盯住本侧的对方后卫，不让其轻易助攻。如该后卫插上进攻时，应积极紧逼盯防。

在同侧后卫插上进攻而本队失去控球权时，应迅速回撤，协助防守。

（2）中锋的职责。中锋是全队进攻锋线的尖刀和主要得分手。活动范围主要在前场对方禁区附近。

掌握熟练的过人技术和突破能力，力争突破对方防线，寻找和制造射门得分机会。

通过穿插扯动，利用突破配合，为同伴创造射门机会。

防守时不要回撤太多，应在中场根据对方队员所在位置横向移动，以牵制对方两名中卫。

本队一旦在前场丢球，要积极迅速回抢，阻扰对方的进攻速度，为本队从容组织回防赢得时间。

前锋除积极进攻外，防守时还要紧盯自己的对手——对方中卫和边卫，还要协助本队的后卫线队员来防守对方的锋线队员。前锋职责范围颇大，是现代足球

"全面型"打法的需要。

（二）足球运动战术分析

1. 守门员战术

守门员既是防守的组织者，又是进攻的发动者，所以守门员战术有防守战术和进攻战术两类。

（1）守门员防守战术。比赛进行中的站位应选择在对方射门时球所在位置与两个球门柱之间所形成的分角线上。在这个原则下，根据对方射门距离的远近可适当地前移或弃门外出，以缩小对方射门角度。

防守任意球（主要是前场本方罚球区附近的任意球）时，一般情况下，守门员负责组织"人墙"，他首先应站到距球近的一侧门柱，看"人墙"是否封住近角，然后选择远角站位，并且一定要看到球，不要让"人墙"挡住自己的视线。

防守角球时，应选择站在远端球门柱1米左右的球门线外。

出击断截球，对方边路传中的空中球，落点在球门附近时，守门员应果断出击争夺此球，并根据当时情况应用各种方法将球接住或击出。

凡落点在点球附近的从不同角度、方向长传来的球，守门员应迅速而果断地冲出，抢断第一点。

（2）守门员进攻战术。守门员进攻战术一般有两种形式：一种是罚球区内或罚球区附近的定位球，由守门员发起进攻；另一种是接球后用手掷或抛踢球发动进攻。无论哪一种形式，守门员发出的球都有三种情况：一是当对方已回撤时，守门员将球发给后场的边后卫；二是需要发动快速反击时，守门员将球直接开给前场的同伴；三是中场比较空时，守门员将球直接传给有利位置上的中场前卫。

2. 定位球进攻战术

定位球战术是指在比赛中，利用"死球"后重新开始比赛的机会组织进攻与防守配合的战术方法。定位球战术包括中圈开球、角球、任意球、点球、掷界外球等。

（1）任意球进攻战术。任意球进攻战术又分直接任意球进攻战术和间接任意球进攻战术。

直接任意球是可以直接射门得分的罚球。在具体情况上有两种：一种是可以直接射门并破门进球的可能性很大，另一种是可以直接射门但是进门的可能性较小。如果出现直接射门的好机会，则应果断决定实施直接射门。

任意球最好的机会是在罚球区的罚球弧内或附近处的任意球。

在这一区域的任意球的进攻战术组织应基于以下的原则：遮蔽守门员对球的视线，以使其对任何射门——劲射或巧射的反应减慢。

为达到遮蔽守门员视线的目的，可以派两名进攻队员延长对手"防守人墙"两侧的宽度或位于守门员一侧的人墙宽度。为了能用身体挡住防守队守门员的视线，这两名队员应成直立姿势站位，他们的位置可以与人墙保持平行，也可在离球6~7米处。当主罚队员将球罚出后，这两名攻方队员应及时散开并准备补射。

散开时机要把握精妙之处，尽量晚一点，使对方守门员能够看到球的时间越晚越好。

罚球时，应由两名罚球队员站于罚球位置上，这样可以使对手不能确定哪一位是主罚队员；如果两名罚球队员从不同的角度跑动，还可以踢出不同类型的弧线球，以一个是左脚队员而另一个是右脚队员最好。两个队员从不同的角度助跑将使诱骗对手的战术配合更容易获得成功，非主罚队员还可以掩护主罚队员，使防守队员产生迷惑感而行动迟缓。

在罚球区中路附近的直接任意球射门一般有以下一些方式：

其一，劲射。主罚队员发现防守人墙不严密、有空隙或者是防守人墙宽度不够，未将守门员远侧的球门角度封死或守门员站位错误时，可以采取大力射门。这种罚球对罚球力量与准确性都有较高的要求。

其二，弧线球射门。由于防守人墙的严密防守，从两侧射门的角度受到很大的限制。所以，主罚队员可以踢弧线球，以绕过防守人墙射门。踢出的弧线球以向侧前旋转效果最好。踢弧线球射门时一般以射近门柱一侧为主，射这一侧的成功机会比射远门柱一侧的成功机会高出90%。

其三，快速射门。当出现罚任意球时，不必等裁判员鸣哨再罚球。球放稳后，要乘防守队员此时思想放松、注意力尚未高度集中、防守阵线有漏洞、守门员在组织人墙时，迅速实施射门，这时的射门往往能收到较好的效果。

其四，战术配合射门。为了能够取得更好的射门角度和效果，常常采取配合射门。配合射门主要是利用突然传球配合和迷惑手段，避开防守队员的防守或是防守人墙，为主罚队员创造更好的射门角度或机会。主罚队员罚球前，两名同伴站在对方守门员负责防守的球门一侧的防守人墙的端点一侧，以挡住守门员的视线。当主罚队员踢出球后，这两名队员即刻向两侧避开，球从闪开的空间飞过直入球门。

在罚球区外侧方罚任意球时,由于射门的角度较小且离球门较远,罚球时的基本原则是将球传至防守队员的后方。分析表明,在罚球区外侧区域出现任意球的概率最大,因此,应当对这种区域的任意球的罚球配合进行更多的训练,以取得更理想的效果。

间接任意球是主罚队员不能直接踢球射入对方球门的任意球。

主罚队员踢球后,球必须经其他队员触及后射入对方球门才算有效,否则无效。另外,当罚球地点距离球门过远、射门角度过小、防守队员人员密集时,一般也采取间接射门。

(2) 角球进攻战术。角球的进攻方法一般有以下几种。

其一,直接踢弧线球射门。不论在球门左边或球门右边踢角球,在试图直接射门得分时,多数是以侧弧线球攻击球门的两个上角区域部位。

其二,将球直接踢向威胁区域。球门前两个椭圆区域内防守队员人数较多,进攻队员也不少,守门员活动受限,不敢轻易远离球门争抢空中球。进攻队应重点在这些区域布置攻击队员专门负责争夺此区域的空间优势。从近几届的世界杯大赛中的角球情况看,所进角球几乎全部采用此种方式。

其三,中短距离配合战术角球。这种战术配合的主要目的是取得更好的传中位置和传球角度。

3. 界外球攻守战术

足球比赛中掷界外球的次数很多,特别是在前场的界外球,它已接近了角球对双方所产生的影响和效果,且投掷界外球无越位限制,有利于进攻方的战术配合。

(1) 掷界外球进攻战术。

①直接回传。由接球者直接或间接回传给掷球者,由掷球者组织进攻。

②摆脱接球。用突然的变速、变向摆脱防守,接应或插入接球,展开进攻。

③长传攻击。由擅长掷球的队员掷出长传球,由同伴在对方门前配合攻击是经常用的方法。如掷球给跑动中的同伴,其接球后用头顶后蹭传球,另两名队员配合同时包抄抢点攻门。

(2) 界外球防守战术。在掷球局部要紧逼,特别是要死盯有可能接球者。

对比较危险的区域和有可能出现的空当要重点防守和保护。

对手在前场掷球时,应采取相应的防守对策,派人在掷球者前面影响掷球的远度和准确性,对重点对象要盯紧,选择防守的有利位置。

4. 球门球战术

（1）进攻方法：

①以长传和短传方式，直接将球踢出组织进攻。

②通过守门员和后卫的配合，由守门员再发球进攻。

（2）球门球的防守：

①对方大脚发球时要严密控制落点和紧逼盯人并做好保护。

②本队进攻结束，对方踢球门球时，前锋队员应干扰对方配合，延缓对方的进攻速度。

5. 开球战术

（1）开球进攻战术：

①组织推进。利用开球进行控制球、倒脚，寻找进攻机会。

②长传突袭。利用比赛刚开始对方思想不集中、站位不好、出现明显空当，采用长传突袭，可使对方措手不及。这种战术即使不能成功，也会给对方造成心理上的压力。

（2）开球防守战术：

主要是全队思想集中，选好位置，严防对方偷袭。当对方采用短传推进时，按防守原则行动，力争尽快夺得控球权。

6. 罚点球的攻守战术

（1）主罚队员：

①以射准为主，以力射为辅，射球门的底角和上角最优，但要留有余地。

②心理要稳定，要有必进的信心。

③先看守门员位置，再决定射门方向。

（2）守门员防守：

①应有必胜的信心，心理要稳定，不要轻意改变对所扑方向的决定。守门员守不住通常不会受到指责，须知对方主罚队员更紧张。

②可以采用故意放大一侧的方法，或者用假动作迷惑干扰对手。

③掌握对手惯用的脚法和射门方位等特点，有针对性地防守。

④无论射向哪个方向，总是向某一底角扑出，因为单纯靠反应再扑救是来不及的。

7. 个人进攻战术

个人进攻战术是局部进攻战术和全队进攻战术的基础。个人进攻战术水平的高低直接影响局部和全队进攻战术的质量，同时，个人进攻战术必须服从于局部和全队进攻战术。

个人进攻战术包括以下几种。

（1）跑位。跑位是指足球比赛中队员在无球的情况下，通过有意识的跑动，为自己或同伴创造进攻机会和行动。

据统计，在一场90分钟的足球比赛中，除去死球，实际比赛的时间约有60分钟，而每名队员的实际控球时间仅有几分钟，其他时间都在不停地跑动，由此可见跑位十分重要，它是进攻战术的基础。根据跑位的目的和开始状态，跑位可分为摆脱和接应、切入和插上、扯动和牵制。

常用的跑位方法是突然变速跑、变向跑、起动和急停等。敏锐的观察、明确的目的、合理的时机、多变的行动是跑位战术的主要内容。

（2）传球。传球是指队员在比赛中有目的地把球踢给同伴或踢向预定的方位。

虽然传球在比赛中有多种多样的形式，但构成战术的主要因素有以下几个方面：

首先，传球的目标。在比赛中，为了实现进攻的效果，向前传球和向空当传球是主要的，但是，只有单一的向前传球和向空当传球容易被防守队员识破进攻的意图。向前、向空当传球结合横传球和回传更能收到良好的进攻效果。另外，在有多名同伴接应的情况下，应根据比赛中的实际情况选择向对对方最有威胁的同伴传球。在比赛中，传球时应大胆和主动，而后场传球时则应该小心谨慎。

其次，传球的时机。传球应及时，否则就会失去良机。传球的时机最好在同伴已经意识到而且有可能占据有利位置时，也就是当同伴已经摆脱对手或同伴起动跑向空当时传球。传球早了，同伴没办法得到球；传球晚了，传球路线就会被对方堵死或者造成同伴越位。

最后，传球的力量。通常情况下，传球的力量应以接球同伴便于处理球为原则。向被防守队员紧逼的同伴脚下传球时，力量要稍大，使防守队员不容易抢断；向无人防守的同伴传球时，力量要适中，便于同伴处理球；向前传球时，应考虑同伴的速度，如果同伴的速度较快，则可传球力量大些，便于同伴发挥速度的优势。

总之，传球的目标、传球的时机和传球的力量是传球成败的主要因素，在这些因素中，任何一个因素的失误都可能造成传球的失败。

传球队员在传球时还应考虑以下几个因素：

①同伴的体能。如果接球同伴的体能下降，在传球时应多传至同伴的脚下而不是向同伴身前的空当传球。

②场地条件。在场地条件不是很理想时，应减少传地滚球而多传空中球。

③自然条件。当顺风时，应适当地减轻传球的力量，在雨天或潮湿场地进行比赛时也应适当地减轻传球的力量。

（3）运球突破。运球突破在进攻战术中具有十分重要的作用。在比赛中，攻守双方处于相对平衡时，采用运球突破往往可以打破平衡，起到意想不到的效果，但是不成功的运球突破不仅会造成进攻上的被动，更严重的可能会影响全队的团结。

比赛中，在以下情况下队员应大胆采用运球突破战术：

①当控球队员无人接应也不利于传球时，应大胆地运球突破，创造射门或传球机会。

②当控球队员在对方的罚球区或接近罚球区时，应采用运球突破战术造成防守方的被动。例如，防守方已布好了防守阵型，一对一紧逼进攻球员时，采用运球突破可以打破场上的攻守平衡，一旦突破成功，就可以在局部形成以多打少的局面。

③当防守方采用越位战术时，同时又没有同伴插上反越位，控球队员可采用运球突破战术。

④当控球队员面对最后一名防守队员，一旦突破即可形成射门时。

在运用运球突破战术时应注意：

一是控球队员应随时观察场地的情况，主动地选择运球突破而不是被动地、盲目地运球突破。

二是控球队员要掌握好运球突破的时机和距离，并随时将球保持在自己的控制范围内，做到能突破就突破，突破不成功也要牢牢地控制住球。

三是运球突破必须服务于全队战术，因此，控球队员在运球突破之后应及时地传球或射门，避免在运球突破之后因拖泥带水而延误战机。

（4）射门。射门是一切进攻战术配合的最终目的，是进攻得分的唯一手段，也是足球比赛中最困难、最扣人心弦的环节。在现代足球比赛中，靠近球门的区域往往防守人员多，拼抢凶狠，因此给射门带来了很大的困难。在这种情况下，进攻队员必须抓住转瞬即逝的射门时机，选用正确的射门脚法，做到射门突然、有力，使防守队员难以判断，以达到破门的目的。

射门应注意以下几点：

其一，强烈的射门欲望。足球比赛中，除在前场射门得分外，在中、后场的远射和超远射门得分也屡见不鲜。这些远射和超远射门充分说明，队员只有具备强烈的射门欲望才可能得分。另外，得到射门机会是来之不易的，是全队共同努力的结果。射门的成功与否关系比赛的成败，也由于种种的压力使得有的队员在该射门时选择了传球或突破，而错过了射门的最好时机。应该使队员明白，该射门时不射门是极大的错误。捕捉一切可能射门的机会是进攻的目标，队员要敢于射门，要敢于承担射门不进的责任。

其二，良好的射门意识。射门前应观察守门员的站位，选择最佳射门角度。一般情况下，守门员的位置在球门中央时，应射向球门的两个下角；守门员封住球门近角时，应射向远角，远射的力量要适中。射门的力量应根据射门的距离来决定。远射时应强调力量，力量大才能起到迅雷不及掩耳的效果。随着射门距离的缩短，则应在保持准确的前提下，做到力量适当。在选择射低球还是高球时，应尽量射低球，因为接平、高球时，守门员的下肢肌、腰腹肌可直接快速蹬地伸长发挥作用；接低球时，则要先移动重心再伸肌发挥作用，所以反应会慢些。以上种种都是射门的意识，进攻队员只有具备了良好的射门意识，才能提高射门的成功率。

其三，扎实的基本功。射门时可以采用脚背正面、脚背内外侧、脚内侧等多种踢球技术，无论采用什么样的踢球技术，都必须在平时的训练中反复锤炼，才能在比赛中运用自如。

8. 整体进攻战术

整体进攻战术是指为完成进攻任务所采用的全局性的进攻配合方法。

一次完整的整体进攻由发动（开始）阶段、发展阶段和结束阶段构成。

（1）发动阶段（开始阶段）。当一支球队获得控球权即进入了发动阶段，一般指在本方半场开始的进攻。开始进攻的方式有两种：一种是快速攻击；另一种是逐步推进。当获得控球权时，如果对方未能及时进行攻守转换，防守队员未能完全回到防守位置，应采用快速攻击的进攻配合。在现代足球中，快速攻击的配合是得分的重要手段。当获得控球权时，如果对方退守较快或后防较稳固，则应采取逐步推进的配合方式，放慢进攻节奏，寻找对方的弱点进行攻击。

（2）发展阶段。一般指中场附近到对方罚球区附近的进攻。在发展阶段最强调的是控球权，控球权一旦丢失，就意味着进攻的结束。在全攻全守的足球比赛中，由于在发展阶段所有队员都已完全由防守状态转变成了进攻状态，所以，在这时丢失控球权往往会对全队造成很大的被动。因此，在发展阶段要把握好进攻的节奏，有良好的进攻机会就快攻，没有良机就放慢进攻的速度，牢牢地控制住球。

（3）结束阶段。一般指在对方球门前方 30 米左右的进攻。在这一阶段，防守人数较多，拼抢激烈，因此进攻中要有冒险精神。所谓的冒险就是只要在时间、空间上有一定的可能，就要敢于运球突破、敢于配合切入、敢于抢点、敢于射门，只有这样才能对对方防守造成威胁。不能要求这一阶段的传球、运球、射门都必须有把握取得成功。

在足球比赛中，不是每次进攻都包括发动、发展、结束三个阶段，有时只有其中的一个或两个阶段。

全队进攻战术参与的人数较多，具体配合千变万化，根据进攻发展的区域可分为边路进攻和中路进攻两大类。

边路进攻是指在对方两侧场区发展的进攻。边路进攻的特点是充分利用场地的宽度，拉开对方的防线，并且利用边路防守人数相对较少、空当较大的特点，突破对方的防线。但是，边路进攻直接射门的机会较少，所以威胁也相对较小。

在边路进攻中，最常用的战术配合是边路突破和传中。常用的边路突破方式有运球突破、二过一配合突破、交叉换位配合突破、插上套边配合突破。传中常用的方式有外围传中、下底传中和下底回扣传中。

中路进攻是指在对方中场中路发展与结束的进攻。中路进攻的特点是进攻投入的人数多、射门角度大、得分机会多。中路进攻常用的配合方式有运球突破、短传渗透和头球摆渡配合。一般情况下，在对方前场 30 米附近，一旦在中路夺得控球权，就应大胆地运球突破争取获得射门机会。而在己方中后场夺得控球权，则可以连续地运用短传配合，逐步向前推进，最终形成突破射门。但是，中路一般防守队员密集，突破难度大，所以在中路进行短传渗透时需要队员具有较好的个人技术和良好的进攻意识。头球摆渡配合大多是后卫通过长传直接将球传到前锋所在的位置，利用前锋的身高优势进行抢点形成射门机会或者为同伴创造射门机会，这种进攻方式由于不通过中场，所以在进攻上具有较快和较大隐蔽性的优点。但是，头球摆渡配合要求传球落点要准确、合理，争顶队员要适时到位，争顶要有力，插点、包抄的同伴接应要及时，这些环节要配合得丝丝入扣，不能有一点儿失误。因此，也使得头球摆渡配合的成功率相对较低。

（三）足球运动防守战术

1. 个人防守战术

（1）回位跑战术。回位跑是指在比赛过程中本方控球权丧失后，队员积极回跑至防守位置的战术。

战术方法：
由攻转守时，本方进攻队员要迅速回位，担负防守责任。回位时要注意观察对方进攻人员的位置、球的位置及球门的位置。队员应就近及时防守，以减缓对方的进攻，为全队防守争取时间。

注意事项：
把握回位跑的时机。由攻转守的瞬间，丢球队员和邻近球的队员应积极防守，阻断或者延缓对方的推进速度，同时要注意边防边退；其他球员应迅速回防到自己的防守区域，并做好补位的准备。

确定回位跑的路线。足球比赛中，速度是决定比赛胜败的重要因素。由于球员在场上的位置不同，担负的职责也不尽相同，因此，他们回位跑的路线也不一样。回位跑时，应选择最短的距离，以最快的速度回防，形成防守优势。

保持回位跑的队形。首先，队员要明确自己在场上的位置，确定好回位跑的距离，保持好原来的比赛阵型。其次，加强后卫线、中场和前锋线之间的联系。

（2）选位战术。选位是指防守队员在防守时选择占据合理防守位置的行动。

战术方法：
选位时应在本方失球后快速回位，并站在对手与本方球门中心所构成的连接线上，随时观察对手和球的位置。与对手的距离要根据场区以及球所处的位置来决定。

注意事项：
选位时要注意进攻队员所处的位置和重点区域内进攻队员的分布，还要弄清持球队员的位置和球门的距离。

球员的选位要随机应变，要根据场上的形势变化，机动地交换防守任务，做好保护准备。

（3）盯人战术。盯人是指防守队员限制进攻队员进攻所采取的行动。

战术方法：

盯人分紧逼盯人和松动盯人两种。

紧逼盯人时，要做到向前可以抢断球，或不给对手处理球的机会，向后能抢先于对手得球或破坏对手接球；松动盯人时，要做到既能弥补邻近同伴的位置，又能防守对方向背后传球和对手切入背后。

练习方法：

练习在半场内进行，设五名防守队员、一名守门员和四名进攻队员。开始时，每一名进攻队员都在防守队员的盯防下，然后，进攻队员利用个人技术突破、传球和跑位，尽量制造活动空间并破门得分。防守队员则练习对有球队员的盯防，尤其注意对穿插球员的防守，培养防守队员的补位意识。

注意事项：

盯防时要注意对重点区域的防守。防守者之间合理分配防守任务，盯人者要紧逼对手，其他球员要做好保护与补位的准备。

加强对前插的无球队员的盯防。防守队员要准确地对无球跑动队员的意图做出判断，始终使对手处于自己的防守区域内。

（4）抢断战术。抢断是指将对方的传球截下来或破坏掉的战术行动。断球是转守为攻中最主动、最有效的战术行动。抢断是重要的个人防守技术，是个人防守能力的重要标志。

战术方法：

抢断时，身体重心落于两腿之间，与球和持球队员保持好距离，一般在 2~3 米。准确预测持球队员的意图和球的运行路线，于对方传球前快速封堵球的运行路线，将球断下。

练习方法：

一对一抢断练习。在半场内两人一组，进攻队员向球门做变向与变速运球，防守队员进行抢断练习。抢断后，两者角色交换。

断球练习。每三人一组：两名进攻队员，一名防守队员。练习时，两名进攻队员相互传递球，防守队员把握好时机将球断下。

注意事项：

抢断时应把握恰当的时机。要于对方传球前快速封堵球的运行路线，将球断下。

抢断时要做出合理的判断。首先，要准确判断持球队员的意图，其次要对球的运行路线做出预判。

抢断失败后，要积极回抢。

抢断成功后，要抓住时机，积极地发动反击。

2. 局部防守战术

局部防守战术是指两个或几个防守队员之间的配合方法，它是集体配合的基础。基本的配合形式有保护和补位。

（1）保护。保护是指同伴紧逼控球对手时，自己选择有利位置来保护同伴，防止对手突破。

战术方法：

在防守中，防守队员之间必须相互保护，要根据球在场区的位置和当时的攻防局面来选择保护的距离和角度。如对方有策应队员，保护队员也应对策应队员施加压力。

当控球队员被同伴逼向外线，内线已被同伴封堵时，应撤到同伴的斜后方保护同伴。一名防守队员逼抢进攻队员时，另一名防守队员应选择有利的位置加以保护。

当控球队员向内线运球时，应选择侧后方的位置。

如果不能判断控球队员被逼向内线还是外线时，保护队员应选择与紧逼队员成45°角的有利位置。

注意事项：

保护队员要给予对方策应队员足够的防守压力。

保护队员切莫只是对防守持球队员给予了保护，而忽视了对重点区域的保护。

防守球员进行保护时，要加强对重要区域对方策应球员的盯防。

（2）补位。补位是指防守队员弥补同伴在防守中出现的漏洞时所采取的互相协助的战术配合行动。

战术方法：

补空位。当后卫线队员插上进攻，退守不及时时，其他同伴可暂时补他的位置，以防对方利用这一空当快速反击。

邻近队员相互补位。当防守队员被进攻队员运球突破或进攻队员突然快速插入防守队员背后时，同伴来不及盯防，邻近队员应及时补位。

注意事项：

防守队员被突破后应及时回追，或者在队友补防的情况下，要积极地协助其防守或者退守到重要区域。

补位时，应遵循就近原则，在第一时间内阻击对方的进攻。

（3）局部防守战术配合练习。局部防守战术是防守队员之间相互配合的一种防守方法，它是整体配合战术的重要组成部分，局部防守战术的质量对全队防守的成败具有直接的影响。局部防守战术配合有局部攻防人数相等配合、局部以多防少配合和局部以少防多配合三种。局部配合的关键在于，要以最快的速度在防守区域形成尽量大的防守优势。在不能形成防守人数的优势时，防守队员要加强对持球队员以及对本方球门威胁最大的球员进行重点盯防。

局部攻防人数相等配合：3对3防守练习，即三名防守队员，三名进攻队员。在15米×20米的区域练习，三名防守队员紧逼进攻队员，防守时要重点封锁进攻队员的传球路线，此外，也要注意防守无球队员，加强对无球队员盯防。

局部以少防多互相配合：选择对本方威胁最大的球员予以盯防，同时注意观察另外一名球员的位置和跑动路线的变化，根据不同的情况，及时准确地改变防守重心。

3. 整体防守战术

整体防守战术是指全队采取的防守战术方法。

整体防守战术主要有盯人防守、区域防守和综合防守三种。

（1）盯人防守。盯人防守是指进攻队员跑到哪个位置，防守队员就盯防到哪个位置。盯人防守分为全场盯人和半场盯人。这种防守方法是对口盯人，分工明确，但体力消耗大，一旦被突破，很难补位，将使整个防线出现很大漏洞。因此，在比赛中，单纯采用盯人防守方法是不合理的。

（2）区域防守。当由攻转守时，根据场上位置的分布，每个防守队员负责防守一定的区域，当对方队员跑到其负责区域时，就负责盯防，离开这个区域，就不再跟踪盯防。这种战术较为省力，但是，对方可以任意交叉换位，容易造成局部以少防多的被动局面。因此，目前在比赛中已很少采用这种防守方法。

（3）综合防守。综合防守是指盯人防守与区域防守相结合的防守方法。综合防守是目前在比赛中普遍采用的一种防守方法，集中了盯人防守和区域防守的优点。在防守中要求防守队员根据场上情况实施逼抢、盯人、保护与补位，以达到防守的目的。

三、足球运动热身训练

参加体育运动，特别是身体接触项目的运动是有风险的，球员可能会受伤。

因此，国际足联医疗评估和研究中心（F-MARC）的主要目标是减少足球比赛中发生受伤的事故率和减轻其严重性。首要任务是记录世界锦标赛级别赛事的受伤事故率。F-MARC必须清楚应该尽量避免哪些伤害。F-MARC采用了目前最好的方法，同时在1998年FIFA世界杯上首次执行伤害监测方案，且在当今FIFA主办的比赛中也一直使用这个方案。通过这个方案，F-MARC稳定地掌握了世界锦标赛级别赛事的受伤数据。

在F-MARC成立之前，很多预防报道都是依据专家意见而非研究证据。在20世纪90年代之前，只有一个来自瑞典的实验性研究项目设计了针对预防足球比赛伤害的研究。但是这个项目过于宽泛，很难针对最有效的方面。

伤害预防研究分为四个步骤。第一，确定可以通过伤害监测项目避免的受伤类别。第二，确定受伤机制（受伤发生的原因）。第三，制订预防草案。第四，在球员中执行这些草案，同时观察受伤比率是否下降。事实上，研究所招收的球员会被随机分成两组。一组接受草案干预，而另一组则不执行草案。记录下特定时间的所有伤害，同时比较两组的受伤比率。

第一份瑞典研究报道显示，所有的伤害显著下降了75%，但是在现实中，没有人可以遵守这么多干预措施或要求队员完全执行如此死板的方案。第一个F-MARC伤害预防项目的研究对欧洲大部分高中男生做了分析，结果显示整体受伤比率下降了1/3。这个下降比率似乎与随后的研究是一致的。这个方案是F-MARC的首个预防方案，取名为The 11，它包含10项预防练习和公平竞争口号（在世界锦标赛级别的比赛中，男运动员接近一半的受伤和女运动员1/4~1/3的受伤都是由运动员比赛犯规导致的）。

伤害预防的一个重要方面是归集特定伤害的风险因素。风险因素可以分为与球员相关因素（技术缺失、健康问题和旧伤）和与球员无关因素（裁判素质、场地条件和环境因素）。健康水平和技术缺失等风险因素是可以降低的，而性别、年龄、环境和场地条件等风险因素则是不可改变的。研究表明，干预一些可改变的因素（如腘绳肌力量）可以成功地预防受伤。但是有历史旧伤者最容易再次发生受伤。有报道表示，腘绳肌拉伤的球员再次发生拉伤的风险显著提高，受伤风险会增加8倍。结论显然就是必须预防第一次受伤。

从最初的瑞典项目开始，医学文献上出现了大量的预防实验。有些综合实验的设计是为了降低整体伤害比率，而有些实验则面向特定伤害预防。例如，在团队比赛中，方案特别制订了针对足踝扭伤、膝盖扭伤、腘绳肌拉伤和腹股沟拉伤的预防措施。预防方案可以分为初级预防（预防第一次受伤发生）或次级预防（预防经常发生的受伤）。腘绳肌拉伤和膝盖拉伤的预防方案属于初级预防，但也同样适用于次级预防，而足踝扭伤预防方案则是次级预防。截至目前，没有任何预防方案可以预防运动员的第一次足踝扭伤。

膝盖，特别是前交叉韧带（ACL）的伤害预防研究一直备受关注。ACL受伤在足球和篮球等运动中的发生比率较高，同时女性运动员比男性运动员发生风险的概率高3~8倍。这个问题在初中和高中女生以及大学女生的身上都很明显，女性足球运动员身上出现多处ACL受伤是很常见的。运动员发生第一次受伤的年龄越小，那么他再次受伤的风险就越高。大量的预防研究显示，有些预防取得了不俗的成绩（女性青年运动员发生ACL受伤的比率下降达到70%），而有些预防则没有任何成效。

坚持落实是任何预防方案的关键。将这些方案作为训练和比赛常规热身的一部分可以收获相当不错的效果。如果经常执行这些预防方案，就可以有效降低ACL受伤比率。如果只是偶尔执行预防方案，那么结果就很难预料了。大多数专家希望看到75%或更高的方案落实比率。

腘绳肌拉伤已经成为高水平比赛中最棘手的问题。这个20年前微不足道的受伤，在现代比赛节奏之下已经位列专业球员受伤的前四位，有时候在俱乐部比赛中还排名第一。在专业俱乐部的一个赛季中，经常出现6次或更多次腘绳肌拉伤。但是研究显示，不管是第一次拉伤还是复发性拉伤，腘绳肌拉伤都是可以预防的。定期完成腘绳肌训练，可以非常有效地预防腘绳肌拉伤。

腹股沟拉伤是足球和冰球比赛中的常见问题。球员一般会做静态拉伸来避免腹股沟拉伤。问题是，静态拉伸准备活动可以有效预防一般受伤并未得到任何认可，更不用说腹股沟拉伤等特定受伤了。但是有报道显示，将静态拉伸转换为动态拉伸，在伤害预防方面取得了一些成效。虽然静态拉伸很不错，但是大多数专家建议静态拉伸宜在比赛之后的一天做，或者在放松阶段而非前期热身活动中做。

腹股沟拉伤并不像运动型疝气一样常见于冰球和足球比赛。腹股沟拉伤是典型的肌肉拉伤，而且往往是长收肌受伤，大多数球员都清楚受伤发生的时间。运动疝气，也叫作吉尔摩的腹股沟、运动疝或者运动型疝气，是一种靠近传统疝部位的结缔组织炎症或拉伤，造成受伤的具体实例无法列举。在冲刺或激烈踢球时，球员会抱怨腹股沟拉伤。在医生的办公室里，球员坐下或躺下抵触到髋屈肌或者咳嗽时，这种疼痛有时会再现。虽然这些受伤大部分出现在男性运动员身上，但是有时也会出现在女性运动员身上。具体原因不清楚，而且这种受伤的诊断对于医生是一项临床挑战，因为太多其他的问题也会有类似的疼痛。

遗憾的是，没有任何明确的诊断检测或成像方法是专门针对运动疝气的。虽然冰球运动中有专门针对疝气的看似有效的预防方案，但是当尝试用于专业足球运动员时，可能由于球员和团队落实不佳，结果也无从确定。因为伤害很难确诊，因此患有慢性腹股沟疼痛的运动员必须咨询运动医学专家。即使受伤球员接受建议，采取更多的休息、按摩、添加固件、药物治疗等方法，疼痛还是会频繁反复。欧洲比美国执行更多的常规疝气修补术已经被证明是相当有效的手术干预措施，但是，这种解决方案不一定适合每个人。

随着收集的数据越来越多，F–MARC研制出第二个版本的The 11＋。这个修订版不仅改进了训练方式，而且整个训练项目还替代了球队在训练或比赛之前的全身热身运动。The 11＋在挪威女性青年运动员身上的测试有两个明显的结果：第一，预期整体伤害减少了1/3；第二，方案得到很好的落实，因为修改后的设计方案提高了球员和教练的兴趣及参与度。作为热身运动，The 11＋为运动员提供了训练和比赛的热身准备。作为教学工具，大量的练习为球员提供了着地、断球和转身的恰当技巧。正确着地时，膝盖应该弯曲超过固定脚，不能形成所谓的外翻位置。教练必须监视运动员的这些训练，同时纠正运动员不正确的着地和断球技术。

热身运动可以让身体逐步适应更加强烈的训练。这是非常重要的，因为当身体体温比休息时的体温高时，身体才可以更有效地运动。因此，The 11＋一开始的训练就是短暂的慢跑。

在慢跑训练之后，球员会进行力量、增强式和平衡训练。这些训练可以动态地拉伸肌肉，为赛场上更加激烈的运动做好准备。

推广热身运动的其中一个目的是为接下来的运动做好身体准备。The 11＋中的很多训练都是具有挑战性但强度不高的训练。而每次跑动训练都是较高强度的运动，可以让身体更加接近更正规的训练程度。跑动的步伐不是疾跑，而是难度相对较高的跨步跑。提高跑动速度意味着提高步频和步长。这样，可以让摆动腿的移动更快，着地起跑腿则更强壮。各种跑动速度中所使用的实际肌肉都是一样的，但是通过让更多肌肉细胞参与跑动和要求每个细胞更好收缩，大脑可以指示每块有效肌肉更努力地工作。

（一）直线慢跑训练

1. 直线慢跑的步骤

将6～10对锥体以5～10码（5～9米）的距离并排成行——对于青少年球员可以距离近些，成人球员可以距离远些。

这种锥体结构可以在所有的慢跑训练中使用。如果有很多球员参加，可以排成两行或者更多行。与一名搭档一起从第一对锥体开始慢跑到最后一对锥体。在返回起点的过程中可以逐渐加快速度。完成两组。

2. 直线慢跑训练锻炼的肌肉

主要肌群包括髋关节屈肌（主要是腰肌和部分髂肌）、股四头肌（股内侧肌、股外侧肌、股中间肌、股直肌）、腓肠肌和比目鱼肌。

辅助肌群包括腘绳肌（股二头肌、半腱肌、半膜肌）、腓骨肌（腓骨长肌、腓骨短肌和第三腓骨肌）和胫骨前肌。

3. 直线慢跑训练对足球训练的影响

热身运动的其中一个目的是提高身体内部体温。这是很重要的，因为代谢功能在体温高于休息体温时工作效率最高。有些常规慢跑是提高身体内部温度的简单方法。当开始流汗时，身体内部温度正处于能量代谢最有效的温度范围。The 11＋可以有效地提高身体内部温度。

（二）髋关节向外慢跑训练

1. 髋关节向外慢跑训练步骤

设置与直线慢跑训练一样的锥体结构。与一位搭档一起行走或慢跑并在每对锥体前停下，抬高膝盖将髋关节向外转动。在连续锥体结构处交替转动左、右腿，直到到达终点，接着慢跑返回起点。完成两组。

2. 髋关节向外慢跑训练锻炼的肌肉

主要肌群包括髋关节屈肌、臀肌（臀大肌、臀中肌和臀小肌）和阔筋膜张肌。

辅助肌群包括内收长肌、内收大肌（后臀纤维）、缝匠肌和梨状肌。

3. 髋关节向外慢跑训练对足球训练的影响

很多教练和运动员认为静态拉伸可以提高成绩和避免受伤，但是科学证据显示却并非如此。全方位关节运动的动态拉伸并不会影响体能，相反还可以减少拉伤。足球运动员较容易出现腹股沟拉伤，因此可以在热身活动中进行特定的腹股沟动态拉伸。

（三）髋关节向内慢跑训练

1. 髋关节向内慢跑训练步骤

设置与直线慢跑训练一样的锥体结构。与一位搭档一起行走或慢跑。遇到每一对锥体时，抬高膝盖并向外摆动，然后向内旋转髋关节。在连续锥体结构处交替转动左右腿，直到到达终点，接着慢跑返回起点。完成两组。

2. 髋关节向内慢跑训练锻炼的肌肉

主要肌群包括内收肌群（内收长肌、内收大肌、内收短肌、股薄肌）、臀小肌和臀中肌。

辅助肌群包括耻骨肌和阔筋膜张肌。

3. 髋关节向内慢跑训练对足球训练的影响

大多数关于灵活性的训练方案会强调相对的肌肉群训练。这种动态内旋转训练可以平衡之前的动态外旋转训练。对于这两种动态灵活性训练，应确保不管是在肢体动作的开始还是结束，都要在整个关节活动范围转动大腿。每次转动可以稍微加大幅度，训练会更有效。

(四) 绕搭档慢跑训练

1. 绕搭档慢跑训练步骤

设置与直线慢跑训练一样的锥体结构。与一位搭档一起慢跑到一组锥体。各自向两侧慢跑,然后两人在中间碰头。与搭档相互围绕着跑一圈,然后回到锥体位置。遇到每对锥体都重复相同的动作。保持脚趾着地,弯曲髋关节和膝盖以保持重心低位。从终点慢跑到起点。完成两组。

2. 绕搭档慢跑训练锻炼的肌肉

主要肌群包括腓肠肌、比目鱼肌、臀大肌、髂胫束(起跳脚)和内收肌(牵引脚)。

辅助肌群包括腘绳肌、股四头肌、腓骨肌、胫骨前肌、腹部核心肌群(腹外斜肌、腹内斜肌、腹横肌和腹直肌)和用于控制姿势的脊髓伸肌(骶棘肌和多裂肌)。

3. 绕搭档慢跑训练对足球训练的影响

足球运动要求进行各种距离、方向和速度的横向运动。横向运动是灵活性的一方面,也是足球运动员看重的特质。这种温和的训练可以为球员的下一项训练做好准备。朝两个方向跑动可以平衡两条腿的负重。在进行任何运动的训练时,都要确保膝盖不受伤。

(五) 肩膀接触式慢跑和跳动训练

1. 肩膀接触式慢跑和跳动训练步骤

设置与直线慢跑训练一样的锥体结构。与一位搭档一起慢跑到第一对锥体处,各自向外侧跑动并在中间与搭档碰头,然后向着搭档的一侧跳动以确保肩膀与肩膀接触。弯曲髋关节和膝盖,双脚着地。不要让膝盖碰到一起。与搭档同时跳动和着地。在每个锥体处重复相同的动作。到达终点锥体时,慢跑返回起点。完成两组。

2. 肩膀接触式慢跑和跳动训练锻炼的肌肉

主要肌群包括腓肠肌、比目鱼肌、臀大肌、髂胫束（起跳脚）、内收肌（拉伸腿）、股四头肌和腘绳肌。

辅助肌群包括腹部核心肌群、腓骨肌和胫骨前肌。

3. 肩膀接触式慢跑和跳动训练对足球训练的影响

膝盖受伤，特别是 ACL 受伤的主要原因是球员直接双脚着地。这个别扭的位置会导致 ACL 扭伤，从而撕裂韧带和损伤半月板。The 11＋中的很多训练都会教导球员控制着地和断球的方法。这对于中学年龄上下的女运动员特别重要，因为这个年龄阶段最容易造成 ACL 撕裂。着地时要柔和且平稳，确保膝盖不要受伤。

（六）向前和向后慢跑训练

1. 向前和向后慢跑训练步骤

设置与直线慢跑训练一样的锥体结构。与一位搭档一起慢跑到第二组锥体处，然后快速倒退回第一组锥体处。各自向外侧跑动并在中间与搭档碰头，然后向着搭档的一侧跳动以确保肩膀与肩膀接触。弯曲髋关节和膝盖，双脚着地。不要让膝盖碰到一起。与搭档同时跳动和着地。在每个锥体处重复相同的动作。到达终点锥体时，慢跑返回起点。完成两组。

2. 向前和向后慢跑训练锻炼的肌肉

主要肌群包括髋关节屈肌、股四头肌、股后肌群、腓肠肌、比目鱼肌和臀肌。

辅助肌群包括腹部核心肌群和脊髓伸肌。

3. 向前和向后慢跑训练对足球训练的影响

这个训练比本组中其他训练的速度要快一些。迈出的前脚要稳，同时应确保膝盖向前超过脚尖且不会碰到一起。慢跑向一个锥体，再快速倒退回去，同时保持良好的平衡和姿势。稳定起跳腿，然后朝着两个锥体跑。要小步快速跑动，而不是迈着大步走。保持正确的姿势——弯曲髋关节和膝盖，手臂动作幅度尽可能大些。

（七）支撑训练

1. 支撑训练步骤

级别1：静态支撑训练。

脸朝下趴下，以前臂和双脚支撑身体，肘部必须与肩膀垂直。用前臂撑起身体重量。收腹并保持姿势20~30秒。这个静止姿势如果保持足够长的时间，全身的核心肌肉都会紧张。正确的姿势是很重要的，必须确保肘部与肩膀垂直，同时从头部到躯干、髋关节到脚踝的身体各个部位呈直线姿势。不要晃动或弓背。身体向下直到接触地面，接着重复刚才的动作。

级别2：交替腿支撑训练。

只需添加髋关节拉伸就可以加大这项基本且重要的肌力训练难度。挑战在于要一直保持身体的直线姿势。这个训练最重要的就是姿势。脸朝下趴下，以前臂和双脚支撑身体。肘部与肩膀垂直。以前臂撑起身体重量，收腹。将右腿抬起并保持2秒。放下右腿，接着抬起左腿并保持2秒。交替双腿运动并持续40~60秒。

放慢抬起和放下腿的速度可以达到更好的效果。保持身体呈直线姿势。不要晃动或者弓背。重复这个训练，每组时间为40~60秒。

级别3：单腿抬起并保持姿势支撑训练。

这种支撑训练结合了等长运动（保持抬腿姿势）和动态动作（抬起和放下腿），难度更大。保持腿部抬起20~30秒会增加脊柱和髋关节拉伸的难度。脸朝下趴下，以前臂和双脚支撑身体。肘部必须与肩膀垂直。以前臂撑起身体重量，收腹。将一条腿抬高6英寸（约15厘米），并保持姿势20~30秒。保持身体呈直线姿势。确保对侧髋关节不下沉，并且不要晃动或弓背。放下腿稍作休息，接着交换腿重复训练。每条腿做两次训练。

2. 支撑训练锻炼的肌肉

主要肌群包括腹部核心肌群、脊柱伸肌、臀肌和腘绳肌。

辅助肌群即肩膀稳定肌肉群，包括旋转肌群（棘上肌、棘下肌、肩胛下肌、小肌）和肩胛稳定肌肉群（大菱形肌和小菱形肌、斜方肌和背阔肌）。

3. 支撑训练对足球训练的影响

支撑有时也称平板支撑，是一项基本且重要的肌力训练。不要跳过级别1和级别 2 直接进行最难的级别。当可以毫无局部疲劳和不适感轻松完成一个级别时，才可以进行下一个级别的训练。没有预备训练很难直接进行高级别的支撑训练。

（八）侧身支撑训练

1. 侧身支撑训练步骤

级别 1：抬臀侧身支撑训练。

侧身躺下并保持着地腿膝盖弯曲成 90° 支撑。以前臂和膝盖撑起上半身。支撑手臂的手肘必须与肩膀垂直。将上面的大腿和髋关节抬高到肩膀，髋关节及膝盖呈一条直线。保持姿势 20～30 秒，然后身体往下移动，直到接触地面。稍作休息，换到身体的另一侧并重复训练。身体两侧分别进行两次训练。

级别 2：抬臀侧身支撑训练。

这个变体动作添加了臀部移动，增加了核心肌群的负重。侧身躺下，双腿伸直。以前臂和小腿一侧支撑身体重量，保持身体从肩膀到脚部呈直线姿势。支撑手臂的手肘必须在肩膀正下方。髋关节向下移动直到身体接触地面，然后再次抬起。反复训练 20～30 秒钟。稍作休息，换到另一侧，继续重复训练。每一侧都进行两次训练。

级别 3：抬腿侧身支撑训练。

级别 3 比级别 2 的挑战性更高。抬腿本来就难度相当高。侧身躺下，双腿伸直。以前臂和小腿一侧支撑身体重量，保持身体从肩膀到脚部呈直线姿势。支撑手臂的手肘必须在肩膀的正下方。抬起上面一条腿，然后慢慢放下。反复训练 20～30 秒。身体向下移动直到接触地面，稍作休息，换到另一侧，然后重复训练。每条腿都进行两次训练。

2. 锻炼的肌肉

主要肌群包括腹部核心肌群、脊柱伸肌、臀肌和腘绳肌。
辅助肌群即肩膀稳定肌肉群（旋转肌群和肩胛稳定肌群）。

3. 侧身支撑训练对足球训练的影响

侧身支撑直接作用于负责横向控制核心肌群的肌肉群。忽视这个肌肉群会导致忽视重要的核心控制功能。分三个级别进行支撑训练，不要绕开级别 1 和级别

2 直接进行级别 3 训练。当可以毫无局部疲劳和不适感而轻松完成一个级别训练时，才可以进行下一个级别的训练。

（九）腘绳肌训练

1. 腘绳肌训练步骤

级别 1：初级腘绳肌训练。

双膝跪在软垫子上。请一位搭档蹲在后面，然后将足踝固定在地面。训练过程中，身体从肩膀到膝盖部分必须完全呈直线姿势。可以双手交叉在胸前或者双手做好支撑身体的俯卧撑姿势准备。身体尽可能往前倾，控制腘绳肌和臀肌的动作。当不能再保持姿势时，可以将双手换成俯卧撑姿势来支撑身体重量。重复完成 3~5 次。

级别 2：中级腘绳肌训练。

重复 7~10 次初级腘绳肌训练。

级别 3：高级腘绳肌训练。

重复 12~15 次初级腘绳肌训练。

2. 腘绳肌训练锻炼的肌肉

主要肌群包括腘绳肌和臀大肌。

辅助肌群包括脊柱伸肌和腹部核心肌群。

3. 腘绳肌训练对足球训练的影响

现代比赛的速度显著提升，足球已经成为一项非常适合体力充沛且爆发力强的运动员的运动。随着技术和战术的发展，伤害也发生了变化。在 20 世纪 70 年代，腘绳肌拉伤是很少见的。现在，腘绳肌拉伤已经位列足球伤病的前四名。

有些报道显示，专业球队在每个赛季可能出现 6 次甚至更多次的腘绳肌拉伤事件。较轻微的拉伤会导致球员退场休息几周，而较为严重的受伤可能导致球员停赛 4 个月以上。

总之，在比赛密集的美国学校和以俱乐部为主的赛季，腘绳肌拉伤可能导致球员整个赛季停赛。因此，球队必须采取任何可能避免腘绳肌拉伤的措施。这种训练（有时候称为北欧卷曲或俄罗斯腘绳肌）可以有效避免球员腘绳肌拉伤，特别是对带有旧伤的球员，因此本训练很有必要作为日常训练项目的一部分。力量提高之后就可以增加训练的次数，同时试着控制下压的高度，尽可能接近地面。这个训练不仅可以减少发生腘绳肌拉伤的风险，同时可以增强腘绳肌，从而有助于球员在断球或着地时稳定膝盖和髋关节，为避免膝盖受伤增加一层保护。

（十）单腿站立训练

1. 单腿站立训练步骤

级别 1：单腿抱球站立训练。

抱球会造成部分注意力分散和平衡注意力转移，这样大脑和脊髓区域会下意识地调节平衡。单腿站立保持平衡，双手抱住足球，将身体和球的重量集中到站立腿的脚上。保持膝盖不要碰到一起，坚持 30 秒。然后换腿重复训练。每条腿训练两次。可以在腰部或抬起的膝盖上运球来增加训练难度。

级别 2：单腿站立并向搭档扔球。

级别 2 的平衡训练通过向搭档扔球来分散注意力以提高难度。接球者必须观察和跟踪扔过来的球，预测球飞出的路径并做出反应，同时调整身体位置、平衡和姿势以便最后接住球。与搭档之间的站立距离为 2~3 码（2~3 米）。两人都必须单腿站立，双手抱球。在保持平衡和收腹的同时，将球扔向搭档。将体重集中在站立腿的脚上。保持膝盖稍微弯曲，但是双膝尽量不要碰到一起。将注意力放在控制站立脚的支撑膝盖上，保持膝盖不要前后晃动。反复扔球 30 秒。交换腿继续重复训练。每条腿训练两次。

级别 3：搭档测试单腿站立训练。

级别 3 的平衡训练更具挑战性。与搭档面对面间隔一个肩膀的距离单腿站立。这时两个人都会尝试保持平衡。可以轮流使用一只手或双手从不同的方向轻触对方，从而使对方失去平衡。必须快速接触和做出相应反应。保持体重集中在站立腿的脚上，同时膝盖不要碰到一起。目标是保持平衡和锻炼支撑脚这一侧的膝盖。需控制训练幅度，因为这个训练很容易出现失控状况。保持训练 30 秒，然后交换腿。每条腿完成两组训练。

2. 单腿站立训练锻炼的肌肉

主要肌群包括髋关节屈肌（腰大肌和腰小肌、髂肌和股直肌）、髋伸肌（臀大肌和腘绳肌）、阔筋膜张肌、缝匠肌和髂胫束。

辅助肌群包括腹部核心肌群和脊柱伸肌。

3. 单腿站立训练对足球训练的影响

作为直立行走的人，需要不断地保持平衡并保证重心高于支撑面。当重心在支撑面适度半径之外时，必须做出反应并改正，否则就会跌倒。平衡是一个复杂的生理过程，它集合了大脑和脊髓的运动环境感应和反应模式。在做出反应之前，大脑的特定区域会用很短的时间对比预定和实际的动作信息。很多膝盖受伤的发生都是由身体失衡时反应不够快导致的。单腿站立、深蹲可以改善人们在不同运动中的平衡和膝盖控制。

（十一）深蹲训练

1. 深蹲训练步骤

级别1：脚跟抬起深蹲训练。

腿部力量提升包括三个难度逐级增加的训练，脚跟抬起深蹲是第一个级别训练。双脚分开与髋同宽站立，双手放在两侧髋骨上。想象着坐在椅子上的感觉。髋关节和膝盖弯曲呈成90°，往下深蹲。不要让膝盖碰到一起。慢慢往下然后快速直腰往上。当双腿完全站直时，将脚跟往上抬起，然后慢慢往下回到开始位置。完成两组训练。

级别2：弓步行走训练。

级别2的训练是弓步行走，主要是单腿动作。最好是让教练在前面观察你的动作以保证技巧正确。弓步行走可以明显提高股四头肌、髋关节屈肌和腹股沟的柔韧性。双脚分开与髋同宽站立。双手放在两侧髋骨上。慢慢朝前弓步行走。在行走时，弯曲前腿直到髋关节和膝关节弯曲为90°，同时后腿膝盖接近触碰地面。不要扭伤前腿膝盖。保持上身直立，抬头且髋关节不要晃动。注意前腿膝盖位于脚面上方，但不要超过脚尖。保持膝盖不会前后晃动。弓步行走时深吸气，站直时呼气。在每个弓步行走之间都要稍作暂停。在到达终点之后慢走回到起点，然后交换腿训练（每条腿大约训练10次）。在球场上完成两组训练。

级别3：单腿深蹲训练。

级别3训练是相当有挑战性的。单腿深蹲并保持未着地腿的膝盖位于站立脚面上方，这可能是所有训练中最难控制膝盖的。让教练在前面观察并提醒是否有很好地控制膝盖。在搭档旁边一起训练，两人都单腿站立，然后轻轻抓住彼此以保持平衡。尽可能保持躯干直立，慢慢弯曲膝盖，角度尽可能大但不超过90°。

注意避免膝盖碰到一起。慢慢弯曲膝盖，在伸直时速度稍微快一些，保持髋关节和上半身呈直线姿势。重复训练10次，然后交换腿训练。每条腿完成两组训练。

2. 深蹲训练锻炼的肌肉

主要肌群包括髋关节屈肌、臀大肌、股四头肌、腓肠肌和比目鱼肌。
辅助肌群包括腹部核心肌群、脊柱伸肌和腘绳肌。

3. 深蹲训练对足球训练的影响

这个预防方案的另外一个目的是控制球员在断球或跳跃时的着地方式。

球员以直立姿势硬着地会产生膝盖受伤风险。为了避免这种风险，球员必须学会软着地，减少髋关节、膝盖和足踝的冲击力。软着地要求球员具备良好的足踝灵活性，因为膝盖和髋关节无法取代足踝的作用。

（十二）跳跃运动训练

1. 跳跃运动训练步骤

级别1：垂直跳训练。

双脚分开与髋同宽站立，双手放在两侧髋骨上。想象将要坐在椅子上的感觉。慢慢弯曲双腿，直到膝盖恰好弯曲到90°。保持2秒。不要让膝盖碰到一起。以这个深蹲姿势尽可能高地跳起。稍微弯曲髋关节和膝盖，前脚掌轻轻落回原地。重复训练30秒。休息一下，接着再完成一组训练。

级别2：侧身跳训练。

级别2不仅是难度较高的单腿着地，而且增加了侧身动作。侧身跳然后单腿着地，类似于足球运动中的方向改变（断球）。训练比比赛中的断球速度明显慢很多。训练中重要的是正确的姿势，而非速度。单腿站立，上半身沿着腰部稍微往前弓，膝盖和髋关节也稍微弯曲。从支撑腿到摆动腿侧身跳动的距离大概是1码（约1米）。前脚掌轻轻着地。着地时要弯曲髋关节和膝盖，同时膝盖不要碰到一起。控制躯干保持稳定。最新的研究显示，躯干控制不好会比摇晃的膝盖更先着地，因此能够很好地控制躯干的球员也可以很好地控制膝盖。

在每次跳跃时要保持平衡。注意不要发生轻微的躯干转动、脊柱侧弯或两者同时出现。同时注意手臂是否为了保持平衡出现相反动作。如果无法控制躯干，可以减少侧身跳动的距离。只有做到可以控制躯干，才可以增加跳跃的侧身距离。重复训练30秒，休息一下，再完成另一组训练。

级别3：跳箱训练。

级别3包括前后、左右和对角线方向双脚着地动作。双脚分开与髋同宽站立。想象地面上画有一个十字交叉图，自己站在交叉图正中间。交替着向前后、左右以及对角线方向跳动。尽可能快且有爆发力地跳动。膝盖和髋关节必须稍微弯曲。前脚掌轻轻落下着地。膝盖不要碰到一起。以正确的着地技巧在交叉中点到点地跳动。平稳着地，减少足踝、膝盖和髋关节的冲击力。重复训练30秒，休息一下，再完成另一组训练。

2. 跳跃运动训练锻炼的肌肉

主要肌群包括臀大肌、股四头肌、腓肠肌和比目鱼肌。
辅助肌群包括腹部核心肌群和脊柱伸肌。

3. 跳跃运动训练对足球训练的影响

着地时的膝盖控制是避免受伤的主要因素。这些简单的增强式训练可解决着地问题（增强式训练刚好在肌肉收缩之前拉伸肌肉）。轻轻且稳定的着地可以减少足踝、膝盖和髋关节的着地冲击力。保持膝盖位于脚面上方，并且不让双膝相碰。

往下跳时，不要双腿直直地硬着地。这种情况常见于初中和高中时期的女性运动员。薄弱的腘绳肌和着地的冲击力会导致一些球员直接硬着地。僵硬的直腿着地会导致胫骨前移，从而对ACL产生压力。当膝盖接近于直线姿势时，腘绳肌在稳定胫骨前移时会处于结构上的劣势，从而造成ACL受伤。当膝盖弯曲时，冲击力不会造成胫骨前移；膝盖的屈曲能力越强，发生ACL拉伤的概率就越低。

（十三）跑过球场训练

1. 跑过球场训练步骤

以最大速度的75%~80%，从球场的一边跑到另一边。慢跑回来，然后再跑一次。

2. 跑过球场训练锻炼的肌肉

主要肌群包括髋关节屈肌、股四头肌、腓肠肌和比目鱼肌。
辅助肌群包括腘绳肌、腓骨肌和胫骨前肌。

3. 跑过球场训练对足球训练的影响

大约 2/3 的比赛都是以行走和慢跑的形式进行的。有些人将行走和慢跑称为位置强度,即在球场上根据球和球员的移动调整自身位置。剩下 1/3 的比赛则是较快的速度。这些较快的速度(跟跑和冲刺)被称为战术强度,发生在球员们齐心协力进攻或防守时。热身运动是为接下来的训练所做的准备,包括攻击或防守的战术训练。这些较高强度的跑动可以很好地为接下来更艰难的跑动做好身体准备。忽视较高强度的跑动,直接进入高强度训练会因训练强度发展过快而增加受伤的风险。

(十四) 跳跃训练

1. 跳跃训练步骤

以高跳跃的步伐跑动,抬高膝盖并以前脚掌轻轻着地。每一步都大幅度摆动手臂(手臂和腿的方向相反)。前腿不要超过身体中心线,膝盖不要碰到一起。反复训练直到到达球场的另一边,再慢跑回来以恢复体力,接着再跑一次。

2. 跳跃训练锻炼的肌肉

主要肌群包括髋关节屈肌、股四头肌、腓肠肌和比目鱼肌。
辅助肌群包括腘绳肌、腓骨肌和胫骨前肌。

3. 跳跃训练对足球训练的影响

这个训练类似田径运动员的训练。每一步都是着地腿用力蹬地,摆动腿的膝盖尽可能朝上,往前迈一大步。腿部的运动还伴随大幅度的手臂摆动。保持躯干稳定和直立。前腿不得超过身体中心线。保持膝盖位于前腿脚面之上,使之在着地时不会外翻。

(十五) 定点断球训练

1. 定点断球训练步骤

慢跑4或5步，固定外侧腿，铲腿则用来改变球的方向。在减速之前，以最大速度的80%~90%加速冲刺5~6步，接着固定外侧腿并铲腿朝相反方向。固定外侧腿时，不要让膝盖碰到一起。重复训练，直到到达球场的另一边，然后慢跑回来再训练一次。

2. 定点断球训练锻炼的肌肉

主要肌群包括髋关节屈肌、股四头肌、腓肠肌和比目鱼肌。
辅助肌群包括腘绳肌、腓骨肌和胫骨前肌。

3. 定点断球训练对足球训练的影响

这是一个关于灵活性的训练。很多人认为需要尽可能快地训练灵活性，但是当侧重速度时，形式和姿势往往会发生变化。在这种情况下，正确的形式、姿势和膝盖控制比速度更重要。这个训练要求较快的速度，但是不能以牺牲形式来追求更快的速度。稳定地固定外侧腿，减少冲击力对足踝、膝盖和髋关节的影响，然后以相反的方向角度冲刺。

四、足球运动的力量训练

力量训练大多都是隔离训练，它们的设计目的是将动作隔离到特定的肌肉或肌肉群上。这样的训练能够非常有效地确保特定的肌肉及其动作能够在训练过程中得到充分锻炼。

不过在体育运动中各种动作几乎都不是分离的。在比赛中，进攻性和反应性的动作涉及多个关节和多块肌肉协调工作来达到某一目的，比如从简单的开角球前弯腰把球放好到高度复杂的落脚、切球以及单点旋球。通过补充训练甚至所谓的功能训练来模仿体育运动中的每一个动作是不大可能的。与运动本身相比，应该花更多时间来训练每个动作。

本书中的训练粗略地探索了更加复杂的多关节活动的可能性。尽管这些训练几乎没有模仿任何特定的体育运动，但是每项训练所涉及的动作都是大部分体育运动的共同动作，包括足球运动。因为足球运动的力量主要来自小腿及足部，所以所有这些训练都致力于改善腿部的力量，包括奔跑、切球、断球、跳跃以及保持静止和反应性平衡等动作所需的腿部力量。

在体育训练中加入复杂的补充动作非常重要。比如计划落右脚然后向左切，但是鞋钉未能按预期插入地面或者插入太深，为了保持身体平衡，运动员的反应将是稍微向前跳以调整身体姿势，正是这一微调会让身体恢复平衡。大部分动作和反应都是由小脑和脊索神经来处理的。如果所有的补充训练动作都是简单的单关节、单肌肉群动作，身体将失去宝贵的机会，不能通过训练适应性来为技术性动作提供支持。

一条简单但放之四海而皆准的法则是 10 年 1000 小时法则，它的意思是在 10 年时间里投入 1000 个小时到他所选的领域中才能最终成就真正的精英地位。尽管为期数年的训练中大部分时间都是学习战术，但是大部分神经肌肉训练都是为了学习仅使用必要的肌肉细胞来展示技术的能力。

在拍球的过程中，人们会用到整个身体——躯干、臀部、腿部、肩部和胳膊，使身体的各个部位都随着球的上下运动而动起来。随着水平的日益提高，他们懂得了拒绝不必要的肌肉细胞参与运动，最终仅使用最低限度的肌肉细胞运动。

在专业的足球比赛中，奔跑中的中锋会给正在大步跑的队友传球。传球的队员必须估计自己的速度和接球队友的速度，决定如何传球（是否使用旋球，从空中还是地面传球，用脚什么部位踢球）以及击球力量的大小（不要太重以免超过了接球者的速度，不要太轻以免接球者跑过头了）。所有这些决策都不是有意识地决定的，而是由潜意识来处理的，并且仅使用必要的肌肉细胞来让困难的传球变得简单。

10 年 1000 小时法则让运动技能变成条件反射性和无意识性，这样有意识的大脑可以将精力集中在策划、预测、反应、调整以及所有其他属于战术执行功能范围的行为。除了选择传球对象是有意识的战术决策之外，中锋的所有其他决策都是自动的、无意识的。

（一）背靠背深蹲训练

1. 背靠背深蹲训练步骤

（1）进行此项训练需要找到一位和自己体型和身高相当的搭档。与搭档背靠背站立，双脚叉开与肩同宽。

（2）双方把肘部对勾起来，然后让彼此的背部靠紧，就像靠在墙上一样。双方的后脚跟之间应该留出0.6米的间距。

（3）双方同时下蹲，直到膝盖成90°角。然后恢复到站立位置。

2. 背靠背深蹲训练锻炼的肌肉

主要肌群包括股四头肌（股内侧肌、股外侧肌、股中间肌和股直肌）和臀大肌。

辅助肌群包括腘绳肌（股二头肌、半腱肌和半膜肌）、内收肌（长收肌、短收肌、大收肌、耻骨肌和股薄肌）、竖脊肌、腓肠肌和比目鱼肌。

3. 背靠背深蹲训练对足球训练的影响

足球需要瞬间的爆发性动作包括守门员救球时从球门的一侧一跃而起扑向另一侧，防守队员腾空跃起躲过拦截，或者前锋跳起用头顶球。所有这些动作都需要髋伸肌、膝伸肌和踝关节跖屈肌瞬间输出大量力量。要想跳得最高或最远，必须依靠强壮肌肉的协调运动。对所有运动员而言，练习背靠背深蹲动作是必须的，因为它能够强化比赛中经常用到的肌肉和动作。尽管可以单独训练每个肌肉群，但是像深蹲这样的复合动作能够更好地模拟比赛情景。

（二）背搭档深蹲训练

1. 背搭档深蹲训练步骤

（1）选择身高和体重一样的搭档。在选择搭档的时候要小心，因为这项训练可能会损伤膝盖。该训练不仅锻炼上升下沉的力量，还锻炼平衡能力。让搭档爬上你的背部，就像小孩趴在大人的背上一样。

（2）双脚舒适地岔开，让搭档处于背部的中央（你很可能需要稍稍向前倾），然后开始半深蹲锻炼，让膝盖向下弯曲成45°角。膝盖弯度不要超过成90°角。

（3）慢慢下蹲。下蹲到最底部的时候稍微暂停一下，然后恢复到开始的位置，并重复练习。在重复练习完成之后，与搭档调换位置。

2. 背搭档深蹲训练锻炼的肌肉

主要肌群包括股四头肌和臀大肌。

辅助肌群包括内收肌、竖脊肌和腹部核心肌群（腹外斜肌、腹内斜肌、腹横肌和腹直肌）。

3. 背搭档深蹲训练对足球训练的影响

传统的深蹲训练有许多种变体。许多体育运动的补充训练项目通常都包含深蹲训练，其原因之一是它们能够运用多块肌肉和多个关节来完成动作以及保持平衡。深蹲训练用到的主要的肌群是股四头肌和臀大肌，前者关系膝关节的伸展能力，而后者关系髋关节的伸展能力。进行任何深蹲练习的最重要方面之一是姿势。在深蹲的过程中正确的姿势能够锻炼主要的腹肌和骶棘肌。增宽双脚的距离能够让内收肌得到更多的锻炼。千万不要小瞧这些肌肉，它们在比赛中身体密切接触时产生关键的力量。拥有更强壮的臀肌、背肌、腹肌和股四头肌的运动员在抢球或其他一对一挑战时将拥有明显的优势。

（三）分腿深蹲训练

1. 分腿深蹲训练步骤

（1）单腿站立。另一条腿往后伸，将脚踝或胫骨放在健身球的顶部。
（2）在用后腿向后滚动球的同时，将前腿膝盖弯曲大约成90°角。
（3）恢复到起始位置。

2. 分腿深蹲训练锻炼的肌肉

主要肌群包括股四头肌和臀大肌。
辅助肌群包括腘绳肌、内收肌、竖脊肌、腓肠肌和比目鱼肌。

3. 分腿深蹲训练对足球训练的影响

弯曲前膝，然后将球向后滚一点，防止前膝位置超过脚尖。在足球运动中会反复强调膝盖的运动控制，而此项训练是测试在功能性运动中对膝盖的控制能力的好方法。膝盖不应该往左或往右摆动，也不应该完全盖住脚部。类似于此的训练所需的力量和平衡应该能够在切球或跃起落地时发生的弹性动作和反应动作中帮助控制身体下部，甚至能够为膝盖提供额外保护。这项训练需要良好的平衡和强健的股四头肌，只要缺少其中一样，就不适宜选择该训练，而是应该等到两样都达标才选择。一边手提一个哑铃或者将卸下来的杠铃放在肩膀上，随着肌肉的强健而增加重量，能够让该项训练的难度更高。

(四) 低跨栏训练

1. 低跨栏训练步骤

(1) 在一条直线上设置一系列跨栏,每道跨栏之间间隔 1~1.5 米。

(2) 走到第一道跨栏前一两步的地方,然后跳过跨栏。使用双脚起跳双脚着地的方法。同时,需要将双腿缩到胸前,以便从跨栏上跳过去。

(3) 连续跳过后续的跨栏,尽量缩短每次跨栏期间双脚踩地的时间。要将这一系列动作想象成连续的弹跳,而不是单独的跳跃。

2. 低跨栏训练锻炼的肌肉

主要肌群包括臀大肌、臀中肌、股四头肌、腓肠肌和比目鱼肌。

辅助肌群包括髋部屈肌(股直肌、腰大肌、腰小肌、缝匠肌)、竖脊肌、三角肌和腘绳肌。

3. 低跨栏训练对足球训练的影响

重复跳跃是各代足球运动员的共同训练任务,能够让运动员在许多方面受益。例如,每次起跳都帮助提升腿部的跳跃力量。训练时最好有教练监督并传授落地的各种形式,每次落地都指导运动员如何安全地从跳跃中落地。此项训练的整个过程都需要功能性和反应性平衡。了解腿的长度以及刚好跨过每道栏所需的力量能够防止运动员落地过重或耗力过多。

此项训练还涉及肌肉增强训练,因此是改善跳跃能力的最佳功能性训练之一。肌肉增强训练在伸展肌肉之后马上收缩肌肉,能让后续跳跃得更高。下蹲之后暂停一下再跳跃肯定比不下蹲马上跳跃高,因为暂停削弱了下蹲动作产生的张力。此项训练的特点是每次跨栏跳跃都是相互促进的,但是也可以通过跑敏捷梯、折返跑或之字跑来实现该目的。目前还有一些教练让运动员跳过球体,但不建议这样做,因为跌落在球上可能会导致各种伤害。

(五) 蹬步训练

1. 蹬步训练步骤

(1) 站在高度在胫长和膝高之间的凳子或箱子的前面。正手抓住卸掉重量的杠铃横杠并放在肩膀上。

（2）将起踏腿踏在凳子或箱子上。继续升起直到起踏腿变直，同时抬起后腿，让膝盖弯曲，直到大腿与地面平行。后腿不接触凳子或箱子。

（3）向后踏步降落，后腿先落。

（4）变换大腿并重复，以不同的大腿为起踏腿。

2. 蹬步训练锻炼的肌肉

主要肌群包括股四头肌、臀大肌和臀中肌。
辅助肌群包括竖脊肌、腘绳肌、腓肠肌、比目鱼肌和内收肌。
这是腿部整体力量训练。

3. 蹬步训练对足球训练的影响

大部分人都有一条惯用腿，当两条腿同时运动的时候，它要比非惯用腿用得多。与同时锻炼两条腿的训练相比，单腿训练有一些优势。单腿训练时每条腿都必须全力以赴，这样两条腿都得到同等的锻炼。尽管所花的时间要多一点，但避免了惯用腿分担非惯用腿的工作。单腿训练的好处不只提升力量。两条腿都必须能够很好地控制膝部运动和全身平衡运动，这两个重要因素能够预防受伤，尤其是膝部受伤。要额外注意安全姿势和重心稳定。

（六）前跨步训练

1. 前跨步训练步骤

（1）正手抓握起杠铃。站起来将杠铃放在肩膀上。

（2）向前跨出一步。要跨得足够远，当跨步动作完成之后，前腿的膝盖应该成90°角，且大腿与地面平行。后腿的膝盖应该快要接触地面。

（3）收步回到起始位置。用另一条腿重复同样的动作。每次跨步都要换腿。

2. 前跨步训练锻炼的肌肉

主要肌群包括臀大肌、臀中肌和股四头肌。
辅助肌群包括竖脊肌、腘绳肌、腓肠肌、比目鱼肌和内收肌。

3. 前跨步训练对足球训练的影响

此项训练主要锻炼髋部和腹股沟的动态灵活性，而这里的跨步使用杠铃横杠在同一个地方完成。这一变化更加注重力量训练，而且一些训练专家还根据许多不同体育运动的需求创造了同心、离心和平衡项目，从而使它变得非常有价值。让背部保持挺直，且保持抬头向前看。跨步结束的时候，在脚轴方向上不要让前膝盖超越脚尖的位置或摆动。力量不足或疲劳将会影响该动作的正确完成。如果做正确跨步动作有点力不从心，则可减少负重并缩短跨步的距离，或者在每次跨步之间安排更长的恢复时间来预防疲劳。

（七）守门训练

1. 守门训练步骤

（1）站在一张矮凳子的面前，双手握住一个足球。

（2）起踏腿以平滑的动作踏到凳子上，保持上升动作直到起踏腿的膝盖完全伸展开。在将双臂向头顶完全高举的同时，尽量高抬另一条弯曲膝盖的腿。

（3）以平滑的反动作复原，并回到起始位置。

（4）换另一条腿并重复，以另一条腿为起踏腿。每次重复动作都换腿。

2. 守门训练锻炼的肌肉

主要肌群包括股四头肌、臀肌（臀大肌、臀中肌和臀小肌）、腓肠肌、比目鱼肌、三角肌、肱三头肌和胸大肌。

辅助肌群包括腘绳肌、竖脊肌、斜方肌和前锯肌。

3. 守门训练对足球训练的影响

顾名思义，这项训练对守门员有极大的帮助，但是对其他运动员也同样有用。想象一下要奔跑起跳接住空中的球所需的各种关键动作。场上运动员和守门员的主要区别是后者需要用胳膊和手来接球。场上运动员和守门员都必须接近球、计划最佳时间点、决定用哪条腿起跳最好，以及伸展身体并从地面跃起以在跃起的最高点接触到球，然后安全着地。此项训练的重点包括起跳和起跳前的各种动作，并且在一项功能性任务中高效地进行各项独立的下肢训练。

（八）弹球跳跃训练

1. 弹球跳跃训练步骤

（1）完成此项练习需要一个搭档。面对搭档，搭档手里持有一只足球。
（2）搭档尽力往地面拍球。你双脚离地跳起，在跳跃的最高点接住球。
（3）确保落在原位上。在接触地面的时候，不要让膝盖在脚上方前后滑动。
（4）为了避免频繁地尽力跳高带来的疲劳，最好与搭档交替进行跳跃。

2. 弹球跳跃训练锻炼的肌肉

主要肌群包括股四头肌、臀肌、腓肠肌、比目鱼肌、三角肌、肱三头肌和胸大肌。

辅助肌群包括腘绳肌、竖脊肌、斜方肌和前锯肌。

3. 弹球跳跃训练对足球训练的影响

弹球跳跃训练可以看作实际上不需要离开地面的守门训练的功能性拓展。弹球跳跃训练需要精确的时间估计，因为短时间之内就要到达起跳点起跳，在跳跃的最高点接住球，就像比赛中守门员的实际动作一样。这通常需要跳跃者进行一些移动，因为球的弹跳很少是直上的，所以需要根据球的下降过程和起跳点正确估计时间，以便能够在尽可能高的地方接到球。许多训练在落地时都需要脚上方的膝关节弯曲，以便膝部不来回滑动。尽管所有注意力都在跳跃和接球上，但不要忘记落地。尽量安静地落地，以吸收撞击带来的冲力。许多运动员都喜欢此项训练中的这些挑战——弹跳、跳跃和落地。

（九）仰卧器械深蹲训练

1. 仰卧器械深蹲训练步骤

（1）调整器械，使坐上去时膝盖的弯曲稍小于90°角，双脚之间的距离与肩同宽。
（2）将双脚放置在踏板上，且不要让膝盖遮挡住脚。将背部和头部靠在靠背上，让双肩对准并压入肩垫中，抓住把柄。

（3）呼气时双脚前脚掌蹬住踏板，让靠背向后移动，直到臀部和膝盖完全伸展开。

（4）稍作暂停之后，吸气并让膝盖慢慢恢复到成90°角。该动作不要像开始的动作那么快。

（5）完成最后一次重复之后，慢慢将靠背恢复到开始的位置。

2. 仰卧器械深蹲训练锻炼的肌肉

主要肌群包括股四头肌、臀大肌和臀中肌。
辅助肌群包括腓肠肌、比目鱼肌、内收肌和腘绳肌。

3. 仰卧器械深蹲训练对足球训练的影响

深蹲训练通过大幅度的运动来锻炼多块肌肉和多个关节，同时对姿势和平衡要求严格——训练的付出将换来力量的增加。现代的赛场和以前一样大，但运动员的个头越来越大，加之速度也越来越快，从而使赛场显得更加拥挤了。因此运动员之间的身体接触不可避免，强壮的运动员对撞击准备得更充分，并且能够抢到或维持控球权。因此，每位运动员都必须为不可避免的身体接触做好充分的准备，因为在高水平的比赛中接触更是不可避免。

（十）伐木训练

1. 伐木训练步骤

（1）站在离高滑轮拉力器不远的一侧。举起双臂，用双手抓住训练器的绳子、带子或把柄。

（2）开始往下拉绳子，让绳子越过身体。当双手已经过肩膀的时候，扭转躯干并收紧腹肌。在继续把绳子向对侧的膝盖方向拉的同时稍微弯曲双膝。

（3）缓慢地、有控制地反转刚才的动作，恢复到起始位置。在完成预定的重复次数之后，转过身来在另一个方向上重复刚才的训练。

2. 伐木训练锻炼的肌肉

主要肌群包括腹直肌、腹外斜肌、腹内斜肌、三角肌、背阔肌和胸大肌。
辅助肌群包括股四头肌、臀肌、大圆肌和前锯肌。

3. 伐木训练对足球训练的影响

这项涉及全身的训练有许多好处。该训练在一步一步的协调动作中运用到躯干肌肉、臀肌和股四头肌。它没有捷径可走，因为前一个动作是后一个动作的基础。从表面上看，胳膊和腹部是关键受力点，但是腿部也起到非常重要的作用，因为它们是各个动作能够发生的根基。要注意膝盖在脚上方的姿势，不要让膝盖前后滑动。该项训练是很好的功能性训练，涉及多块肌肉和多个动作。这样的多关节运动是非常有用的补充练习，符合类似于足球的团体运动对全身素质的要求。一些训练教材没有躯干弯曲和深蹲，使它变成纯粹的胳膊伸展和躯干转动训练。

五、足球运动的手臂、胸部训练

（一）手臂训练

现代的足球技巧由传球和控球组成。控球技术要求球员能防止对手抢球。控球球员可以在比赛规则允许的情况下使用手臂，从而使控球球员看起来更强大，更有助于控球球员控球，也使截球的难度更高。有一种日渐流行的 4－5－1 踢法，这种踢法要求前锋具备良好的控球能力，可以将球传给快速跑上来的队友。球员在防守压力下的有效控球可以为比赛争取到很多的时间。

上肢可分为三部分：上臂的主要骨头是肩关节到肘关节的肱骨；前臂是肘部到手腕部分，包括桡骨和尺骨两部分；手和手腕构成了第三部分，手腕有 8 块骨头，而手有 19 块骨头。

1. 骨头、韧带和关节训练

肱骨是上臂的一块骨头。在靠近躯干的一端（这里是肱骨肩膀端）由膀到手肘，肱骨基本上是很平滑的，三角肌和其他肌肉附着在肱骨变宽并形成手肘上半部分之前的那一段。接合肩胛骨关节窝的圆头周围就是胸部和上背肌肉附着的区域。

前臂的两块骨头分别是尺骨和桡骨。尺骨靠近小指，桡骨则在拇指一侧。前臂的独特功能是可以向外（或向后）和向内（或向前）转动手掌。当手掌向上时，这两根骨头是平行的；当手掌向下时，桡骨交叉于尺骨之上。尺骨靠近手肘或关节的一端是一个环绕肱骨螺旋状表面的钩状物（用手触摸手肘，关节背后的节点就是尺骨）。桡骨上端有一个扁平凹槽，接合着肱骨下端的圆形凸状物。这两块骨头环绕肱骨移动以进行屈肘（减小肘关节角度）和伸肘（增加肘关节角度）。手掌向下是指桡骨的扁平凹槽端将尺骨旋转到掌心向下位置（手腕处也有类似动作）。严格来说，是前臂而非手肘转动导致手掌向下和手掌向上。许多韧带维持了关节的完整性，但是也容易受到网球肘和少年棒球肘等损伤。位于桡骨和尺骨之间的强壮韧带可以保持前臂骨头平行，并加宽前臂的肌肉附着区域。

手腕和手的结构非常复杂，在"尺骨和桡骨平行、手掌向前"这个解剖学角度看得最清楚。手腕由两组平行骨头（腕骨）组成，每组腕骨有4块小骨和一些连接相邻骨头两端的小韧带。近侧列腕骨与尺骨和桡骨的下端相连，桡骨越大连接会越好。手腕的动作包括屈腕和伸腕以及独特的手尺侧倾和手桡侧倾动作。手尺侧倾指的是手向尺骨弯曲（即减小小指和尺骨之间的角度）；手桡侧倾指的是手向桡骨弯曲（即减小拇指和桡骨之间的角度）。远端那组腕骨连接着5块构成手掌的掌骨。这些掌骨从拇指开始分别编号为Ⅰ~Ⅴ，都连接着一个手指。4个手指由3块指骨（近端指骨、中间指骨和远端指骨）构成，而拇指则有2块指骨（近端指骨和远端指骨）。

2. 肌肉训练

所有肌肉都有两个附着点，起点是固定端，止点是活动端。在绝大多数情况下，活动肌肉会发生起点牵拉止点的收缩。清楚骨骼的解剖与肌肉的起点和止点，可以了解肌肉的动作或骨头围绕特定关节的移动方式。上肢的肌肉主要作用于手肘、前臂、手腕和手指，但是在一些情况下也会影响肩膀。

3. 手肘动作肌肉训练

手肘可以弯曲和伸展。上臂的肱三头肌控制手肘伸展。Triceps（肱三头肌）指肌肉的三个头，而Brachii（臂）指上臂部位。长头是沿着上臂后面下来的中间肌肉，它的起点刚好在肩胛骨的关节窝下面。内侧和外侧头的起点在肱骨的长传动轴上。屈伸肌腱将这三个头附着到手肘节点上。当肱三头肌将止点拉向起点时，就会拉动尺骨，出现前臂伸展。肱三头肌的长头还可以交叉肩膀和帮助肩膀伸展。

前臂伸展的相反动作是前臂弯曲。上臂的肱二头肌控制前臂弯曲。Bicep（肱二头肌）指肌肉的两个头都在肩胛骨上。一个头在关节窝的上面，刚好与肱三头肌的长头相对，而另一个头在肩胛骨上的另一个位置上，位于三角肌下面。

这两个头构成了肱二头肌的肌腹，而这块肌腹嵌入在一块肉眼可见且手可触摸的桡骨肌腱上。

肱二头肌下面的第二块前臂屈肌是肱肌，起始于肱骨前侧，止于尺骨前侧，刚好越过尺骨钩。第三块屈肌是肱桡肌，起始于肱骨上端，止于桡骨茎突的底部外侧。这三块肌肉控制着前臂的屈伸。

肱二头肌止于靠近桡骨处。它收缩时，会首先向前转动前臂，然后才是前臂弯曲。当向前转动前臂时，肱二头肌会努力屈曲。但是，当向后转动前臂时，肱二头肌肌腱会稍微环绕桡骨，因此它首先会向后旋转。向后转动右手，然后将左手放在肱二头肌上，这样你就可以感受向前转动前臂时肱二头肌的收缩。

注意，肌肉以相互对抗的形式灵活地运作，一组肌肉弯曲则另一组肌肉伸展。彼此之间相互对抗的肌肉称为拮抗肌。协同执行同一动作的肌肉称为主动肌。

4. 手腕和手部肌肉训练

手部的灵巧是人体工程的奇迹。嵌入手腕、手部和手指的大量前臂肌肉控制着精细动作的完成。大部分前臂肌肉起始于肱骨下端内侧或边侧的肌腱。在手肘两侧就有很多这样的小凸块，而手肘内侧的小凸块可以看作尺骨端。前臂的肌腱上有一块被称为韧带的硬肌腱组织，它环绕在手腕的袖口位置上。

执行屈曲的肌肉主要起始于前臂前侧的中间凸块。伸肌起始于外侧凸块，向下延伸到前臂后侧。这里还有大量深层肌肉。大多数前臂肌肉以其动作（屈曲或伸展）、位置（尺侧或桡侧）和嵌入点（腕、趾、拇指、食指或小指）命名。名称中带有 Radialis（桡骨）的收缩肌肉执行手桡侧倾，而名称中带有 Ulnaris（尺骨）的肌肉执行手尺侧倾。手部上大量的小内附肌协助这些肌肉运作，同时执行摊开手指和移动拇指等动作。

执行手腕弯曲的肌肉分别是桡侧腕屈肌、掌长肌和尺侧腕屈肌，而执行手腕伸展的肌肉分别是桡侧腕长伸肌、桡侧伸腕短肌和尺侧伸腕肌。执行手指屈曲的肌肉分别是指浅屈肌、指深屈肌和拇长屈肌，执行手指伸展的肌肉分别是指伸肌、小指伸肌、食指伸肌、拇长伸肌和拇短伸肌。

5. 滑轮下拉训练

（1）滑轮下拉训练步骤：坐在高拉滑轮机上，将座位调整到适合自己的身高。调整座位，衬垫保护。训练过程必须一直坐在座位上。

双手抬起，正手抓住拉杆。弯曲手肘将杆往下拉到下巴下面（胛骨）。接着继续将杆往下拉。

慢慢将拉杆恢复到开始位置。

（2）滑轮下拉训练锻炼的肌肉：

主要肌群包括背阔肌和大圆肌。

辅助肌群包括肱二头肌、肱肌和抓住杆的前臂肌肉。

（3）滑轮下拉训练对足球训练的影响：根据裁判规则，伸出手臂抓住对手是犯规的行为，但是在比赛胶着的状态下，手臂和肩膀仍然必须足够强壮才可以抵抗对手。在带球突破防线时，使用手臂可以保持平衡和距离。手臂和肩膀的肌肉组合可以做到这一点。仔细观看现代比赛中的前锋，他们的手臂和肩膀上的肌肉都非常发达。在一些使用滑轮系统的仪器设备中，训练时可以跪着面向设备。随着力量的提高和抗阻力的增强，可以让一位球员搭档站在后面，压住肩膀以保持着地姿势。

6. 坐姿三头肌伸展训练

（1）坐姿三头肌伸展训练步骤：坐在低靠背的椅子或者没有靠背的凳子上。双腿叉开，平放在地上。膝盖弯曲，双脚平放在地上。

双手手掌朝内分别握住哑铃，同时保持垂直姿势。

手肘朝天花板方向抬起。弯曲手肘，使哑铃重量落到头部后面。保持手肘接近双耳位置。

伸展前臂，直到完全伸直。

慢慢将哑铃回到起始位置。训练过程中，保持背部直立姿势。

（2）坐姿三头肌伸展训练锻炼的肌肉：

主要肌群即肱三头肌。

辅助肌群包括腹部核心肌群（腹外斜肌、内斜肌、腹横肌和腹直肌）、脊柱伸肌（竖脊肌和多裂肌）和抓举哑铃的前臂肌肉。

（3）坐姿三头肌伸展训练对足球训练的影响：虽然足球赛场的面积很大（一般有110码×70码，约100米×64米），但是攻守双方在赛场上总是处于胶着状态。虽然在对抗中垂直抬臂会被裁判吹口哨，但是调整手臂与地面的角度和保持等长收缩可以更好地抵抗对手抢夺控球权。虽然足球运动的重点在于下肢，但是手臂在夺取或保持控球权方面也发挥着重要作用。

7. 站姿下拉训练

（1）站姿下拉训练步骤：面向滑轮拉力器站立。打开双手与肩膀同宽，举手过肩紧握杆。

向下拉杆，前臂完全伸展时，保持手肘贴近身体。

以完全伸展姿势握住杆，稍作停留，再慢慢将杆回到起始位置。

（2）站姿下拉训练锻炼的肌肉：

主要肌群即肱三头肌。

辅助肌群包括腹部核心肌群、脊椎伸肌和抓住杆的前臂肌肉。

（3）站姿下拉训练对足球训练的影响：美式足球等一些运动比较大众化，而篮球和排球等运动则比较侧重身高。足球是一项大众化的运动，对参加和喜欢足球的人们没有任何特定的身体要求。一般足球运动员的身高和体重接近于同龄和同性的平均值。很少看到身体（特别是上身）高度发达的球员。但是，忽视上身力量意味着在身体碰撞中将自身置于不利位置。

8. 站姿杠铃弯举训练

（1）站姿杠铃弯举训练步骤：双脚分开与肩同宽，站立在杠铃前面。

双手手掌内旋（手掌向上）抓住杆。

前臂弯曲，朝肩膀方向举杆。以关节完全活动范围举杆。稍作停留，接着慢慢将杆放下回到起始位置。

（2）站姿杠铃弯举训练锻炼的肌肉：

主要肌群包括肱二头肌、肱肌和肱桡肌。

辅助肌群包括腕部屈肌（桡侧腕屈肌、尺侧腕屈肌和掌长肌）、躯干稳定肌（腹部核心肌群和竖脊肌）、肩膀稳定肌（三角肌、棘上肌、棘下肌、肩胛下肌、小圆肌、背阔肌和胸大肌）和肩胛稳定肌（前锯肌、菱角大小中肌和斜方肌）。

（3）站姿杠铃弯举训练对足球训练的影响：在球场上自由踢球时，手臂主要是在比赛规则之内用于挡住对手接近球或在与对手一起跑动时抢占优势。这些动作一般不需要弯曲前臂。但是，只是关注针对比赛的力量训练而忽视对抗力训练是很不明智的，这样会导致肌肉不平衡，不适合于优化肌肉和关节功能。

（二）胸部训练

足球运动员或许会因很多原因对参加力量训练迟疑不定和缺乏了解，传统原因是担心过于健硕的肌肉会影响赛场发挥，等等。还有一个理由仅仅是因为没有运动器械。不想做力量训练的运动员或许将注意力都放在了腿部，这不利于人体的平衡，增加了受伤的风险。运动员和教练员们必须要了解的是，力量训练目的在于锻炼全身，而不仅仅是腿部。人体的所有部位，包括胸部，都必须得到锻炼。

仰卧推举是许多运动员想要强化胸部力量时最先想到的训练项目。虽然胸大肌是胸部最大最明显的肌肉，但其他肌肉也对肩胛带和上肢运动产生作用。

1. 胸部的骨骼、韧带及关节训练

人体躯干共有12对肋骨，后与脊柱相连，前与胸骨相接，其中有两对肋骨只与脊柱相连，而不与胸骨相连。1号、11号和12号肋骨与对应的脊骨相连，2~10号肋骨位于两块脊骨之间。每块肋骨末端大致与乳头位置竖直对齐，并通过肋软骨与胸骨相连，形成软骨性关节，活动性很弱。1~7号肋骨被称为真肋，因为其每一根都通过肋软骨直接与胸骨相连接。8~10号肋骨叫作假肋，因为其软骨先与上一肋的软骨相连，然后才与胸骨相接。11号和12号这两根小肋骨被称为浮肋，因为它们未与胸骨相连。在一对肋骨之间有一对小块肌肉，叫作肋间肌，起到辅助呼吸的作用。胸腔底部由膈膜构成。肋骨的运动对胸腔的呼气和吸气起作用，形成的胸腔可以保护心脏、肺、主要血管、神经以及从肺部导出和导入空气的气管。胸部最常见的损伤便是由于某种弹道冲击造成的肋骨骨折，通常中间肋最易受损。

胸骨由三块骨骼相接生长而成。如果你用一根手指沿着胸骨下滑，就会在距离末端1/4~1/3处感到有一块水平方向上的凸起，这里便是其中一个接点。第三块骨是名为剑突的脆骨，位于胸骨的末端，其上附着大量组织，不易被触摸到。

胸骨的重要性在于它是连接上肢的唯一一块中轴骨骼。从锁骨到胸骨的韧带和软骨使胸锁关节强韧。一根韧带连接两块锁骨，锁骨与第一块肋骨之间又由许多韧带连接。这些组织共同作用，确保关节的统一协调性。尽管有这些组织将其固化，关节也还是会有活动，因此胸锁关节具有很多活动关节的典型特征。胸锁关节很少受伤，但还是会有受伤的可能性。通常情况下，锁骨骨折会先于关节脱臼。

肩胛骨与锁骨相连接。尽管肩胛骨横跨过肋骨的弯曲部分，但是肩胛骨和肋骨之间并没有骨连接。但是从胸骨和肋骨发出的肌肉也嵌入肩胛骨，并对支配肩胛骨运动产生作用。

2. 胸部肌肉训练

对于大多数人来说，胸部肌肉即等同于胸大肌。胸大肌是胸部最大但并不是

唯一的肌肉。由于胸大肌起始于胸骨、2~6号肋软骨（胸骨上端或胸肌下端）及锁骨（锁骨上端或胸肌上端）之间较宽的范围，通常被认为有两个完全不同的起始端。胸大肌靠近肩膀的一端止于上肱骨的胸侧。记住，肌肉收缩是将止点拉向起点。由于止于一块高度灵活的骨骼，所以胸大肌在肱上膊上产生许多主要动作和次要动作。胸大肌的主要功能包括水平内收（胳膊与地面水平，在胸前交叉）、肩部内收、肱上膊内旋以及肩部伸展。将一只手置于胸大肌上，做上述任意动作，你会感受到胸大肌的收缩。通过肱上膊与肩胛骨凹陷处的连接，胸大肌也辅助部分肩胛骨的运动。完全处于胸大肌包围之下的是胸小肌（在解剖学中，如果有"大"的话就一定有对应的"小"）。胸小肌起始于3~5号肋骨的外表面，与肱二头肌的短头一起，附着到肩胛骨上，使肩胛骨能够外展（沿着肋骨弯曲移动肩胛骨，远离中轴线）、下压，并且帮助肩关节窝下旋。

胸部最后一块重要肌肉是前锯肌，其因锯齿状的外形而得名（想象一下切肉刀刃的锯齿形）。前锯肌起始于8号或9号肋骨的侧表面，沿着肋骨向上嵌入肩胛骨与脊柱相连的下半端。前锯肌起到的主要作用是外展肩胛骨（向远离脊柱方向移动），但是它同时帮助肩胛骨关节窝上旋（像回答问题时举起胳膊）。前锯肌因起始于肋骨，可以被认为是一块胸肌；又因其嵌入肩胛骨，故也可以被认为是一块肩胛肌。

上背部和肩部的所有肌肉都依靠这三块肌肉得以平衡，这意味着几乎所有牵动肱上膊和肩胛骨的练习都有这些肌肉的参与，但是拮抗肌的锻炼则需要有针对性的单独训练。因为在足球运动中手臂和肩部的动作意味着扩展人体所占空间，使对手更不容易得球，所以训练胸部拮抗肌以保持神经肌肉的平衡是很明智的选择。

3. 足球俯卧撑训练

（1）足球俯卧撑训练步骤：呈俯卧撑开始姿势，双手分开略宽于肩膀。双脚并拢，以脚趾撑地。慢慢将一只手移动到足球上。

做俯卧撑运动。

单手放于足球上做俯卧撑，数次之后，交换手继续。将足球置于另一只手下，做俯卧撑运动。

（2）足球俯卧撑训练锻炼的肌肉：

主要肌群包括胸大肌、肱三头肌和前三角肌。

辅助肌群包括前锯肌、保持适当姿势涉及的腹部核心肌群（外斜肌、内斜肌、腹横肌和腹直肌）和脊椎伸肌（竖脊肌和多裂肌）。

（3）足球俯卧撑训练对足球训练的影响：现代比赛中身体接触远远超过以前年代。对于现代运动员来说，速度和体能意味着眨眼之间逼抢对方前锋，意味着身体的接触。角球时拥挤禁区内的碰撞次数或许会让绝大多数观众感到惊讶。

直觉上，更为强壮的选手会在身体碰撞中占优势。虽然许多必要力量都从腿部发力，但是动作会像链条一样带动全身其他部位产生运动。在这项训练中，添加了有足球之后的高度，较之双手撑地使身体降得更低。此外，也需要进行一些平衡反应，因为球会移动。

4. 抗力球俯卧撑训练

（1）抗力球俯卧撑训练步骤：面部朝下躺在健身球上。身体前倾，双手支撑于地面。

双手撑地向前挪动，将球调整至躯干、大腿或者脚的正下方。球距离双手越远，这项训练的难度便越大。

双手撑地，以俯卧撑中向上撑起动作起始，之后按照通常俯卧撑做法进行训练。

（2）抗力球俯卧撑训练锻炼的肌肉：

主要肌群包括胸大肌（尤其锁骨处）、肱三头肌和前三角肌。

辅助肌群包括前锯肌、保持适当姿势涉及的腹部核心肌群和脊椎伸肌。

（3）抗力球俯卧撑训练对足球训练的影响：力量与体能教练有一套器材方案，以确保几乎每块肌肉的每一部分都能得到锻炼。标准方法是向对抗阻力的方向扭动身体。这种情况下，运动员会以不同的方式倾斜身体。抬高腿部会有效改变胸大肌的受力方式。在俯卧撑运动中，差不多 2/3～3/4 的肌肉会得到锻炼。抬高腿部会让胸大肌上端未被锻炼到的部分也得到锻炼。

5. 仰卧推举训练

（1）仰卧推举训练步骤：仰卧在举重床上，使躯干从臀部到肩部都得到支撑，并且双脚平放于地面。杠铃放于与乳峰水平的支架上。

正手握抓杆，双臂分开与肩同宽。

双臂上举伸直，但是不要锁住肘关节，将抓杆从支架上举起，并稳定重心。此时背部或许会有一些弓起。

将杠铃放低到胸部，停留片刻，然后再次伸臂托举杠铃。保持双臂平稳地支撑杠铃，但是不要锁住肘关节。放低杠铃时吸气，托举杠铃时呼气（将杠铃吹上去）。

(2) 仰卧推举训练锻炼的肌肉：

主要肌群包括胸大肌、肱三头肌和前三角肌。

辅助肌群包括前锯肌和喙肱肌。

(3) 仰卧推举训练对足球训练的影响：在拥挤的禁区内，要占领一块属于自己的地盘，更重要的是将对手推离自己以获取更大的活动空间，而非将对手拉向自己。像俯卧撑和仰卧推举这种类型的训练对此十分有益。本质上讲，仰卧推举是倒着进行的俯卧撑，所锻炼的肌肉也大部分相同。两项训练最大的不同是，仰卧推举由于添加了杠铃的重量，所以施加在杠铃床上的压力更大。这种类型的增强对于增加俯卧撑的阻力来说，并不是增加了杠铃重量那么简单。

6. 哑铃屈臂上举训练

(1) 哑铃屈臂上举训练步骤：仰卧在举重床上，使躯干从臀部到肩部都得到支撑，并且双脚平放于地面。

两只手抓握在哑铃中间位置。双臂伸直，与地面垂直。

将哑铃向头部方向下降，再向下至微屈双肘。

短暂停留，反向移动，返回起始位置。

(2) 哑铃屈臂上举训练锻炼的肌肉：

主要肌群包括背阔肌、胸大肌、肱三头肌和大圆肌。

辅助肌群包括肩胛稳定肌群（大菱形肌、小菱形肌、斜方肌和前锯肌）和抓握杠铃的前臂肌群（大部分手腕及手指的屈肌，包括桡侧腕屈肌、尺侧腕屈肌、掌长肌、指浅屈肌、指深屈肌以及拇长屈肌）。

(3) 哑铃屈臂上举训练对足球训练的影响：这些年来，足球运动员变得越来越高大强健，运动员身材上的改变也影响了这项运动的方方面面。例如，现代守门员可以一脚将球踢给对方守门员，职业男球员将球踢出70码（约64米）远很常见。另外一方面的改变就是掷边线球。早先的时候，防守球员会竭尽全力将球挡出边线（球场边线）而不造成角球，因为掷边线球到球门是很不寻常的，但是角球就危险得多。如今，大多数球队都有一到两名掷边线球的能手，专门负责在靠近底线开球。这些掷边线球专员们在掷球时更像是在踢角球，是球队的一大进攻性武器。哑铃屈臂上举这项运动与掷边线球相似，这项练习可以促使人成为一个球队的掷边线球专员。

7. 对向滑轮扩胸训练

(1) 对向滑轮扩胸训练步骤：这项训练通常需要专门的器械完成专门的拉

伸动作。保持站姿，背对器械。双脚虚立，身体略前倾。

向后过肩上举，正手抓握缆绳把手，双臂向后伸展，微微屈肘。做这个动作时想象自己是一只展翅飞翔的鸟。

吸气，双臂同时向内用力，直到双手相碰；双手相碰呼气。运动时尽量不要改变屈肘的角度。

慢慢将双臂还原到起始位置。在上举时保持对身体的控制，因为很容易被重力牵引。

（2）对向滑轮扩胸训练锻炼的肌肉：

主要肌群包括胸大肌和胸小肌。

辅助肌群包括抓握把手的前臂肌群和肩胛平衡肌群（前锯肌、大菱形肌、小菱形肌和中斜方肌）。

（3）对向滑轮扩胸训练对足球训练的影响：有人提出足球运动员可以用力量训练做足球专业训练的补充。这样来说，运动员进行一些锻炼肩部和臂部大部分肌肉的复合训练就可以了。但是，肌肉参与了一些动作的完成并不意味着这些肌肉就得到了锻炼。例如，通常情况下仰卧推举并不能锻炼到胸大肌上部的重要部位。因此，一个完善的补充力量训练方案应该包含不同的练习，以便对尽可能多的肌纤维产生影响。对向滑轮扩胸运动是强健大部分胸大肌的绝好选择，也是激发胸小肌力量的不二之选。胸小肌位于胸大肌之下，嵌入三角肌起始区域下面的肩胛骨上。胸小肌在运动时稳定肩胛骨。稳固的肩胛骨对于提升肩部功能意义重大，同时，也在跌落着地时对肩部起到保护作用。推举运动围绕肋骨的曲面活动肩胛骨，是胸小肌专门控制的动作。

8. 蝴蝶式扩胸训练

（1）蝴蝶式扩胸训练步骤：适当调整座位，使上臂大致与地面平行。

张开双臂，并屈肘。

将双肘和前臂置于平板上，正手抓握把手。不需要将把手抓握得太紧。

将双臂向内靠拢，停住动作片刻，然后将双臂还原到初始位置。

（2）蝴蝶式扩胸训练锻炼的肌肉：

主要肌群包括胸大肌、喙肱肌和前三角肌。

辅助肌群包括肩胛稳定肌群、旋转肌群（肩胛下肌、冈上肌、冈下肌和小圆肌）和肱二头肌。

（3）蝴蝶式扩胸训练对足球训练的影响：这项训练是锻炼胸部主要肌肉的又一选择。许多运动员误以为辅助练习应该专门针对足球运动，用某些形式的阻力来模拟运动动作。进行辅助力量训练是在尽力强化全身体能，并不仅仅是运动中的某一个动作。针对肩部和背部的练习，将有益于站位和控球，需要针对主要胸部肌肉的辅助训练来平衡。拮抗肌间的力量不均衡是导致关节损伤（包括肩部损伤）的一项风险因素。

第四节　校园足球运动员的群体凝聚力培养

运动团队凝聚力（sport group cohesion）是运动团体成员之间心理结合力的总体，是运动团体成员在目标、情感和行为上的整合力量，它深刻地影响着体育训练效果和比赛成绩。研究中国新时代校园足球运动的可持续发展，离不开对新时代校园足球运动员的群体凝聚力的剖析与探索。

一、群体凝聚力概述

（一）凝聚力的概念

对于这个词语的定义，在20世纪30年代就有一定的探讨，而且在相关学科里也有明确解释。凝聚力是团队成员心理精神方面一股无形的力量，有了这股坚定的力量，就可以使团队人们的共同外部力量转化成为内部的强大力量。

在一个团队里面，一些人会产生一股莫名的力量，这股力量促使他们为了组织共同努力，为了同一个目标共同奋斗；有了这股力量，这些人们就团结在一起，这股力量被称为凝聚力。这就是最初人们对凝聚力的定义，这个定义是从群体成员的方面来解释的，有了凝聚力就有了共同的坚定信念，有了共同的坚定信念就会将群体成员的目标和力量都集中在一起，共同朝着一个方向坚持。这个力量，也就是凝聚力，属于群体的共同属性。凝聚力就是在团队中共同工作，共同在工作中为了同一个目标努力，在工作中起着引领主导作用的力量。

不同的人对凝聚力有着不同的见解，只是角度和立场不同，所以就会有不同的关于凝聚力的解释。总体来说，Carron等学者对于凝聚力的定义提出来的解释，相对来说是很全面的（图4-1）。关于其解释，有三个不同的假设。

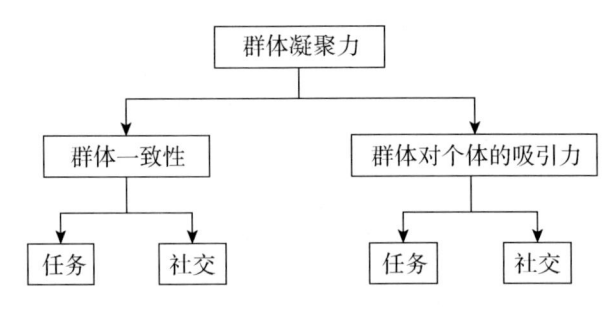

图 4-1　群体凝聚力的概念模型

首先，作为属性，凝聚力可以从团队里面各个成员的反映来考量评价。其次，凝聚力可以不断团结群体内各成员，还可以让团队成员拥有共同的理念信念。最后，团队内人员对于全体的反应表现在团队共同的目的目标和团队的社会交际、社会关系方面。通过这三个假设，可以产生四个维度，分别为群体任务吸引、群体关系吸引、群体目标相同和群体社交相同性。

除了以上四个维度外，凝聚力还具有其他特性。

第一，凝聚力一直都是有变化的，在发展的，不是瞬间的，不是静止的，是跳跃的、活泼的，会随着群体的发展而产生不同的变化，具有不同的内容性质。

第二，凝聚力也是一种利用工具，群体里用这个力量来达到共同的目标。正是有了这个力量，才可以让群体产生并发展。

第三，凝聚力源于人们的精神层面，具有主观情感，可以对群体的发展起到引领的作用。

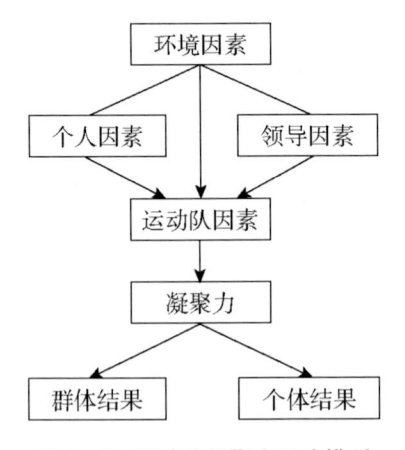

图 4-2　运动队凝聚力理论模型

因为之前的定义都没有清晰地指明凝聚力的定义方向，为了弥补这个不足，Carron 提出了一个关于凝聚力的解释的一般理论模型，如图 4-2 所示。这个模型涵盖了凝聚力的形成因素、产生结果和整体机构。形成因素包括四个方面：环境影响、个人原因、领导能力和团队整体质量。产生结果可以分成两个方面：整体产生的结果和个人产生的结果。这其中，不同的类别又受不同的细微因素影响和制约。

总体来讲，无论是大类别的影响还是细微方面的影响，都是由团队个人的感知情感产生的，也是由于人的认知不同，才会有不同的凝聚力动力来促进群体的发展。

除了国外的学者对凝聚力有研究外，我国学者也对凝聚力有着不同的认识。其中我国运动心理学者张忠秋觉得凝聚力在运动群体里的作用是将群体成员的目的方向、个体情感和运动活动三方面整体团结起来。管理心理学学者卢盛忠等认为凝聚力是一种吸引力，能够吸引成员组成群体，成为整体以后又会使个人之间相互吸引。其他学者，如马启伟、张力为等，对于凝聚力又有不同的认知，认为凝聚力是精神层面的总体结合；而且不单单是整个团体的凝聚力，还是个人的精神世界的力量。丁雪琴、殷恒蝉等认为凝聚力是掌控整个团队为了共同的目标共同奋斗的引领力量。管理学学者程正方等也对凝聚力做了解释：群体吸引个体，个体之间互帮互助的程度和力量。

无论有多少种定义，在我国都是以 Carron 的理论研究模型作为运动群体凝聚力的研究基础。这项研究又将凝聚力解释为：为了一定的目的，为了完成练习和达到比赛的结果，运动员自发主动地聚在一起，共同奋斗，不断努力达到奋斗目标的变化发展的过程。前后都是不同的关键注重点，前者是团队成员为了同一个目标共同奋斗的程度，后者是成员之间惺惺相惜、自动组队的程度。

（二）群体的概念

这里所说的群体，简单地说就是很多人聚在一起做事；复杂地说，就是不同的身份地位、不同的才艺本事、不同的学识成分的人聚在一起做事情的广大的独特的团队。群体里面的成员都是互帮互助、取长补短，有着相同的奋斗目标，有着共同的前进方向；同时又具有自己的决定和想法，并且是为同一目标行动的整体。

凝聚力的定义有着历史发展，同样地，团队的概念也有着不同的发展历史。在经济学领域，学者 Alchain 和 Demsmh 在 1972 年发布了一篇关于企业的论文，论文里面提出了对于团队的定义解释，这篇论文说生产、信息、费用与个人对团队效益的付出之间的关系是没有办法清晰计算的，而且也不能以个人之间单纯付出的综合来计算。除了经济领域外，人力资源管理领域也对团队做出了解释，认为工作团队要想优秀，就必须让团队成员全部有凝聚力、有创造力，自动自发地为了目标而付出行动。这同时也符合了管理学里面对于员工之间相互协作和互相支撑的哲学思想。除了这两个领域对于团队定义的探索，美国学者乔恩对于团队也有自己的理解，在他的《团队的智慧》这本书里面，将团队做了进一步的补充完善，也有让大家都认同的定义，即：团队就是成员之间互补互助，为了共同的方向、同一个目的共同奋进的正式的群体组织。从体育领域来说，卡伦就曾说过，体育团队就是运动中的成员在相同的制度相同的目的的引导下，共同完成运动任务的组织群体。

有了团队作基础，才能将成员之间的关系调动好，让成员更努力，利用组织的力量，来更加有效地完成团队的目标。团队想要成立起来，先把团队的精神世界确定好是国内外所有团队建设的重要基础。团队因为比较小体，相互间的凝聚力量更加强大，这就是团队和群体的不同之处，团队成员之间更加具有合作性。团队里面的成员必须相互合作，努力协作，但是群体不一样，群体不注重个体之间的通力合作。许多群体单位都需要建立团队，利用团队来达到目标，因为团队之间可以相互帮助协作，个体之间的技能也可以取长补短，这样能够更好地达到想要达到的目的目标。

图 4-3 为团队构成要素图。

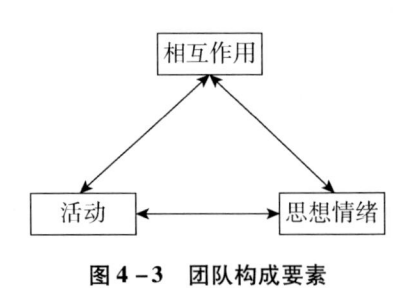

图 4-3　团队构成要素

团队有很多，类型也各式各样，团队大小也不一样。不同的团队具有不同的特点。纽约学者汤普森曾经根据团队成员间对于信息资源的交换程度的不同，对团队作业的相互依附性进行了三种区分，即集合互依性、次递互依性和循环互依性。通过汤普森的进一步研究，又对互依性做了进一步补充，就是增加了协同互依性，共计四种互依性。这种互依性，就是指团体成员之间相互依存、相互帮助的程度，这种特性足以让团队与个体和小群体区分开来。根据团队任务的相互依存程度的不同，可以将运动项目团队区分为四大类别，即几何形图案团队、次递型团队、循环性团队和协同性团队。

团队里面的成员就是团队角色，他们会在为了目标付出努力的时候带动成员之间的相互帮助和协作，这个过程中表现出来的活动和运动行为就是团队角色。成员之间的不同举动、不同地位都会对团队的成果有不同的影响，影响团队行为的活动能力和成效。团队里面的角色，可以从不同的方面来解释，首先，从人类社会学方面来说，角色是指具有一定社会地位的人的社会价值观、道德观，以及这个人的态度和行为运动能力的综合整体。与此同时，角色也是和这个人的背景身份有关联的。其中 Linkm 是这样解释角色的：个体在社会地位和社会身份中所表现出来的并且与他的身份地位相匹配的行为。从心理学的方面来分析，Biddle 又将角色解释为：由于自身的身份地位，想要达到相对应的目标，为了达到目标采取行动的过程中的反应，同时团队里面的任何一个成员的身份地位都是需要有其成员自身的期望的。同时，成员之间的身份地位不同，成员的性格情感魅力也不同。对个人自身的个性的预期就是角色的定义。

二、影响新时代校园足球运动员群体凝聚力的因素研究

（一）群体凝聚力量表的信效度检验

1. 群体环境问卷效度检验

通过群体环境问卷，可以更加广泛、更加全面地了解体育运动领域中群体凝聚力的问题，并继续加强或者改进。群体环境问卷（GEQ）注重的是成员自身对于群体凝聚力的自身感受，主要包括两大方面：一是成员是否能被群体力量所吸引；二是成员是如何看待理解整个群体的。这两个方面又可以单独划分为两个方面：一个是任务；另一个是社会关系，即社交。因而也会产生四个维度：群体任务吸引、群体社交吸引、群体任务一致性、群体社交一致性。其中，第一个维度指的是运动员对其所在的团体的任务、行动和团体任务目标的感受认识；第二个维度是指团队成员在团队内做的活动和主动参与行为想达到目标的程度及成员在与整体接触过程中的感受；第三个维度就是指成员对自身的认知，即与整体任务的共同点和联通点的感受认知。

2. 群体环境问卷信度检验

通过对群体环境问卷进行同质性信度检验发现，群体环境问卷（GEQ）科隆

巴赫 α 系数为 0.862，群体社交吸引、群体任务一致性两个分量表 α 系数为 0.869、0.857，Cronbacha 值大于 0.70 时属于高信度（下同），而群体任务吸引、群体社交一致性两个分量表 α 系数为 0.460、0.406，可能是量表题目较少、样本含量等原因导致信度系数较小。研究者认为其信度可以接受。

综上所述，群体环境问卷具有较好的信度和效度，所测得的数据资料可以用于研究。

（二）青少年足球运动员群体凝聚力综述

群体的凝聚力是群体团聚、联合、黏结的属性。足球运动队想要打赢比赛，就需要队内的运动员共同努力，一起接受足球训练，一起承受比赛压力，这样才能达到共同的目标。足球运动员的实际运动说明，除了队员的球技和踢球策略外，队员们的凝聚力对于球队的成绩起着非常重要的作用。足球运动是多人协力合作才能完成的，球员之间相互配合才能达到最终目的、完成比赛，这就体现出了凝聚力在球队中的重要作用，无可替代。

单因子多因素方差分析方法主要对一个自变量、两个以上因变量的检验起着很重要的作用，这里的因变量是一直变化、持续改变的；自变量为类别变量，是一个时段一个时段地变化的，属于间断变量。采用单因子多因素方差分析法，可以对不同年龄段、不同性别和不同训练程度的青少年足球运动员进行群体凝聚力的考量评价；同时也可检验凝聚力四个不同维度上是否有差异，以及存在的差异性是否达到显著水平。

检测结果表明，我国青少年足球运动员的群体凝聚力较高，男子运动员的凝聚力比女子高。随着年龄增长，青少年足球运动员的凝聚力先升高后下降，在 15～16 岁达到最高值；在训练年限方面，3～4 年训练年限的运动员凝聚力最高。

三、新时代校园足球运动员的成就动机研究

成就动机（achievement motivation）就是说在完成任务的同时，想要全力达到目标的精神思想上的动力因子。也就是指个体愿意去做、自愿去做，并且认为所做的事情有价值有意义，为了达到事情的目标而做出全部努力的一种无形的推动力量。成就动机被奥伦特凯（T. H. OHendick，1977）归纳为："在广阔的环境背景中想要达到完美结果的期望和目的。"麦克里兰（McClelland）和阿特金森（Atkinson）也对成就动机做了新的解释："在拥有相对完善的标准的竞争当中对

成功的高度重视。"另一名学者罗森也有新的观点：一个人如果有野心胜过其他人，这个心愿就是它的成就动机。

想要达到个体的成就动机，必须依靠两种稳定的倾向，这两个倾向就是希望成功、害怕失败。这两个倾向想要共同起作用，就需要有特定的成就来对个体进行引导，这个指引者就是成就动机，也就是害怕失败、希望成功的结合体。如果比起害怕失败，更加希望成功的话，个体就会选择容易完成的任务，去达到希望成功的期许；相反，害怕失败大于希望成功的时候，个体就会选择比较困难的任务去执行，这样就算失败也可以归咎于任务难度大。前者就是为了成功，由成功支配；后者主要受控于失败。当两者趋于平衡的时候，个体就很难做出决定，故而犹豫不决。

1980年，日本心理学家松田岩男和他的同行组成了特别的团队，对于运动动机测试表进行了专业的研制工作。经过3年对运动动机测试表的内容、方式方法和信度等进行标准程序化检验，松田岩男等相关组织将这项测试表应用到了各种不同类型的运动项目当中去。我国叶平在《运动员的运动成就动机的差异》中测试了体育专业的学生和专业的体育运动员，并且从运动员的不同性别、不同的运动项目类别和运动员的不同运动水平方面进行了分析，得出了不同的运动技能竞争动机的特点。刘志云在《我国少年足球运动员的成就动机特征及模式》中，特别讨论了青少年足球运动员的成就动机的特点，并且根据不同等级的划分标准，阐述了不同的成就动机模式。同时，宋全征在《我国优秀田径运动员运动动机的量化研究》中，对比了不同性别和不同技术等级的运动员。结果显示不同运动员之间具有不同程度的差异。

从运动项目类别来看，足球运动需要团体合作才能完成，需要成员之间互相协作。有共同的成功愿望，运动员都是怀着成功的期望进行比赛的，有了这个愿望，才能更好地投入，全身心地、自主自动地进行比赛。各项研究表明，具有较高的成就动机的个体，无论从事何种工作，都具有高度的求胜心理，也都希望去完成高难度的任务，这样的个体会积极主动地去工作；而且，这种个体认为成功与否都是取决于个体本身能力强弱程度。所以当他们面对失败的时候、面对困难的时候，都会表现得更加坚强、坚定，这样的运动员正是我们想要的。

（一）运动员成就动机量表的信效度检验

1. 运动员成就动机量表的效度检验

采用成就动机的问卷调查，可以有效地得到运动员对于比赛和训练的渴望成功的内部动力因子。此处采用的是杨勇修订的《运动成就动机量表》，通过这个量表来检验运动员的成就动机。此量表共涉及23个项目、2个分量表。项目用来测量成就动机，分量表用来测量避免失败动机。追求成就动机就意味着不断坚持奔向目标；避免失败动机意味着并不参与成就行为，全力脱离失败。可以运用 Likert 5点（从"非常同意"到"非常不同意"）量表进行评分。

经过专业的运动教练和足球专家的研究，并配合多位心理学博士和专家的意见，可以得出结论，那就是运动员的成就动机问卷，对于青少年足球队伍的研究与使用也同样具有作用。采用 AMOS 17.0 对运动员的成就动机调查问卷进行深度研究，通过验证结果可以得出如下结论。

从验证性因素分析的结果来看，卡方自由度比值（x^2/df），小于3，表示模型适配度良好；运动员成就动机量表测得的值为 2.171 < 3，表示模型适配良好。PGF1 的值大于 0.5，其他指标 AGF1、T11 的值均大于 0.90。有个别值（GFI = 0.881、CFI = 0.854、IFI = 0.871）略小于 0.90 但也都非常接近 0.90，RMSEA 值为 0.079，小于 0.08，可见虽然模型拟合程度未达到特别理想的程度，研究者认为模型尚可以接受。另外，评价测量模型的主要指标还包括每个观测变量在潜变量上的负荷。分析每一题项的因素负荷发现，每个观测变量在相应潜变量上的负荷在 0.48 ~ 0.73，说明每个观测变量对相应的潜变量的解释较大。

纵观以上指标，得出运动员成就动机问卷的双因素模型结构得到了数据的验证，基本上处于可以接受的范围。

2. 运动员成就动机量表的信度检验

对成就动机问卷进行同质性信度检验，其结果如表 4-1 所示。可以看出，AMS 科隆巴赫 α 系数为 0.766，其中追求成就动机（Ms）、避免失败动机（Mf）两个分量表 α 系数分别为 0.871、0.849，依 Cronbach α 值，当不小于 0.70 时属于高信度。

表 4-1 运动员成就动机问卷同质性信度检验表（$n = 351$）

指数	项数	科隆巴赫 α
AMS	23	0.766
Ms	13	0.871
Mf	10	0.849

综上所述，成就动机问卷具有较好的信度和效度，所测得的数据资料可以用来供研究使用。

（二）成就动机研究分析

1. 成就动机的总体情况概述

由表 4-2 可以看出，我国青少年足球运动员在成就动机的两个维度中，追求成就动机（Ms）的得分（3.89）比避免失败动机（Mf）的得分（2.74）要高。这说明我国青少年足球运动员对取得成功具有更稳定、更长期的兴趣，追求成功的动机高于回避失败的动机。通过不断研究得出结论，成就动机和人的胜负欲望是相通的，也就是说一个人胜负的预估水平如何，关系着成就动机的水平。通常来讲，成就动机越强，想要做的事情越难，这是因为越难的事情越具有挑战性，也更能满足这个人想要成功的心理。

表 4-2　我国青少年足球运动成就动机各维度平均数、标准差一览表

序号	维度	M	SD
1	Ms	3.89	0.64
2	Mf	2.74	0.83

成就动机是一个社会性的动机系统，比较复杂，不但具有较深的人格特质成分、价值观念成分，还有原因方面的情景性成分，因为成就动机的构成比较复杂，所以造成了成就动机的复杂性。就培养成就动机而言，首先应该在科学理论的指导下；其次需要结合有效的自我监控和行为指导，通过系统安排适宜于不同层次成就动机的具体训练，使人看到自己的进步，并且体会到努力后的成就感；最后通过成功唤起个体情感的积极反应，才能从根本上改善其成就目标、成就行为及其结果。

2. 不同性别的成就动机分析

从表 4-3 可以看出，不同性别青少年足球运动员的追求成就动机（Ms）（$F=3.14$，$P=0.077>0.05$）未见显著性差异；避免失败动机（Mf）（$F=5.09$，$P=0.025<0.05$）达到显著性差异，这说明在追求失败动机维度上不同性别青少年足球运动员存在显著性差异。从表 4-4 可知，女运动员的避免失败动机的得分（2.85）比男运动员高（2.66）。根据成就动机得分公式（成就动机得分 = Ms 分量表的得分 - Mf 分量表的得分），得分越高，说明成就动机水平越高。

表4-3 不同性别青少年足球运动员成就动机主体间效应检验

变异来源	因变量	Ⅲ型平方和	df	均方	sig	偏Eta方
性别	Ms	1.27	1	1.27	0.077	0.009
	Mf	3.48	1	3.48	0.025	0.014

表4-4 不同性别青少年足球运动员成就动机各维度差异描述统计量

维度指标	男			女		
	M	SD	N	M	SD	N
Ms	3.94	0.69	197	3.82	0.56	154
Mf	2.66	0.9	197	2.85	0.72	154

所以，我国青少年足球男运动员的成就动机比女运动员高。这一结论与叶平（1997）的结论是一致的，在性别差异方面，男运动员的获胜愿望高于女运动员。造成这种差异的原因是多方面的，包括生活条件、教育水平、家庭背景等各种因素的影响。自古以来，我国对于男女地位就有着不同的看法和偏见，更多的是重男轻女，认为男性是家庭的主导者，是支撑者，是家庭经济的主要来源，因此更加强调男性工作的重要性。相反，女性多为相夫教子，对于事业不是十分看重。因为男女社会地位不同，对于男女的要求也不一样。比如男性更勇敢，女性更温柔，男性更容易突破困难，更容易成功。女性避免失败的得分要显著高于男性得分，是性别角色的刻板印象、性别歧视以及性别角色社会化等种种社会力量共同作用的结果。

3. 不同年龄的成就动机分析

从表4-5情况来看，运动成就动机的不同维度随着年龄的增长表现出不同的变化特点。其中追求成就动机（Ms）随着年龄的不断增长，得分（$U-15=3.96$，$U-16=3.91$，$U-17=3.88$，$U-19=3.74$）逐渐降低；而避免失败动机（Mf）随着年龄的不断增长，得分（$U-15=2.86$，$U-16=2.73$，$U-17=2.63$，$U-19=2.77$）呈现先降低后升高的变化特点。

表4-5 不同年龄青少年足球运动员成就动机各维度描述统计

维度指标	15岁以下			15~16岁			16~17岁			17~19岁		
	M	SD	N	M	SD	N	M	SD	N	M	SD	N
Ms	3.96	0.61	62	3.91	0.66	185	3.88	0.53	58	3.74	0.68	46
Mf	2.86	0.84	62	2.73	0.83	185	2.63	0.82	58	2.77	0.8	46

4. 不同训练年限的成就动机分析

根据青少年足球运动员参加足球专业训练的时间长短将其分为三个组别：第一组为训练 1~2 年组、第二组为训练 3~4 年组，第三组为训练 4 年以上组。为研究不同训练年限我国青少年足球运动员成就动机之间的差异，运用单因子多因素方差法（MANOVA）对不同训练年限的青少年足球运动员成就动机情况进行统计分析。表 4-6 结果显示，不同训练年限青少年足球运动员在成就动机方面未见显著性差异。

表 4-6　不同训练年限青少年足球运动员成就动机各维度描述统计量

维度指标	1~2 年 M	1~2 年 SD	1~2 年 N	3~4 年 M	3~4 年 SD	3~4 年 N	4 年以上 M	4 年以上 SD	4 年以上 N
Ms	3.88	0.58	100	3.93	0.66	183	3.8	0.66	68
Mf	2.88	0.73	100	2.68	0.88	183	2.71	0.82	68

总之，青少年足球运动员随着训练年限的增加，运动成就动机未发生显著性变化。因此，运动训练年限尚不是一个检验运动成就动机差异的变量。

第五章　现代足球发展大环境中校园足球发展战略分析

足球运动作为世界第一运动，它所拥有的健身性、娱乐性和教育性等特点使其非常适合在校园中开展。为此，在2015年我国将足球改革的重点也放在了开展校园足球和培养青少年足球人才方面。而从足球运动规律来看，校园足球运动的发展不能仅仅是一种单一的、随机的模式，它的发展需要在一个系统的、科学的体系内进行。因此，本章就重点研究我国校园足球运动的发展战略问题。

第一节　校园足球开展的实践分析

校园足球作为一项在校园发展足球的政策，一经提出就得到了广泛的支持。开展校园足球运动，使足球运动回归教育，这一举措有利于促进我国足球运动及足球教育的发展。本章着重对我国校园足球运动开展情况的调查进行分析，主要阐述开展校园足球运动的必要性和紧迫性、校园足球运动开展的硬件设施现状、师资力量现状以及校园足球运动的教学与训练现状。

一、开展校园足球运动的必要性和紧迫性

（一）校园足球的发展历程

我国校园足球运动的发展经历了以下三个阶段。

1. 萌芽阶段

我国校园足球运动发展的第一个阶段就是萌芽阶段，在这一阶段中，出现了一些比较突出的系列比赛，如"希望杯""幼苗杯""萌芽杯"等。在20世纪80

年代初期，团中央、国家教育部以及原国家体委共同下发《在全国中、小学生中积极开展足球运动的通知》（以下简称《通知》），该《通知》要求在学校按照不同的年龄阶段划分来组织足球比赛：6~11岁年龄阶段的学生参加"萌芽杯"足球比赛；12~14岁年龄阶段的学生参加"幼苗杯"足球比赛；15~16岁年龄段的学生参加"希望杯"足球比赛。

当时，校园足球活动的开展对学校有着巨大的吸引力，全国足球发展较为先进的城市中，有1000多所学校积极参加此项活动。然而，因为有些学校的参赛队单纯重视比赛成绩，经常通过运用行政命令来把所在地市的优秀足球运动员集中起来，使之作为一些学校的参赛队来参加比赛，获取优异的成绩，这一行为严重影响了比赛的公平性，也挫败了其他学校参加足球比赛的积极性。因此，仅仅持续三年之后这项比赛便不再存在。尽管足球比赛消失不见，但是一些地区的青少年业训工作仍然在有序地开展。可以说，20世纪80年代校园足球运动的萌芽与兴起为当代我国足球运动的发展奠定了一定的基础。

2. 停滞阶段

我国足球运动的发展随着足球职业化进程的加快而迅速进入了一个新的发展时期。然而，从校园足球运动自身的发展情况来看，其开始进入一个停滞发展的阶段。这主要是因为职业俱乐部对一线足球训练比赛队投入了大量的精力与支持，几乎不再重视青少年校园足球运动，也不再继续为青少年足球运动而投入。与此同时，一些办学质量参差不齐的足球学校在社会上不断涌现，这些学校大部分都是为了收取高额的学费，很少将注意力集中在对学生足球竞技水平的培养上，这些足球学校在建立初期出现了一段时间的蓬勃发展，但之后便停滞不前，发展受阻。这一时期严重影响了我国足球运动的发展，"业体校—省队—国家队"是原来经过几十年才建立起来的三级训练体系，这一体系在停滞阶段完全崩溃，最终解体。此外，注册青少年足球运动员的人数不断下降，中国足球的发展面临着尴尬的处境。

3. 快速发展阶段

为了促进我国足球运动整体水平的不断提高，促进学生身体素质的全面加强，国家体育总局和教育部在2009年共同下发了《关于开展全国青少年校园足球活动的通知》（以下简称《通知》），该《通知》要求，对城市的各中小学校进行严密布局，使这些学校积极支持并全面实施开展校园足球运动，建立从小学阶段到高校时期的各级各类比赛，并使之不断趋于完善，将足球理论知识与实践技能在青少年学生中进行广泛宣传与普及，创建健康文明的校园足球文化，加强对青少年足球后备人才的科学培养，使后备人才全面发展足球素养，并且突出自身的特色。为了响应《通知》的要求，还制订了相应的"实施方案"，该实施方案对开展全国青少年校园足球活动的一些重要问题进行确定，如确立了指导思想、制定了开展各级足球竞赛的目标与任务、成立了组织机构、制定了工作方针，对学校招收学生的资格和要求也有所明确，并出台了经费管理等政策。同年，在世界范围内，国际足联（FIFA）第一次提出了"草根足球发展计划"，这一国际性的足球发展计划中包括了我国将足球运动向广大中小学生进行普及与推广的工作。

2009年5月，国家体育总局经过研究做出决定，为了解决校园足球活动开展的经费短缺问题，从体育彩票公益基金（向社会募集）中每年提取4000万元，作为解决这一问题的重要举措。这些资金为顺利开展校园足球运动提供了物质保障，其用途是极其广泛的，如对足球运动器材与联赛硬件设施加以补充、建设足球运动场地、为学生缴纳保险金、专业培训相关人员、对训练营和足球文化节进行组织与实施、对足球运动加以宣传与推广等项目，这些专项开支都有利于校园足球活动开展的顺利进行。

在毛主席题词"发展体育运动，增强人民体质"的57周年纪念日（2009年6月10日），全国青少年校园足球活动的启动仪式在国家体育总局和教育部两部委的协调配合下顺利举行，全国青少年校园足球活动工作领导小组这一相关领导机构也开始成立。开展校园足球运动这一工作的主要目的是使青少年学生的足球竞技水平在体育与教育协调配合发展的条件下不断提高，同时也是为了促进校园足球运动文化的创建。班级与学校之间的足球联赛是开展校园足球运动的主导，校园足球活动的开展同时也是依托对青少年足球运动员的培训而进行的。

2009年10月14日，山东青岛开始首次举办全国青少年校园足球活动中的小学、初中足球联赛。出席这一联赛开幕式的有刘延东（时任中央政治局委员、国务委员），其为全国第一批校园足球布局城市（44个）亲自授牌，在随后的足球工作座谈会中，刘延东也有参加，并且在会上发表了重要讲话。

由上述可知，中国体育和教育部门经过共同合作对足球的普及与推广，为校园足球甚至全世界足球的发展都产生了积极的影响与作用。鉴于此，国际足球联合会在2009年12月21日，对中国体育和教育部进行了表彰，将"足球发展奖"授予中国足球协会。

2010年6月25日，浙江杭州举行全国校园足球论坛。

2010年12月，大连举行全国青少年校园足球工作座谈会，一些重要人物在此次座谈会上发表了重要讲话,如刘鹏(时任国家体育总局局长)、蔡振华(时任国家体育总局副局长)、刘利民(时任教育部副部长)、韦迪(时任足球项目管理中心主任)都作了重要讲话,讲话内容主要是对下一时期开展校园足球活动工作的重点进行明确。

2011年7—8月,在中国足球协会的领导下,10期男女足夏令营活动(男足有6期,女足有4期)在一些试点地区举办,如成都、青岛、潍坊、西宁、香河、清远、秦皇岛等地,在这几期次夏令营活动中接受培训的有1588名小学生。足球夏令营活动的开展极大地促进了校园足球运动的发展,促进了我国青少年足球竞技水平的不断提高,从宏观角度来看,其也促进了我国足球事业的发展。

(二)开展校园足球运动的必要性和紧迫性

1. 发展我国体育事业的要求

胡锦涛曾提到:"体育发展的目标是从体育大国向体育强国迈进"。由这句话可知,国家重视足球发展的程度是不容小觑的。我国足球运动的可持续发展离不开校园足球活动的开展这一基础与依托。国家对足球发展的重视还体现在,中国足球协会对中国青少年足球"十二五"发展草案(征求意见稿)进行了特别制定。综上所述,青少年足球运动与校园足球活动的发展引起了我国政府的高度重视。

2. 改革体育教学模式的要求

在足球教学的传统模式中,足球课程的中心与重点是足球运动技术教学,这一模式对课堂结构过分强调,使教学模式不能适应素质教育所要求的教学目标与任务,这也使得足球教师与教练员的创造性在无形中受到了不良影响,使足球课程形式单调重复,使学生对足球运动的求知与求学的积极性受挫。而校园足球活动的开展是将教学与体育完美结合,有利于体育教学模式的创新发展。

3. 促进青少年全面发展的要求

足球运动的相关活动和竞赛的长期开展以及校园足球运动的不断推广与普及,使学生的运动意识和健康意识在潜移默化中形成,促进学生良好生活习惯的养成,这不但有利于学生身体素质健康水平的全面提高,也有利于促进学生和谐发展自身的德、智、体、美、劳等品质。

二、校园足球运动开展的硬件设施现状

（一）校园足球运动开展的总体现状

对校园足球运动开展总体现状的调查与研究主要以全国中小学为例进行说明。

1. 对开展校园足球运动的认识不足

目前，据不完全统计，我国中小学学校数量有 30 多万所。校园足球活动的相关计划被提出之后，开展这些活动的 30 多万所学校中仅有 2200 所。这一数据表明开展校园足球运动的比率十分低，造成这一局面的主要影响因素有各地经济发展存在差异和学校、家长及中小学生对这一活动的认识不足等。足球运动这一体育项目具有一定强度，有时需要通过身体对抗才能完成，学校和家长经常会担忧学生因为参加足球运动而引起一些运动性的损伤或疾病，也担心这一运动会影响学生的正常学习。此外，校园足球运动的开展目的是提高学生的身体健康水平，还是对中国足球后备人才进行培养，这一问题没有得到明确，存在着两级分歧。校园足球运动的开展进程滞后就是在很大程度上受到认识不足的制约。几千年来，由于对"万般皆下品，唯有读书高"的价值观十分推崇，体育活动在学校教学中难以提高地位与影响力就是受这一价值取向的影响。一些学校为了达到提高升学率的目的，经常占用体育课的时间，用这部分时间来督促学生学习文化课程。这种情况直接导致校园足球活动的开展只是一句口号，只是空谈，没有切实的行为来支持与参与这一活动。

2. 资金投入不足

为了使校园足球运动得以顺利启动与快速发展，我国各级政府主导部门不断投入大量的资金来给予其一定的保障。每年国家体育总局都会从体彩公益金中提取 4000 万元作为开展校园足球运动的活动经费。然而我国是一个人口大国，这部分资金所发挥的作用仅仅是引导、奖励、资助及保障。2009—2013 年，全国有 2200 多所中小学参与了校园足球活动，有超过百万的参与人数。通过粗略计算可以得出，参与校园足球活动的中小学学生每人每年仅仅能够获得 40 元的资助，随着消费水平的日益高涨，40 元的资助都无法购买一双足球鞋。

如今，校园足球活动的开展过程中，最为突出的问题是对建设足球场地的投入问题。截至2012年底，中国足球协会已经投入500万元的资金用于西部地区（四川、云南等）城市开展校园足球活动的10个布点学校的建设，在这10个布点学校中，3块标准足球场与15块5人制足球场（共计18块足球场）得以建立。

校园足球运动的开展面临着资金短缺的问题，仅仅由国家体育总局和中国足球协会投入资金是无法解决的。校园足球运动的开展离不开全国各省市以及社会各界力量的支持与贡献，加强各方力量的集体协作才能使校园足球活动的持续开展得到保障。

3. 政策保障不足

尽管近些年与校园足球有关的一些政策与文件开始出台，然而校园足球运动的开展依然受到政策无法落实或实际困难等的制约。在这些问题中，各种政策性问题如校园足球教练员的角色地位、工资补助、准入要求、培训等较为突出。因此对校园足球运动开展造成影响的制约因素中，体教部门的关系不和谐是关键。

国家体育总局和教育部发起了校园足球活动，对这一活动的宣传与推广离不开地方体育局和教育局的合作与贡献。然而，从目前的实际情况可知，地方体育局和教育局仍是两个互不干涉的独立部门，没有建立二者的协同合作机制。足球比赛或者由体育部门这一独立的系统组织，或者由教育部门这一独立的系统组织，二者几乎没有交集。教育部门主要负责管理学校体育，体育部门主要负责管理竞技体育，校园足球活动的开展需要这两个独立的主管机构团结协作，发挥合力的作用，同时也要有明确的分工，对优势资源进行积极整合，这一需要要求对二者的合作联动机制进行建立。倘若这一合作机制无法建立，就不能保障校园足球活动的顺利开展与持久发展。

4. 教育部门与体育部门之间的关系协调问题

校园足球活动开展的实践过程中，教育部门与体育部门之间的冲突日益明显。一方面，因为体育与教育两个部门属于两个不同的系统，二者是相对独立的关系，长期以来都没有密切的沟通，二者的独立关系也使校园足球运动在开展中出现了许多矛盾与问题。因为足球比赛的安排通常比较少，因此就阻碍了中小学生通过参加比赛而提高自身的实战能力与技术水平。此外，学校中还出现了足球教师和教练员职称分属不同序列的现象，这就极大地浪费了学校的师资，这种问题对校园足球活动的开展具有制约作用，同时对我国青少年足球的发展也有不利影响。

一些青少年足球运动员的竞赛水平有限，而且难以在比赛中发挥正常的训练水平。针对这种问题，还没有十分有效的解决措施，这一问题的解决也不是单独依靠几个部门就能够独立完成的。校园足球活动的长远发展需要依靠社会各方面力量的集体参与，尤其是要加强体育部门与教育部门的集体协作。

5. 校园足球的关注度较低

我国足球运动的发展水平低下属于一个社会问题，解决社会问题需要借助社会各方面的集体力量。校园足球运动的开展受到制约这一问题不仅仅关系到体育部门与教育部门两个系统机构，不是说只要这两个部门集体参与就能够解决这一问题。

尽管很多人都意识到，培养足球后备人才能够促进我国足球竞技水平和成绩的提高，然而校园足球活动的开展并没有引起社会各方面的广泛关注。所以要使校园足球运动的开展得到保障，需要使青少年校园足球活动融入整个社会的系统发展中。

（二）校园足球运动开展的硬件设施现状

1. 全国校园足球运动开展的硬件设施现状

足球运动这个体育项目对场地与器材有着较为严格的要求，如果场地与器材不达标，就不利于足球训练实践的开展，而且容易使运动员发生运动损伤。我国十分重视校园足球活动的开展，国家体育总局也对此相应地不断增加投入，专门有用于校园足球开展的经费，尽管如此，我国校园足球的硬件设施尤其是场地的缺乏问题仍然严峻。

制约校园足球运动开展的主要原因中包括我国严重缺乏足球训练场地这一关键因素。我国足球场地有限，而且大多数场地都在高校校园集中，标准的足球场在中小学特别是小学几乎没有。目前，大部分中小学的足球训练场地都是与其他运动设施相混合的，而且足球训练设施十分陈旧，长期不会换新，这种情况严重制约了学生足球运动水平的提高，也无法达到开展校园足球活动的目的，因此改善校园足球场地与设施十分必要。

2. 地方校园足球运动开展的硬件设施现状

对地方校园足球运动开展的硬件设施现状的研究主要以一些个别地区为例来

说明。

首先，以济南市为例进行分析。济南市校园足球办公室向本市所有布局学校分别发放了30套足球装备和50个足球。此外，本市一些试点学校还有大小不一的足球门、足球墙以及足球网等配备设施。据有关调查，大部分学校比较满意目前的足球器材状况，这些学校一致认为校园足球活动因为这些配备的足球器材而得到了顺利的开展，校园足球队训练的需要也因此得到了满足。济南市的试点学校中，很少有人认为现有的足球器材难以使校园足球运动顺利进行的。从这一点能够得出，济南市校园足球活动的开展在硬件设施方面已经达到一定的标准，这为校园足球活动的正常运行创造了良好的基本条件。

随着经济的不断发展，土地资源的价格也日益上涨，这是校园足球运动场地出现短缺的直接原因，也是对校园足球运动的发展造成制约的因素之一。由于足球场地的使用费很高，所以青少年学生很难对其进行使用，也影响了其足球训练水平的有效提高。

我国正规大型足球运动场地很少。据调查，北京市有接近100个足球场地是对外开放的，这些足球场地中，属于中小学活动场地的只有11个，剩下的大都属于高校的活动场地。广州市有大约50个足球场地是对外开放的，属于中小学活动场地的也只有10个。当然，不能否定安全因素是造成中小学足球场地对外开放率低的主要原因。然而，在安全问题得到保证之后，政府与教育部门就要考虑对开放场地提出更高的要求了。对于体育部门来说，由于资金与土地资源有限，所以不可能对足球场地不断进行新建。足球场地的标准占地面积大约是7140平方米，5人制或7人制的标准足球场大约需要968平方米的占地面积。对这些大面积的足球场地的建设需要投入大量的资金。而且在对足球场地进行建设中还要涉及行政审批和基础配套建设等一系列的相关问题，这些问题的解决也是需要消耗大量人力、物力以及财力的。

三、校园足球运动开展的师资力量现状

本节对校园足球运动开展的师资力量现状的研究同样以中小学为例进行详细分析与说明。

（一）校园足球师资的相关概念

校园足球师资指的是对学生进行足球指导、教育、训练、管理以及宣传等相

关工作的队伍。学生参与足球运动的积极性、足球训练与学习的水平与质量以及足球竞技水平的提高等从一定程度上来看，受到以下几种因素的影响甚至是决定性的影响：学校师资队伍的结构与专业素质，学校人才培养的理念、模式以及方法等。所以，在校园足球活动的开展过程中，足球师资所发挥的作用是巨大的。

目前，中小学校园足球活动开展过程中涉及的师资主要有三类人员，即足球教师、教练员以及指导员。

1. 足球教师

足球教师指的是接受过专业足球教育与训练而且能够在学校中将足球知识与技战术传授给学生的体育教师。足球体育教师主要负责促进学生身体素质的发展，使学生对足球产生浓厚的兴趣并积极参与其中，促进学生足球技能水平的不断提高。作为足球教学的主导者，足球教师主要负责足球教学与训练工作，是组成中小学足球师资队伍的重要部分之一。

在中小学足球教学的具体实践活动中，足球教师所掌握的足球理论知识必须科学且丰富，这样才能保证足球课堂教学与宣传活动的顺利进行。同时，足球教师也要掌握一定的足球技战术，这是保证足球训练活动开展与足球比赛水平提高的关键。

具体来说，足球教师的任务主要包括以下三点。

首先，足球教师要将足球专项运动的相关理论知识与实践技能传授给学生，使学生全面了解足球运动。教师还要负责学生对足球运动意识和价值取向的正确确立，激发学生对足球训练与比赛的积极参与，使其自觉主动地学习足球运动的知识，从而使学生树立对足球运动的"终身学习"理念，并使其养成良好的学习习惯。

其次，足球教师有责任决策新课程标准的实现，以学生的不同性别、年龄以及个性特点为参照依据，对足球课程、教学目标与任务、教学内容与方法、教学评价方法以及考核标准等进行科学合理的制定。在对学生的足球学习活动进行指导的过程中，要重点坚持的指导思想是"健康第一"，注重对学生意志品质的培养，使正确的体育观、人生以及价值观等在学生大脑中得以形成。

最后，普通教师的工作也是足球教师同样需要履行的职责，如对学生日常管理事务的负责，管好班级纪律，为学生进行思想教育工作，制造良好的学习氛围，做好开展足球教学活动的准备工作。

足球教师还要负责足球运动的科学研究工作，具体包括以下三点。

（1）撰写与足球相关的论文争取发表。

（2）参与编写足球运动相关方面的教材或著作。

（3）对校级、市级、省级、国家级的足球科研项目进行研究。

综上所述，足球教师的任务是繁重的，需要履行多方面的职责，这就要求足球教师要具备很高的综合素质能力。具体包括以下几点。

第一，职业道德和专业修养水平要高。

第二，足球理论知识要丰富，同时要有很好的教学能力。

第三，足球技术水平与对学生的训练能力水平要高。

第四，要有较高的组织与管理足球运动的能力。

第五，要有较高水平的足球科学研究能力等。

第六，要具备良好的沟通能力和表达能力。

2. 足球教练员

足球教练员指的是在足球运动的训练实践中，对足球运动员直接进行培养与训练的足球工作人员。足球教练员需要具备的足球理论知识一定要丰富，其所掌握的技术水平与能力一定要高，并且对创新的足球训练模式与方法要有所了解，能够全面地对学生的思想意识、身体素质、技术水平以及品德素养等产生积极的影响作用，使学生对足球运动的掌握程度在原有的水平上不断加深。

在中小学足球教学实践中，足球教练员的主要职责是做好足球运动的训练与比赛工作，管理好球队，使学生的身心健康得到保证，并在此基础上促进学生足球战术水平与竞赛能力的提高，促进学生实战经验的丰富与能力的增长，从而引导学生在足球竞赛中获得良好的成绩，使球队的形象和学校的形象得以良好地树立，也为我国足球运动的发展培养高水平的后备人才，促进我国足球事业的繁荣与发展。所以说，中小学足球师资队伍离不开足球教练员这一支重要的力量，校园足球人才的培养质量直接受到足球教练员的影响。

由上可知，足球教练员需要承担多方面的责任，因此其在学校所充当的角色也是多元化的，具体如下。

首先，足球教练员主要充当的角色是教师，其需要以青少年的年龄、性格以及个性特点与足球基础水平为参照依据，对足球教学模式、内容以及方法等进行合理选择，促进足球教学质量和效率的有效提高。

其次，足球教练员的教师角色与足球教师有所区别，因此要求足球教练员不仅具有足球教师所具有的基础能力，而且需要具备其自身所特有的特殊能力。

其中，基础能力主要包括以下几点：控制球队的能力；对足球技能的掌握能力；计划、组织、实施和管理足球训练和竞赛的实践能力；对足球竞赛环境的适应能力。

特殊能力具体包括选材能力、拓展能力、科学研究能力等。这些能力对教练员提出了很高的要求，教练员首先必须是一名足球运动员，有着较高水平的足球技能水平，而且实战经验也要很丰富。教练员组织与管理训练及比赛活动的能力也要达到一定的水平，并且要对足球教学模式进行创新，要使训练氛围活跃，提高学生参与足球训练的兴趣与积极性。

最后，在校园足球的训练实践过程中，足球教练员要耐心解释学生在训练中出现的一些问题与解决措施，促进学生足球训练质量与效果提高，使学生具备足球的竞技能力。此外，足球教练员还要充当心理教师，做好学生的心理工作。例如，解决学生在训练中的心理疑问，对学生在训练中出现的不良情绪进行调节，针对不同的学生进行心理辅导等。

总之，中小学足球教练员在足球教学与训练实践中，其所发挥的作用是多方面的。所以，足球教练员要不断提高自身的足球素养，也要对自身的教学能力、组织与管理能力主动进行培养。与此同时，教练员也要尽职尽责，严格履行自己的职业与义务，为校园足球运动的开展贡献力量。

现阶段，担任我国中小学足球教练员的一部分是来自不同级别体育院校和师范类体育系足球运动相关专业的本科生与研究生，也有一些是来自高校足球队的运动员、俱乐部教练员或运动员等。后者的足球实战经验比较丰富，足球技能水平较高，这与中小学足球教练员的职位要求是相符合的。

我国足球教练员与足球教师比较而言，具有一定的等级制度。这一系统的等级制度使选拔与评价足球教练员的工作可以参考一定的指标来进行。具体而言，目前我国足球教练员主要分为五个等级，即职业级、A级、B级、C级以及D级。其中，职业级与A级足球教练员可以负责高水平与职业足球队的训练工作，B级足球教练员主要负责15岁以上青少年群体和成人业余群体的足球训练工作，C级与D级足球教练员主要负责14岁以下的青少年群体的足球训练工作。

目前，在中小学足球师资队伍中，足球教师与足球教练员是两个非常重要的组成部分，二者的背景、个性、作用与角色都是有所区别的。通常而言，足球训练与比赛是中小学足球教练员的主要工作职责，这两方面的职责主要体现在实践指导方面；而足球教师则侧重理论知识方面的教授，注重对足球运动的普及，并且从事相关的科研工作，主要是从理论方面培养足球人才。这两种师资力量所负责的侧重点是不同的，但是二者相对明确的分工也是存在一定缺陷的，因此二者要在教学工作中加强沟通与交流，汲取对方的优势，弥补自身的不足，共同进步，形成合力，促进校园足球乃至中国足球事业的繁荣与发展。

3. 校园足球指导员

校园足球指导员指的是具有校园足球指导员资格证书的足球教师或教练员，他们是通过参加足球协会举办的校园足球指导员的相关培训而获得证书的。校园足球指导员的足球技战术水平较高，而且具有一定的培训资格。

我国中小学中的专业足球师资比较缺乏，学校中设立足球指导员这一职责岗位就是为了解决这一问题，足球指导员还具有宣传与推广校园足球文化的职责。足球协会在资格上对校园足球指导员作了较高的要求，担任足球指导员的教师或教练员要取得 D 级以上足球教练员证书，或者要求其参加过校园足球指导员培训（由中国足球协会举办），并且要获得初级以上资格证书。在学校中，足球指导员也需要负责普通的足球教学与训练工作，然而其工作的重点与足球教师或教练员有所不同，其主要负责开展与实施校园足球活动，这就要求他们具有丰富的理论知识与高水平的足球技能。

在职责和任务上，足球指导员与一般的体育教师相比是存在差异的，主要体现在以下两点。

首先，在职责上，足球指导员主要承担组织与编排校园足球比赛的活动，对足球训练做出具体安排，对校园足球活动的开展进行计划与组织，并且代表学校参加校际足球联赛，这时就担任教练员的责任。

其次，在任务上，由于足球学习与训练具有一定的特殊性，这就要求足球指导员对学生的课余训练进行组织，在训练中挖掘足球人才。此外，也要对校园足球运动与文化进行推广与宣传。

综上可知，足球指导员与足球教师及教练员比较而言，其具有很大的工作量，并且其要具有较高的足球运动水平，运用自己所掌握的高水平知识与技能来引导学生对足球知识的学习、对足球竞赛与训练的积极参与，并且引导学生形成正确的足球思想观。此外，足球指导员的工作态度要好，责任心要强，管理与掌控能力要高，如此才能充分发挥自身的作用与价值，才能更好地指导日常足球训练及竞赛的工作，才能发掘与培养更多的足球后备人才。中小学校园足球的教学与训练能否取得较高的质量及效率，校园足球活动能否顺利进行与发展，这些都直接受到足球指导员是否具有较高的综合素质水平的深刻影响。中小学校园足球运动的开展与发展需要各级学校配备充足的足球指导员，这是校园足球活动可持续发展的必要趋势。

（二）校园足球运动开展的师资力量现状

下面对校园足球运动开展的师资力量现状的研究主要以河南省中小学为例来展开详细分析。

目前，在河南省有开封、洛阳、新乡和许昌4个校园足球省级布局城市。这4个校园足球布局城市与其他城市比较而言，其足球氛围较好、基础设施较为完备、推广较为普及，并且受到各级政府与领导的高度重视与关注。从2013年至今，校园足球活动在这些布局城市的发展取得了一定的成就，然而出现的问题也是很多的，这些问题具体包括社会、家长以及学生没有正确认识校园足球活动的重要性；足球活动开展的硬件设施不足；没有规范的组织活动，也没有足够的政策保障；尤为重要的是，校园足球的师资力量存在着许多较为严重的问题。

河南省各级政府部门以及教育部门十分重视中小学校园足球的开展，重视足球的教学质量与训练水平，因此就迫切需要解决足球师资队伍中出现的一些问题，需要重视对高质量以及高水平足球师资力量的建设与培养，使不同的师资力量能够在自己的岗位上全心全意地为校园足球运动的开展而贡献自己的力量，发挥自己的价值，保证中小学校园足球教学与训练的持续性发展方向。

然而，由于中小学校园足球活动的开展起步较晚，没有足够的足球师资队伍，而且一些师资力量并没有明确自己的职责，经常出现在工作中推卸责任的现象，此外也没有足够的足球教育机构，这些都使中小学校园足球活动的开展受阻。由于没有足够与完善的足球师资队伍，因此足球后备人才的培养就受到制约，学校开展校园足球活动的积极性也受到阻碍。所以，增加中小学足球师资力量并对其进行完善，是开展校园足球活动需要迫切解决的主要问题。

足球教师是促进校园足球运动宣传与发展的最直接的师资力量，校园足球开展的质量与效果直接受到足球教师专业技能水平的决定性影响。关于对中小学足球教师和足球教练员的要求，在《河南省校园足球行动计划》的通知（由河南省教育厅与体育局联合下发）中提出了以下三点要求。

首先，负责校内足球竞赛的足球教练员需要参加D级教练员的相关培训。

其次，负责足球实际竞赛的足球教练员需要获得D级以上的教练员资格证书。

最后，负责省级足球比赛的足球教练员需要获得C级以上的教练员资格证书。

具体来说，河南省校园足球布局城市中小学中足球师资力量的现状从以下几个方面表现出来。

1. 师资的主要来源

随着我国中小学校园足球活动的不断开展与普及，中小学生中喜欢足球、参与足球运动的人数越来越多。然而，校园足球的师资力量却没有得到相应的增加与完善。一些中小学在对足球教师进行选拔与聘任时，没有依据足球运动开展的实际情况来进行。这是中小学中足球教师力量比较缺乏的主要原因所在，这一问题对学生参与足球学习与训练的积极性造成了不利的影响。

目前，河南省中小学足球师资主要源于以下三个方面。

（1）来自体育院校和师范类体育专业毕业生。

目前，河南省开展校园足球活动的中小学中的足球师资队伍很大一部分来自体育院校和师范类体育专业。据调查分析，这些学校的整个足球师资队伍中有70%来源于此。这一部分足球师资在大学或研究生时期，参加过很多的足球训练与竞赛活动，也通过这些活动来不断丰富自己的足球知识与比赛经验，不断提高技能水平。大学或研究生学校也以促进其足球技战术水平的提高为目的精心培养他们，这主要体现在以下两个方面。

一方面，这部分师资在大学或研究生时期，学校将全面的足球理论知识及相关教育知识传授给他们，以使其足球运动的素养及内涵不断得到提高。

另一方面，学校将足球教学方法、模式、心理教育方面的理论与实践知识向其传授，并且将教师资格的培训与考试方面的内容也提供给他们，以使其毕业之后能具备一名合格足球教师所应有的基本素质。

然而，通过调查得出，河南省的校园足球布点学校中，有很大一部分尽管对单独的足球教师进行了设置，然而有很多足球教师并非是学习足球专业的，也有大量的其他体育教师来担任足球教师。而且大部分的足球兼任教师并没有受到过专业的足球培训，其所掌握的足球知识与技战术水平都是不专业的，甚至有一部分所谓的足球教师都没有掌握足球的基本知识，担任足球教师之后才开始有意识地学习足球技能，真正接受过足球专业培训的教师很少。

（2）来自足球俱乐部的教练员或运动员（退役）。

来自足球俱乐部的教练员或退役运动员的足球师资是学校主动聘请而来的，使他们负责学校的足球训练与比赛指导工作。这一部分师资的足球技战术水平较高，而且比赛经验也很丰富。他们在促进学生足球技能水平提高的过程中，充分运用了自身丰富的足球训练与比赛经验，这有利于学生向优秀足球运动员的发展。

目前，不仅中小学十分注重对俱乐部教练员与退役运动员的聘任，而且一些高校也十分重视将这部分师资融入自己的足球教学中。在如此激烈的竞争环境下，中小学中能够对足球教学与训练进行指导的退役运动员和教练员十分稀少，在整个足球师资队伍中，这部分师资不足10%。而且，这部分师资大都出现在一些具有优秀足球传统文化的学校，其他学校中很少，甚至没有。

（3）来自高校足球队的运动员和相关体育专业的学生。

高校足球队的运动员和相关体育专业的学生与第一类师资来源的学生比较，其最重要的目标就是促使自身足球技战术水平的不断提高，这部分学生长期在进行足球训练，参加过不同规模的足球比赛，对足球运动技巧有全面深刻的认识，对足球战术策略也有充分的掌握，而且通过比赛使自身的比赛经验也日渐丰富。此外，他们也十分注意与重视足球运动的训练技巧，对足球训练方法不断进行创新，而且能够灵活处理训练中出现的一些问题。与体育教育专业的学生相比，其所掌握的足球理论知识与实践技能水平都比较高。所以说，中小学足球师资力量中，这部分师资占据十分重要的地位。然而由于这部分师资的学历水平较低，而且综合文化素质也比较欠缺，所以他们中很少有获得相关资格证书的，这就导致具有高技能水平的运动员无法成为足球教师。

2. 师资的年龄

足球教师的足球教学经验能够从其年龄结构中直接反映出来，是否具有合理的足球师资队伍也可以通过其年龄有所反映。通常而言，教学经验丰富的足球教师，年龄比较大，能够很快地准确了解学生的个性特征、身体素质水平、对足球知识的需求以及足球学习的特点，并能够以此为参照依据，对足球教学与训练方法做出适当的选择。然而，年龄较大的足球教师也存在缺陷，具体表现在，这部分教师长时间都没有参与足球训练的实践活动，对最新的足球技战术方法与技巧较为缺乏，而且其与中小学生的沟通也会存在问题，会产生代沟，使学生难以从足球学习中感受来自教师的亲和力，其与学生的距离也就产生了，这对学生的培养效率与质量是极为不利的。

足球师资中有一部分是比较年轻的，即年龄比较小的，这些教师主要源于即将毕业或刚刚毕业的大学生或研究生。这类教师在大学或研究生时期接受过系统且专业的足球教育，长期进行足球训练，经常参加足球竞赛，所掌握的足球技战术水平较高，而且也有丰富的实战经验。与年龄较大的教师相比，他们与学生之间的隔阂与代沟较少，能够很容易地与学生进行沟通，使学生愿意主动与其沟通与交流。然而，这部分教师的主要不足是缺少丰富的教学经验，不能充分认识到学生的足球运动特点，选择的教学内容与方法也容易不恰当。

综上所述，中小学校需要对足球师资力量的年龄结构进行合理的构建，如此才能使不同年龄段足球教师的缺陷得到有效的弥补，并且能够有效地传承学校的足球教学理念、方法以及模式，以此来促进足球教学与校园足球活动不断向前发展。

目前，我国中小学开展校园足球活动处于初步发展阶段，足球师资队伍的建立与完善还需要经过一定的时间才能完成，所以，我国中小学足球师资中年轻化的趋势较为突出。

3. 师资的学历

足球教师的受教育程度和专业水平能够通过其学历体现出来，对足球教师的知识水平和教学能力的衡量也离不开学历这一重要指标。足球教师的科研水平与发展潜能一定程度上也能够通过其学历反映出来。对整个足球师资队伍结构的衡量主要是看足球师资中是否具有合理的学历结构，足球师资队伍的教学能力直接受师资学历结构的影响。在足球科研工作中，足球师资队伍能否取得良好的科研成绩，从根本上需要合理的师资学历结构做保证。

目前，校园足球活动在全国一些城市中得到了广泛的开展与普及，在这一背景下，尽管河南省校园足球布局城市的中小学的足球师资不断增长，然而，与足球发达国家的足球师资队伍相比，总体上我国依然比较落后。

据调查，河南省一些中小学的足球师资的学历大部分是本科以上，从这一点来看，其综合学历水平还是比较合格的。然而经过采取调查问卷的形式进行分析与研究之后发现，虽然教师大多数具有本科学历，然而其大都来自体育学院和师范类体育专业，尽管这部分师资的文化素质方面与足球专业运动员比较来说具有突出的优势，然而这些教师中有很大一部分没有接受过专业的足球训练，水平较高的足球教师学历又比较低，没有足够的足球教学与科研能力。校园足球活动的开展因为这种矛盾的存在而受到了严重的制约。

4. 师资的职称

中小学足球师资的学历水平、足球理论知识水平和科研能力能够通过其职称结构反映出来，足球教师将足球教学实践与经验向足球理论知识的转化能力也能够通过其职称结构反映出来，足球教师运用足球理论知识对足球训练实践进行指导的能力同样可以从其职称结构有所反映。所以，中小学足球师资队伍的职称结构能够综合表现整个足球师资的专业素养与教学能力。

目前，我国中小学足球教师的职称结构水平处于中低等阶段。据调查显示，我国中小学不同类型的足球师资中，没有取得任何职称的占20%，取得初级职称的占40%，取得中级职称的占30%，取得高级职称的占10%，如果用图形表示，这一职称结构呈现金字塔的形状。取得初级职称的师资所占的比例较大，取得高级职称的师资所占的比例较小。造成这一局面的主要原因之一是，许多中小学校的领导没有充分认识到足球运动的重要性，认为学生的升学率和上级的考核与足球教学无关，认为其存在是可有可无的。所以，在对教师的职称进行评定时，通常主要考虑文化课教师，所以使足球师资的职称总是处于较低水平。这个问题的存在使足球师资对教学内容与方法进行创新的积极性受阻，不利于培养与管理足球后备人才，甚至会影响足球教学工作的正常进行。

据调查，河南省中小学足球师资的职称评定情况也是存在问题的，在占到所有足球师资的33%的初级教师中，没有取得任何职称的教师达19%，而且只有9%取得了高级职称，其中取得职称的年轻教师很少，主要是因为年轻教师的执教时间较短，所以很难对其进行职称评定。在教师看来，职称是十分重要的，教师未来的发展与职称有很大的关系，其工资多少也与职称有直接的关联，甚至其生活水平和质量也受到职称的影响。倘若学校不能保证足球师资的基本生活，教师在足球教学中的积极性就会受到不良影响。因此学校要将足球教师评定职称重视起来，善于挖掘中青年足球师资，对优秀的足球教师进行重点培养，加强教师工作的积极性与主动性。

5. 师资中教练员的等级

足球教练员的训练水平和训练能力能够从足球教练员的等级中有所反映，对足球教练员专业能力的衡量离不开等级这一重要指标。足球竞赛活动的开展直接受足球教练训练能力的影响。合格的足球教师不但要把教学任务高质量地完成，还要积极组织和开展足球竞赛活动，科学指导学生的训练与比赛。

通过对河南省中小学的足球教师进行调查显示，这些足球教师中很多都是没有获得职业级和A级别职称的，这主要是由于通常获得职业级和A级别职称的足球教练主要负责成年队的训练工作，负责青少年的很少甚至没有。没有获得任何足球教练员资格证书的占大多数，这些足球教练大多数来自普通高校的毕业生，获得C级与D级足球教练资格证的仅占很少一部分。

6. 师资的运动等级

中小学是我国开展校园足球活动的主要场所，中小学生几乎没有任何的足球基础，足球教师面对这样的教授对象，需要在具体的教学与训练实践中，给学生详细示范正确的动作，使对各种足球技术动作都能够熟练地完成。要对足球动作的重点进行详细讲解，语言要简单易懂，使学生能够在活跃的学习环境中对足球基本技术动作进行掌握，足球教师的这些职责要求其要具备较高水平的足球运动能力。

足球教师的足球素养与能力，在相当的程度上是从其足球运动等级反映出来的。对足球教师执教水平进行衡量的指标中，运动等级是其中之一。

据调查，河南省中小学足球师资的运动等级普遍较低，尤其是那些毕业之后直接上岗的足球教师。一些足球教师甚至没有任何运动等级，只是在高校期间对足球专业进行了攻读。一些学生不满意足球教师的教学质量与效果，认为足球教师不具备较高水平的执教能力，不符合自己对教师的期望。由此可见，中小学要督促足球教师不断提高自己的业务学习能力，对足球师资的技术能力进行重点培养，促进其运动等级的不断提高，使其具备足球专项教师应有的足球素养。

四、校园足球运动教学与训练现状

（一）校园足球运动教学现状与发展趋势

1. 校园足球运动教学现状

足球运动具有很强的娱乐性，而且常年都适合开展这项运动，因此其在学校中具有较为广泛的学生基础。然而，目前我国校园足球教学依旧存在许多突出的问题，主要从以下几个方面表现出来。

（1）教学目标不合理。

目前，很多学校在制定足球教学目标的过程中，单纯对阶段教育比较关注，从而对终身足球教育就有所忽略，这与学校足球教学的国家目标是不符合的，而且足球教学目标中对相关的文字没有明确说明，对足球教学效果的说明也比较模糊，使足球教师与学生不明白足球教学任务完成之后，学生如何表现才能称得上是教学目标的实现。与此同时，足球教学目标中指标性的描述也是不足的，判断足球教学任务完成的标准也没有明确制定出来。这样的足球教学目标无法科学指导足球教学实践工作。

在足球运动的理论教学过程中，大部分学校将教学目标阐述为对足球基本理论知识、训练方法、竞赛规则等的全面掌握,然而教学目标如何才算是实现没有明确的标准,这样制定出来的足球教学目标只是形式而已。足球教师讲授足球基本知识、锻炼方法、竞赛规则仅仅需要几节课的时间,足球课的理论教学就这样在几节课后草草结束。而学生是否掌握了这些知识,掌握程度如何,没有明确的判断标准,也就无法对其进行合理测定。

(2) 教学内容与对象不符。

足球教学内容与教学对象不符主要体现在以下三个方面。

①足球技术动作是组成校园足球教学内容的最主要一部分。对这一内容的教授是为了使学生对足球各项技术进行全面而熟练的掌握,提高学生参与足球活动的兴趣与积极性,使其建立终身体育的观念与意识。但是,足球技术比较复杂,将其作为主要的教学内容对学生掌握足球技术是不利的。

②通常,学校在对足球教学内容进行教授时,大都是按照教科书的前后顺序安排的,即先讲技术、再讲战术,将足球技战术的教学内容分成两部分进行单独讲解。这种安排是比较合理的,因为这是按照先易后难的顺序进行的,便于学生的掌握。而且这样的安排也反映出足球战术是以技术为基础的,使学生对这两部分内容进行清楚的学习。即使这样,其缺陷也是存在的,主要不足是这样的安排没有将足球技战术内容之间的内在联系直观地表现出来,不同足球战术对技术的具体要求也无法得到体现,足球比赛的直观情景也不能再现。这样安排难以取得良好的教学效果。

③校园足球教学内容趣味性较低,难以提高学生的积极性。目前,许多学校的足球课教学内容有很强的专业性与竞技性,但是忽略了其健身性,而且教学内容缺乏游戏性。足球技术是足球教学内容的主要集中点,但只有很少的内容会涉及足球竞赛规则与足球游戏等趣味性较高的知识。足球教学内容的这种安排不符合学生的生活,也不利于学生终身体育意识的培养;而且大部分足球理论知识都比较陈旧,与时俱进的新知识很少;足球技术的训练方法又没有得到有效的创新,这严重影响了学生参与足球运动的积极性。

(3) 教学方法陈旧。

目前,校园足球的师资队伍多未找到积极创新的足球教学方法,影响了足球课堂教学的气氛,使学生的参与兴趣降低,也没有发挥主观能动性的需要,这样反过来也影响了足球教师的教学积极性。

在校园足球教学实践中,长期以来都是采取以教师为主的传统教学方法,教师采取的教授方法也是比较传统陈旧的,其创新动机较为缺乏,足球教学监督与管理机制中也没有提出有效的措施来提高教师创新动机,如此便使足球教学方法的丰富与创新受阻。教师为了尽快完成教学任务，经常忽略掉学生之间的个体差异和不同学生的主体需要，没有科学遵循因材施教的教学原则，采用"一刀切"的方法对学生进行教学，没有联系学生的个体实际进行分类教学，这样不利于学生的发展与突破，而且难以取得良好的教学效果。

除此之外，在足球教学中，有些与时俱进的足球教学方法难以得到很好的运用。现阶段，虽然较为先进的手段如电化教学、录像或投影教学以及课件教学在学校大量出现，而且足球教师与学生也对其十分喜爱，但大部分学校只是偶尔使用。而且对这些先进教学手段的使用也存在着较大的局限性，主要包括以下两个方面的原因。

①目前，有些学校没有足够的多媒体教室，不可能在所有的理论课教学中都对多媒体进行使用，而且受传统教学意识的影响，学校大都注重文化课的教学，因此多媒体教室优先在文化课的教学中使用，从而在足球教学中就很少被安排到使用这些设施。

②市场上流通的足球教学课件在数量上是有限的，足球教学要想对这些课件加以使用，就要求足球教师亲自对其进行制作，但是一些足球教师没有较高的计算机操作水平，因此制作课件就比较困难，甚至根本无法对课件加以制作，这也是先进教学手段难以在足球教学中得到运用的主要原因之一。

（4）课余训练不足。

现阶段，我国校园足球的课堂教学与课余训练有着较为松散的关系。多数足球教师认为，课余训练对提高学生的技术水平没有太大的重要性。因为体育教育专业必修课的教学时数不断减少，而招生制度也比较重视文化成绩，一些足球教师只能建议学生充分利用课余时间进行锻炼。

然而，事实上许多校园足球的教学仅仅在课堂上实现。即使学生利用课余时间进行自主训练，这对能够较快在课堂上掌握足球运动知识的学生来说并没有产生明显的影响，而对于那些无法在课堂上较快掌握足球运动技能的学生来说其效果往往很低。

2. 校园足球运动教学的发展趋势

目前，校园足球教学已经不仅是足球技术动作的教学，而是立体化教学，这就要求足球教学改变以往只重视技术与技能的传统意识，在教学中注重对学生体育意识、兴趣以及个性的高效培养；改变以往仅仅注重技术测评与竞赛成绩的传统，开始将学生的学习过程重视起来，注重对学生学习动机的培养与激发，注重对学生的创新思维的启发，使学生充分发挥自身的主观能动性。除此之外，要重新定位足球教师的角色，改变原来传授者的角色，使其向学生学习的指导者与合作者转变，并且注重教学组织形式的开放性。

具体来说，足球教学的发展趋势主要表现在以下几个方面。

(1) 教学理论与方法将逐步完善。

足球教学理论与方法的完善，关键是要对国外的一些先进经验进行吸收与借鉴，这就要求足球教师在教学活动中，对国外的先进教学思想理论与方法不断加以引进与借鉴，并通过教学实验活动来对其在足球教学中产生的作用进行考察，并且不断改造这些先进方法，使之与我国国情和足球教学特点相适应，促进利于足球教学的新的教学思想方法体系的形成与发展。

在足球教学方法上，要对学生主动性的发挥进行启发与引导，鼓励学生积极参与足球教学活动，培养起探索意识，促进其思考水平的不断提高。足球教师在对足球技术动作进行讲解时，首先应该将动作的要点传输给学生，使学生在大脑中形成动作定型，然后教师正确示范这一技术动作，使学生一边复述动作一边练习，提高足球教学的质量与效果。

足球教师还要适当地对一些足球游戏进行安排，并且组织与比赛相近的练习，促进学生运用技术能力的不断提高，并以此来促进学生学习积极性的提高，使学生将理论知识转化为实战，促进其足球实战能力的提高与发展。在运用练习手段中，也要尽可能地与对抗及比赛相结合，如此不仅能够促进学生学习积极性的提高，而且能够促进其改正错误能力的加强。

(2) 培养学生的参与意识将不断得到重视。

对足球教学具有影响力的因素中，对学生学习兴趣的激发就是其中之一。现代学生的体育意识表现出较高的个性化、实用性以及鉴赏性的特征，所以，校园足球的教学内容要摆脱单纯的竞技性，要适当增加娱乐性的教学内容。只有足球运动形式与学生学习足球的需求相适应与符合时，才能使学生对足球运动的参与意识得以提高。

(3) 教学内容的选编将不断增强。

足球课程教学需要以教材为载体。在足球运动的教学中，选择教材需要对两个层面的问题进行考虑：一是能够促进学生基本足球理论知识和运动技能的提高，促进学生养成自觉锻炼身体的习惯；二是要与学生的身心发展相适应，与学生的运动兴趣相符，满足其体育需要。

具体来说，在对足球教学内容进行确定时，应对以下几个方面的因素进行综合考虑。

①选择的足球教学内容要具有代表性，选择比较简单的足球动作结构和方

法，这样便于学生对足球知识与技能的掌握与运用，同时要注重所选内容的实用价值。

②要将足球比赛规则、裁判法、竞赛的组织与编排、足球发展历史以及足球运动中出现的损伤与疾病等内容列入足球教学中。

③对教学内容的选择要注意有利于往后的学习，有利于学生足球素养的提高，有利于学生对足球技战术的掌握，有利于学生身心的健康发展，有利于学生学习与参与兴趣的提高。

（4）课程目标的制订将日趋科学。

能否制定出科学的课程目标涉及很多问题，如足球教学的内容、手段与方法、组织、质量的测评等。所以，校园足球运动的教学目标应为：通过开展足球教学实践，使学生掌握足球知识和身体锻炼的手段、方法，而且能够在掌握知识中获取快乐、调节心情，促进自身足球运动素质的提高。

（5）教学组织形式的科学性将不断得到增强。

在学校体育教学中，许多教师都比较赞同以学生的体育兴趣为参照采取分班教学这一组织形式。这一组织形式有以下两种。

①互补分组教学。例如，在足球运球技术的教学过程中，首先由足球教师进行详细讲解与正确示范，然后让学生自我练习一段时间，之后采用两人一组的练习形式，学生在练习过程中轮流扮演"教师"的角色，将反馈信息及时提供给练习者，两人一组练习有利于二者相互监督、共同进步。

②以学生足球运动的实际水平为依据，把足球教学班分为两个组，即优秀组与普通组，教师主要是对普通组的学生加强教学，强化对该组学生的足球实践指导，提高普通组学生学习的主动性与积极性。与此同时，对优秀组的学生也要适当兼顾，对优秀学生提出更高的要求，及时对其学习结果进行测评。

（6）教学评价将更加合理。

现阶段，我国校园足球教学中，通常采用的评价方法是：在所有足球技术中选择一两项作为考试内容，以学生对这两项技术运用的实际情况为依据为学生打分，然后综合学生的出勤、课堂表现等作出评价，这样就形成了学生足球学习过程的评价。这种评价方式缺乏科学性，过于简单，没有结合绝对评价、相对评价、终结性评价以及过程性评价等有效方式。

因此，足球教学考核标准发展的趋势是注重评价学生的学习过程。具体评价内容包括学生在学习过程中的出勤情况与课堂表现等，然后结合足球教学大纲所要求的主观评价和客观评价进行综合评价。以此使教学的评价方法趋于多元化与合理化。

（二）校园足球运动训练现状

对校园足球运动训练现状的研究主要以长春市高中为例来进行分析与说明。

1. 训练时间不足

校园足球的训练与足球职业队或半职业队的训练是不同的。对校园足球进行训练之前，首先要保证文化课的顺利进行，文化课通常占有较多的时间，因此就使得足球训练的时间不足。

据调查，现阶段长春市高中足球训练实践中，没有明确每节训练课的训练时间和内容，有些高中一节训练课只有 45 分钟，一节课的训练任务在这有限的时间内是难以完成的。

2. 训练次数多变

从训练次数来看，长春市高中校园足球的训练次数是有限的，根据数据显示，每周足球训练的次数不会超过 5 次，这与职业队的全天训练相比，有很大差距。怎样使文化课学习在不受影响的条件下对训练次数与学生练习次数适当增加，这是现阶段促进校园足球整体能力提高需要解决的重要问题之一。

东北地区在冬季是极其寒冷的，在室外进行长时间的足球训练是不可能的。据调查，在冬季，长春高中校园足球训练大部分是进行足球比赛和训练身体的，几乎没有涉及对足球技战术的训练，这不利于学生足球技战术水平的提高。与南方校园足球训练相比，长春校园足球训练会在冬季处于训练停滞期。因此，怎样在冬季进行足球训练是相关部门所要解决的主要问题之一。

3. 训练系统不完善

据调查，高中学生的足球技术动作已经基本上定型，自身的足球技术特点已经形成。在这一基础上，关键是引导学生对足球技术的运用，引导其在比赛中学会对战术的配合使用。高中阶段是一个承上启下的关键阶段，学生一定要树立足球技战术相互配合的思想，如此才能取得比赛的优异成绩，从而为其进入职业足球队做好准备。足球运动属于团体运动中的一项，只有队友相互默契配合才能在足球比赛中取得优异的成绩。因此，对足球运动来说，战术配合极其重要。

4. 体能训练没有引起重视

足球教师要注重高中学生的足球体能素质训练。校园足球在比赛中，有一部分是体能的较量，其与技战术的训练都是十分重要的，因此高中阶段要关注学生的体能训练。如何在足球训练中对高中生进行相关体能训练，如何提高学生的身体素质水平，这是足球教练员需要解决的主要问题。据调查，长春市高中校园足球的训练中，学生所掌握的技战术水平是参差不齐的，而且平均技战术水平比较低。造成这一现象的主要原因之一，就是没有对体能训练这一重要的训练手段引起足够的重视。加强体能训练的强度，能够促进学生技战术水平的有效提高，同样能够增强学生的身体素质。

第二节 校园足球发展战略的基本概念及理论框架

一、校园足球发展战略的概念与特点

校园足球发展战略，是指校园足球管理部门为了实现校园足球的健康、合理和可持续发展，而科学制定出的全面性、预见性和本质性的策略与决定。

校园足球发展战略与其他教学学科发展相同，它具有非常强的专业性，而不仅仅是为了供学生娱乐。因此，要想为校园足球发展制定出科学合理的战略，体育教育部门首先要为此负主要责任，承担较多的任务。为此，他们应该掌握一般发展战略的基本内涵和特点。除此之外，相关部门在研究和制定校园足球发展战略的过程中，还必须充分考虑到足球运动本身的专业性、从属性和交叉性等特点。

（1）制定具有专业性特点的校园足球发展战略。从宏观的产业分类来看，校园足球事业的发展应该归属于第三产业中的教育行业。当然除了教育行业外，体育产业需要参与其中，而且它的参与成分并不低。只有当一些专业化的足球内容加入校园足球中，才能使校园足球显现出一些专业的特质，这不是非足球专业人员可以进行的。因此，为了保证校园足球发展战略的专业性，足球专业人才就必不可少，他们或者是学院派的理论人才，或者从事足球行业多年，此外这些人员还应具有较强的精细性和责任心。

（2）制定具有从属性的校园足球发展战略。足球运动的发展是一个宏大的工程，为了完成总体工程目标，在整体系统下就有若干个子系统各自发挥各自的职能。其中，校园足球就是这众多子系统之一。这就使得校园足球的发展战略要服从我国足球运动整体发展战略，这就是校园足球发展战略的从属性。这种从属

性决定了校园足球发展战略具有双重任务，第一项任务为实现校园足球自身的发展，第二项任务为实现我国足球整体发展战略对校园足球发展的要求。两者相辅相成，任何过多的偏重都会对各自任务的完成产生不利影响。

（3）制定具有交叉性的校园足球发展战略。校园足球发展战略的交叉性较为容易理解。首先，校园足球是一种"体教结合"的尝试，这种模式在我国以往已经有了一些尝试，如北京理工大学成立的北理工足球队，它的队员组成全部为该校在读大学生。不过这种模式在我国并未大规模出现。其次，校园足球发展战略的交叉性特点还在于校园足球既是教育部门的工作内容又是体育部门的工作内容，由于两者在工作进行过程中出现了职能方面的任务交叉，就使得单凭其中之一的教育或体育机构来实现最终战略目标都是不现实的，在实际当中的可行性也较差。由此可见，校园足球发展战略是一种交叉性战略，这使得在制定校园足球发展战略时需要对可能出现的矛盾和问题做好充分的预估和拟定处理办法。

二、校园足球发展战略理论框架的构建

借鉴制定发展战略的一般程序和分析方法，校园足球发展战略理论框架的构建如图5-1所示。

第三节 我国校园足球发展战略的制定

一、制定校园足球发展战略的依据

（一）足球运动发展的本质规律

实践证明，足球运动的发展并不单单是运动技战术和思维理念的发展，与此同时，足球运动的人才培养和产业发展也是发展的重要组成部分，当然这些发展都要紧密围绕足球运动的本质规律进行，任何脱离这个规律的发展都不会获得预期的效果。因此，在制定校园足球运动发展战略时也要围绕足球运动本质规律进行，这也是发展校园足球运动的重要基础工作之一。

从宏观角度来看，足球是世界第一运动，各个国家都非常重视这项运动的开

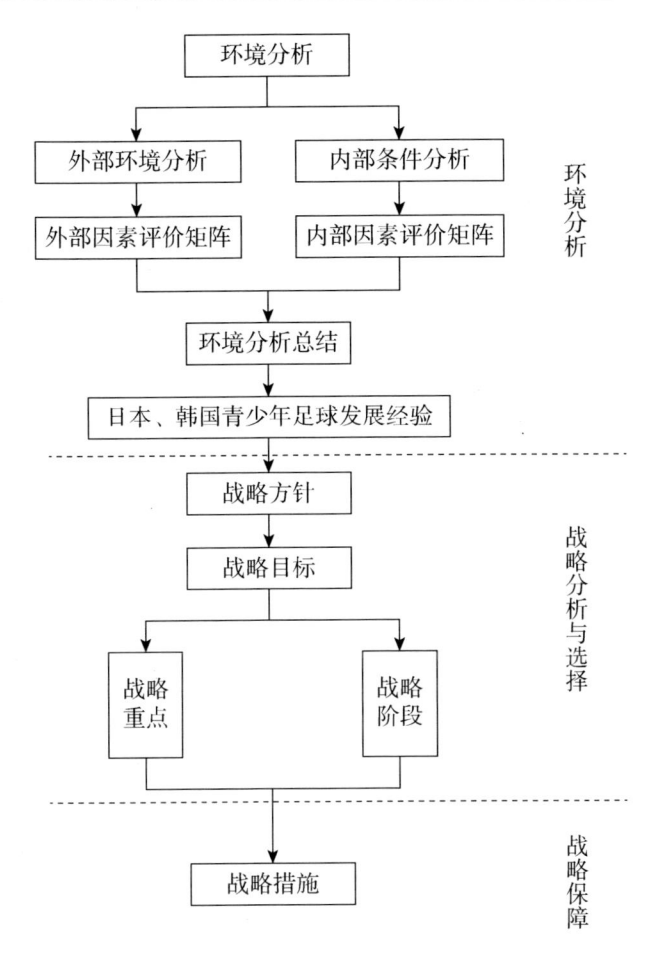

图 5-1　校园足球发展战略理论框架

展，无论是竞技足球还是健身足球。而从商业角度来看，足球产业已经成为世界体育界中商业化水平最高的产业，这主要得益于足球运动在世界范围内的影响力。所以，足球运动本身所蕴含的内涵，以及产生的影响，是其他项目不可比拟的。而最为依赖足球运动本质规律的便是足球人才的培养和校园足球运动的发展两方面，它具有培养耗费时间长、投入成本高和最终成材率低等不利特点。依此规律就应该知道，在校园足球运动发展的过程中，应该将更多的精力放在提高学生对足球运动的兴趣和了解方面，较少开展过于严苛的足球运动专项训练。因此，研究和制定校园足球发展战略应该依据足球运动发展的本质规律。

（二）校园足球发展的内外部条件

校园是足球运动开展的单位之一，由此对于它的开展就不得不讲以校园为主的内外部条件。因为校园内外部条件的好坏会对足球运动在校园中的开展产生一定的影响，其中有些影响甚至是决定性的，如场地与设施等。因此，对它的研究是非常必要的，它也就成为制定校园足球运动发展战略的依据之一。

校园足球发展的内部条件主要是明确了解校园足球所具有的优势和不足。其优势在于只要学校确定了足球运动发展计划便会为此提供较为固定的专项资金投入，除此之外，在舆论宣传方面也有得天独厚的条件；其不足的一面主要为几乎很少有学校为足球运动在校园中的开展提供充足的支持，大多数对此缺乏保障措施，同时管理体制也尚不完善等。

校园足球的外部条件是辅助内部条件作用于校园足球运动发展之中的。众所周知，校园足球的发展并不单单是体育部门或教育部门的事情，它需要多部门的联合才能获得理想的结果，因此校园足球不是孤立存在的事物。另外，外部条件诸如足球运动氛围、环境，也对校园足球能否顺利开展起着不可忽视的作用，它与校园足球发展的内部环境紧密相连。因此，要想制定出理想的校园足球发展战略，外部环境也是需要做更多考量的。对于外部环境来说，可以被校园足球利用的有利条件包括政府大力支持、体教结合培养体育后备人才的发展趋势和社会中大多数人对足球运动健身作用和竞技成绩的需求等。当然，为了能够更好地体现出获得这些优势的效果，还需要学校尽力克服一些如应试教育大环境、重文轻武的传统思想、足球发展大环境等的负面影响。可喜的是，在中国足球改革方案出台的今天，校园足球迎来了千载难逢的历史机遇。虽然始终与挑战并存，但挑战也是事物发展的必然经历和动力来源，如果能够将内外部优势相结合，可以想象在校园足球运动发展战略的制定中所遇到的问题一定会得到妥善的解决。

（三）青少年足球运动发展的要求

青少年是足球运动的后备力量，当然他们也是校园足球的重要参与主体。因此，这就需要在制定校园足球运动发展战略时一定不能忽视对参与主体的研究，而青少年学生对足球运动的要求也就成为制定校园足球发展战略的依据之一。

现代体育教育改革中特别要求以学生为主体，开拓出一种自主性的、自由性的且本着以人为本学习理念的教学主张。这种人本教育理念表明了只有当人愿意去学的时候，才能更好地对所学内容进行深入的理解，变"要我学"为"我要学"。

人的全面发展离不开教育，足球运动教育作为一种近年来非常受到重视的体育运动教育方法，树立教育中的"人本理念"是教育获得预期目标的基本要求。

（四）足球发达国家校园足球发展的成功经验

制定校园足球运动发展战略是一项系统的工程。在我国过往的经历中几乎没有类似的带有系统性、综合性和长久性的战略规划，可以说我国校园足球与足球发达国家相比差距还较大，为此我国需要耗时十余年甚至几十年的时间才能接近。因此，在制定校园足球发展战略时就需要抱有一些"拿来主义"的精神，参考和借鉴世界足球运动发达国家的发展模式与有益方法。

当然，这种参考和借鉴不是盲目进行的，它也需要一定的目的性以及选择合适的参考对象。其中最应受到重视的便是与我国一衣带水的、同为亚洲人种的近邻日本与韩国的校园足球发展经验。我国足球运动发展与这两个国家有许多类似的地方，如现代足球的传入时间、足球职业化改革的开始时间及至学生身体条件等方面。起初日韩的足球运动水平与我国相差不大，特别是日本足球常年被中国足球压制。但日韩足球经历了20多年的发展，直到今天他们已经将我国远远甩在了身后，他们所取得的成绩令我国望尘莫及，特别是日本女足甚至拿到了世界杯的冠军，而在十多年前，他们还是中国女足的手下败将。日韩足球相对于我国足球的成功主要在于他们选择了正确的发展路线并长期按照这一路线前行，除此之外，在路线中他们非常注重对青少年足球人才的培养，而校园足球就正是青少年足球培养的主要基地。

总的来看，日韩足球发展的成功经验带给我们的借鉴具体有以下几点。

（1）校园足球战略的制定必须在充分考虑实际国情的情况下进行。

（2）校园足球战略的制定要有宏观性、战略性、长远性和稳定性。

（3）校园足球战略的制定要有完整的学生足球运动培养体系，且应使用经过各方认可的统一的教材。

（4）校园足球战略的制定还要重视对足球运动师资力量的培养。

（5）校园足球战略的制定应重视后备人才的全面发展。

在此，我国足球管理部门应根据这些有益的做法改良校园足球的发展，制定出符合足球运动本质规律和满足学生对足球运动需求的战略规划。

二、校园足球发展的战略思想

指导思想是战略的灵魂和基础，只有首先拥有一个正确的指导思想，此后在此指导思想指导下的战略才能保证是走在一个正确的道路上。由此可知，指导思想水平的高低直接体现了一个战略的决策水平高低。

校园足球发展的战略指导思想要力求于未来可能出现的校园足球发展趋势，并且还要依据我国体教改革状况及我国足球运动发展情况的分析，结合对校园足球发展现状进行全面、客观的诊断。在这一过程中还要避免闭门造车，要抱着谦虚、好学的态度向足球发达国家的校园足球管理方式和战略制定方法汲取经验。目前，我国已经确定了未来校园足球发展的指导思想，这个思想以建设体育强国为动力，以足球运动发展规律为基础，以增强学生体质、推广和普及足球运动为基本任务，重点在于提高足球运动在学生中的影响力，让学生享受愉快的足球游戏并以"回归运动"为基本理念，构建具有中国特色的青少年足球人才培养体系。

三、校园足球发展的战略目标

战略目标通常都是战略制定所预期达到的效果，对于校园足球发展的战略制定来说也是如此，可以说这一目标是整个发展战略的核心，这个目标应该具有预见性、长期性、相对稳定性、现实性、提高性和可行性等特点。

确定校园足球发展战略目标是全部决策活动的核心和重点。根据校园足球发展的实际情况，在制定战略目标时应该根据近远期和微观、宏观的不同分为宏观目标和具体目标。下面分别对这两种目标做进一步阐述。

（一）宏观目标

对于校园足球发展的战略宏观目标的制定，首先要考虑到多方面因素对校园足球发展的影响，如对整体局势影响较大的政治、经济、社会等环境以及足球市场、产业等专项环境进行考量，与此同时还要注意吸收足球发达国家的校园足球经验。通过对上述内容的总结和分析，提出校园足球发展战略的总体目标为利用15~20年的时间建立一个与我国国情相适应的、具有中国特色的校园足球培养体系，同时在此期间还要摸索制定出一套较为完备的校园足球管理体制。通过这些有益的努力，最终力求使校园足球人口获得显著增加，校园可以培养并输送一批具有一定水平的足球人才，以此为最终推动我国足球运动全面发展奠定坚实的基础。

（二）具体目标

对于制定校园足球战略的目标来说，仅有一个宏观目标还不够，宏观目标只是战略最终想到达成的目标，而为了实现这一目标，就必须在诸多小任务中完成小目标，宏观目标正是由这一个个的小目标组合而成的，这就是具体目标。校园足球发展战略的具体目标是将总体目标按照纵向、横向或时序等维度分解成为的零散目标，二者与体育教学中的教学总目标和子目标类同，具体目标是实现宏观目标的基础或组成部分。因此，在设立具体目标时应注意遵循如下几点要求。

一是根据实际情况将宏观目标分解成为若干更具有可操作性和具体性的具体目标。此过程中需要注意具体目标的实效性，务必确定其始终是围绕在宏观目标周围，其目标的实现应完全符合宏观目标的要求。

二是具体目标的确定需要适应各分目标所需的条件及限制因素，如资金因素、人力因素、相关管理水平或技术保障等。

三是对于各具体目标的分化，要本着统筹协调、有条不紊的原则在内容与时间上保证协调、平衡、同步发展，进而促成宏观目标在预期之内实现。

通过上面的阐述，再根据我国校园足球开展的现实情况，可以将校园足球发展的具体目标分为以下几种，并做进一步分析。

1. 建立系统、规范、科学的校园足球管理体制

管理体制是管理行为的基准，因此几乎在所有管理工作中都会设有一套系统、规范、科学的管理体制。校园足球战略的具体目标的实现也需要依靠这样的体制。因此，根据我国国情和校园足球发展现状，对于校园足球战略的具体目标管理体制的建立应与社会主义市场经济体制相适应，并且符合校园足球发展规律。此外，鉴于政治在我国的主导地位，还应在这一过程中充分发挥政府职能部门的支持和管控作用，特别是要做好教育部门和体育部门在校园足球中的职能分工，避免出现职能和责任分工不明、概念模糊的现象，其目的还是力求使校园足球发展在宏观和微观上均能够获得组织保证和支持。

2. 形成合理高效的资源配置方式

足球运动的开展是一件需要耗费较多资源的事业。从现代足球运动的发展趋势来看，资金对于足球的发展是必不可少的。尽管校园足球的投资力度不如职业足球那样多，但由于我国人口基数较大，且校园足球的回报较小较慢，因此对校园足球的投资效果更差，投资只能依靠教育和体育部门共同完成，如场地、资金、教练员等专门性资源。单纯依靠学校一家难以满足校园足球运动开展所需，因此，这些资源的获得会通过政府拨付或企业赞助的形式获得。尽管如此，可用于校园足球运动发展的资源仍旧相对较为匮乏。那么，如何将这些已经获得的资源利用好，体现资源利用的高效性就成为检验管理水平的标准。

随着我国改革开放的步伐越发加快，原有的计划经济体制已经被更加自由的市场经济体制所取代。不过对于校园足球资源的配置还是需要政府发挥宏观调控功能才能更好地实现，只有这样才能最大效率地使用不算充足的资源。除此之外，市场经济体制下校园足球的发展还可以发掘社会和市场的力量，这是将我国传统举国体制搞体育在新时代的转变和创新，也是校园足球在 21 世纪的我国实现可持续发展的基础。

3. 逐步扩大校园足球参与人口

校园足球的发展需要依靠广大学校学生的积极参与。如果能够使每一个在校学生都接触到足球运动，就会打牢足球运动发展的金字塔的塔基。因此，校园足球运动发展战略的具体目标中应该有关于逐步扩大校园足球参与人口的目标。

为此，我国已经开始积极制定了多项措施向这个目标进发，正在适度、适时增加布局城市和定点学校数量，扩大校园足球参与人口。应力求做到：在现有校园足球布局城市基础上，力争到 2026 年使各级布局城市的数量达到 200 个；30% 的高校成为校园足球定点学校；省级布局城市定点学校的高中、初中、小学的数量分别达到 10 所、20 所和 40 所，全国布局城市定点学校的高中、初中、小学的数量分别达到 20 所、40 所、80 所，其中直辖市定点学校的高中、初中、小学的数量分别达到 40 所、80 所和 160 所；各级各类定点学校参加足球活动的学生人数达到学生总数的 50% 以上；注册参加各级校园足球联赛的大学、高中、初中、小学学生人数分别达到 80000 人、150000 人、300000 人和 500000 人。

4. 构建不同级别学校"一条龙"式培养体系

关注后备人才的培养是足球运动发展本质规律中的一项，校园作为青少年学生的聚集地自然就成为足球后备人才的培养基地。因此，完善我国足球后备人才培养的路径，需初步建立一个依托小学、初中、高中和大学的四层级"一条龙"式校园足球培养体系。这种"一条龙"式的培养体系非常有利于学生的足球运动能力的提高。尽管对于大多数学生来说，参与校园足球运动的目的仅仅是健身或娱乐，有向足球运动更高目标追求的学生不占多数，但由于我国人口的基数较大，如此也能够涌现非常多的学生足球人才。他们依托"一套龙"式的培养体系，能够在每一个学习阶段都保证获得良好的足球运动氛围和条件，以此使他们的足球特长得以延续，并最终成为不可多得的足球运动人才。由此我国的校园足球就造就了一条带有系统性、具体性、长期性和可持续性特点的培养路径，为我国足球事业发展源源不断地输送质量较高的足球后备人才。

前面曾经多次提到了校园足球运动的发展不是教育部门或体育部门一家的事情，甚至它的发展都要纳入国家的整体发展战略中，它要考虑到我国教育和体育事业双重发展，注重体育（足球运动）与教育的结合，其最终目的是形成科学化的校园足球发展模式，以满足我国足球事业发展的需求，完成其所承担的历史使命。

四、校园足球运动发展的战略重点

校园足球运动发展所涉及的内容很多，因此，为了保证发展的过程中不偏离预定的发展目标，以及使发展始终符合实际需要，就需要明确发展战略的重点。

（一）完善校园足球管理体制

按照管理学的相关理论，领导者的决策行为一般是以责任为约束、以权力作保证、以利益来推动。为了保证决策行为的合理化，必须建立起与权力结构相适应的利益结构，使责任、权力、利益相统一。理论终归为理论，在制定战略时所依靠的理论大多是前事总结的经验或规律，在应用过程中难免会遇到与理论矛盾的地方，这在给校园足球制定发展战略中也是如此。一方面，学生作为校园足球发展的主体参与人群，就使得学校成为校园足球开展的直接管辖部门；另一方面，对校园足球起到专业和资源支持的是各级体育管理部门。在两个部门共同管理的情况下，如果没有一个完善的制度和沟通渠道，就会出现由于管理权问题导致的对体育资源分配等多方面造成矛盾的情况。长此以往会导致管理松散，对责任相互推诿，影响了校园足球的开展水平。由此可见，要想搞好校园足球运动，拥有一个完善的管理体制是非常必要的。

（二）建立普及和提高协调发展的工作机制

从现代的实际当中看，校园足球在发展的过程中还有种种阻力和不协调的问题。其主要表现在由于长期对校园足球的不够重视，使得无论是足球运动管理部门还是学校体育管理部门都对校园足球的开展感到无从下手，最明显的表现就是现行的发展运行机制主要以开展校园足球比赛或班级联赛为抓手，并且一度还以追求发现优秀足球运动学生为重点，关注学校足球队在校际间的比赛成绩，以达到使之成为学校"王牌"的目的。实际上，如此的发展机制更多表现出了一些学校的"私心"，即将校园足球看作检验学校办学水平和对外交流的一大窗口，而忽视了大多数学生参与足球运动的需求，这自然违背了启动校园足球的初衷。为此，建立普及和提高协调发展的工作机制就是非常有意义的环节且也是真正搞好校园足球的关键，因此应该将此作为校园足球发展的战略重点。

（三）完善政策保障体系建设

校园足球的发展不是一项朝发夕至的事情，它需要通过较长时间的实践才能获得预期的收获，甚至这种收获没有预期的大。也许正因为这些不太理想的特点，使得自由的市场并不愿过多地将精力投入这个领域中。不过，要想看到中国足球与世界先进水平接近，这就是不得不走的道路。从传统意义上讲，政策是为解决问题而制订的一系列的解决方案。我国目前校园足球运动的开展只能说是刚刚正式起步，此前的发展举步维艰，如学校因为害怕承担由于组织足球运动导致学生受伤的责任而几乎取消了足球运动在校园的开展、家长由于害怕孩子因为踢足球而耽误正常学业而禁止孩子参与此类活动等，再加上中国足球长期给人们留下的不利印象的客观现实，都制约着人们支持开展校园足球的态度，最终的结果就是口号喊得响而真正的落实太少，久而久之就会与其他影响校园足球发展的因素相关联，由此形成对该项运动在校园中开展不利的恶性循环。面对这些问题，有关部门需要本着对我国足球运动负责的态度，多部门联创联动，共同协商，出台具有针对性和可行性的扶持政策，解除各方对学生参与校园足球的后顾之忧。政策保证对于校园足球运动战略正式启动的初期是非常重要的，加强这部分内容的建设也是校园足球发展战略中应予以重点关注的。

（四）加强校园足球师资队伍建设

2015年2月27日通过的《中国足球改革总体方案》中明确写道，要大幅度提高青少年足球人口，其中主要的方式就是通过校园足球来实现。因此，为了实现这一目标，就必定需要给各级各类学校配备充足的、专业能力较强的足球教师。校园足球的直接指导者是足球教师，作为大多数学生足球运动的启蒙者，他对于校园足球的顺利推进和发展具有至关重要的作用。能否激发出学生对足球运动的兴趣，并使学生将足球运动当作日常生活中不可或缺的运动方式，是评判足球教师水平高低的标准之一。而目前我国大部分学校并没有专门的足球教师，代理这一职务的多为在职的体育教师，这些教师可能原本不是足球专业，非专业足球教师的教学势必对校园足球的教学水平大打折扣。而真正具有专业足球教学资质的教师又很少，与之相关的职业水平认证标准还没有正式出台，由此使得大多数学校足球师资短缺，不得不将就使用一些非足球专业教师。这种局面长此以往必定会给校园足球发展造成限制。为此从现在开始就应充实足球师资数量，提升业务水平，将此作为校园足球发展战略的又一项重点工作。

第四节　我国校园足球发展的战略措施

一、加强校园足球发展的舆论宣传

在 21 世纪信息化时代到来的今天，信息传播媒介和舆论宣传已经成为事物发展所必不可少的支撑渠道了。校园足球运动的开展一样也离不开舆论宣传工作，其目的就在于通过舆论宣传使社会更多层面的大众知晓和了解校园足球的重要性和必然性，进而使他们也能够积极地参与其中并且为校园足球做推广。具体来说，校园足球发展的宣传工作应按照以下两点实施。

（1）注重对校园足球的核心价值观的宣传，提高社会大多数人对校园足球的知晓率和满意率，最终形成全社会都对校园足球给予较大的支持和认可，构建和谐的校园足球发展氛围。对最广大的群众宣传校园足球运动具有非常现实的意义，其原因在于构成校园足球运动的主体正是千家万户家庭的孩子。由于受我国传统家庭观念的影响，家长对孩子行为有一定的影响力，因此，只有通过宣传使学生、家长和学校体育管理部门等人士对此获得一个较大的认同感，只有当拥有充分的认同后，才能使在日后校园足球运动发展过程中的许多环节变得更加顺利。

（2）对校园足球发展的成功经验和案例认真总结和归纳，以便从中吸收有益的内容。特别是要发挥校园足球发展过程中的榜样作用，树立典型和标杆，有效地引导和促进各布局城市校园足球的健康、有序开展。例如，日本为了发展本国的校园足球运动，创作了如《足球小将》等优秀的反映青少年足球运动题材的动画片，反响极佳，甚至对我国青少年足球运动的开展也产生了影响。

媒体的大力宣传一定是校园足球宣传推广工作中不可或缺的力量。特别是应该借助多样化的现代便捷信息传播途径，如网络、电视等媒体并结合青少年的身心特点，形成以网络媒体为现代宣传核心，电视、广播和报刊杂志等为传统宣传核心的多样化宣传载体，使其各展所长，从不同角度和终端对校园足球进行直接宣传，提高宣传的实效性和感染力。

二、加大足球场地基础设施建设

足球运动需要较多的资源予以支持，其中一项最主要的就是足球场地和相关设施的准备。从我国目前足球运动发展现状来看，可用于开展足球运动的场地非常少，在民间甚至有"如果把停车场都改建为足球场那么中国足球早已进入世界杯"的言论。这也许是人们的一种对我国足球运动发展的不满，但另一方面也要知道这句话的意思在于良好的足球运动发展需要足够的场地支持。

校园足球作为不以营利为目的的足球发展活动，自然不会吸引足够的资金用于建设学校自己的足球场。而这对于校园足球的开展至关重要，因此，在未来一段时间的校园足球发展工作中需要特别关注足球场地的建设。各学校要加大对足球教学的经费投入，同时还要进一步利用现代教育高科技手段对足球教学的内容进行研究、开发和运用，为校园足球教学与训练的深入开展奠定重要的基础。

三、优化校园足球师资力量

足球运动发达国家之所以能够保持良好的校园足球运动水平，除了他们拥有长期贯彻的足球运动发展方案外，他们还非常注重对足球师资力量队伍的建设工作。特别是对于初步接触足球的少年儿童，足球启蒙教育对他们了解和热爱此项运动起到直接的作用。为此，我国也应进一步建立和完善足球教练员队伍的培养和建设。足球教师（教练员）是校园足球主体之一，他们担负着启迪和指导学校足球运动的重任。我国校园足球要想实现长远的发展，就不得不对师资力量培养的环节予以重视。不过从我国校园足球运动开展的现状来看，我国足球师资队伍建设尚不健全，师资力量较弱，不能满足校园足球活动的需要。为此，特研究谋求完善师资力量建设的几点办法，具体如下。

（一）补充校园足球师资数量

要想将校园足球活动开展得多姿多彩，必然离不开众多拥有专业足球特长或教学经验的足球教师。不过我国目前学校中的专职足球教师的数量极少，现有人数远远不能满足校园足球活动的需要。鉴于此，为了缓解这方面的不足，应该尝试教师聘用机制的改革，完善足球师资队伍补充机制，建立足球教师职业水平认证标准，给予足球教师较为优越的待遇，使其愿意扎根于校园足球，最终达到为校园足球发展注入新鲜血液的目的。

（二）优化校园足球师资质量

足球在现代的发展速度较之以往任何一个时代都显现出更加快速的特点，因此，校园足球的发展也要随之加快。这就需要在给校园补充足够的足球专项师资力量后，还要关注师资质量的问题。具体的优化方式可以表现在优化师资队伍结构、学历结构、年龄结构和职称结构等方面。经过分析认为，优化校园足球师资质量的措施主要有以下几项。

1. 推行足球教师资格制度

足球教师资格制度有助于提升足球教师足球专项教学水平，属于一种要从事足球教学工作的强制标准。这种方式可以有效提高足球教师队伍的整体水平。对通过资格考试的足球教师颁发相应等级的资格证书。该证书不仅作为足球教师从事足球教学工作的"准入"凭证，还将作为日后评定职称时的重要参考。

2. 教育培训不间断

足球运动始终处在不断的发展过程中，这就说明足球教师所掌握的知识和教法很可能已经与现代足球运动的发展脱节且严重滞后，久而久之造成校园足球的开展质量不高、方法老旧。为此，就需要对已经获得足球教学资格的足球教师进行"再教育"，如必须参加每年定期举行的相应级别的强化培训，积极引入科学的训练方法和最新的信息资源，从而达到不断优化指导教师质量的目的。

3. 鼓励互动交流

"请进来"和"走出去"都是学习交流的互动方式。我国足球运动的发展在这两方面都有过不少尝试，而校园足球也要秉承这种有益的交流方法，如定期送重点培养的足球教师或骨干力量前往足球发达国家参加培训，或者邀请一些校园足球开展较好的国家的足球指导员来我国学校内教学交流，汲取他们先进的足球训练理念。

四、培养学生的创新能力，提高训练的技能

（1）学生是否拥有独立创新的能力，这点对训练水平的提高具有非常重要的作用和意义。在教学中，学生只有拥有思路广阔的创新思维，才能更加深刻地准确把握足球运动中涉及的多种内容。这种创新能力的产生不仅是在学生参与足球运动本身过程中产生，它还可能是在与足球运动相关的其他学科的学习中获得，如从运动解剖学、生物力学等角度来分析足球训练中的基本动作和原理，从而为足球训练创造良好的前提。

（2）加强对学生足球意识的培养。足球意识是足球思维中的高水平境界，它与学生的足球智商有较大关系。拥有良好足球意识的学生必定能在足球运动中表现得更加机敏。因此，培养学生的足球意识也是校园足球不能忽视的内容。对于这个意识的培养主要可以通过启发学生对足球训练与比赛中足球战术的思考，并结合自身实际，培养良好的足球战术能力，只有战术能力提高了才能为技术提高打下良好的基础。

（3）加强足球组合技术的训练和培养。足球训练是一个系统复杂的学习过程，在足球训练的过程中，学生应充分发挥自己的创新能力，加强足球各种组合技术的训练和应用，并在其基础上加强创新。这样既能提高学生在训练中的学习积极性和主动性，同时也有利于对足球技战术的理解和掌握。

五、构建足球网络信息平台

随着现代社会的快速发展，现代科学技术已越来越广泛地运用在足球运动当中，这对校园足球水平的提高是十分有益的。作为重要的人才培养基地，校园理应对构建足球网络信息平台给予关注。创建足球训练网站，创建足球信息网络平台，不仅可以实现校园足球运动的资源共享，还可以提高足球教师的科研与训练能力。从长远来看，这是非常有必要和有意义的事情。

参考文献

[1] 李卫东. 我国青少年校园足球竞赛体系的研究 [D]. 上海：上海体育学院，2012.

[2] 薛明. 长沙市青少年校园足球竞赛体系构建研究 [D]. 长沙：湖南师范大学，2014.

[3] 常绍舜. 系统科学方法概论 [M]. 北京：中国政法大学出版社，2004.

[4] 许国志. 系统科学 [M]. 上海：上海科技教育出版社，2010.

[5] 刘丹，赵刚. 青少年足球训练纲要与教法指导 [M]. 北京：人民体育出版社，2011.

[6] 李纪霞. 全国青少年校园足球活动发展战略研究 [D]. 上海：上海体育学院，2012.

[7] 褚琪晖. 校园足球背景下中小学足球师资现状与对策研究——以河南省校园足球省级布局城市为例 [D]. 开封：河南大学，2014.

[8] 李拓键. 济南市青少年校园足球开展现状及对策研究 [D]. 济南：山东师范大学，2013.

[9] 马跃. 长春市高中校园足球训练现状与对策研究 [D]. 长春：东北师范大学，2014.

[10] 张洪瑞. 探析校园足球可持续发展对中国足球的重要性 [D]. 济南：山东大学，2013.

[11] 朱宏庆. 足球技战术分级教学研究 [M]. 济南：山东大学出版社，2010.

[12] 汤信明. 足球运动教学与训练 [M]. 武汉：华中科技大学出版社，2012.

[13] 曲晓光. 现代足球训练理念诠释与应用 [M]. 广州：华南理工大学出版社，2009.

[14] 美国国家足球教练员协会. 经典足球指导教材 [M]. 北京：北京体育大学出版社，2009.

[15] 彭云. 足球运动员技战术意识的培养与提高 [J]. 重庆与世界，2011（9）.

[16] 王建国. 青少年课外体育竞技指南: 足球指南 [M]. 合肥: 安徽师范大学出版社, 2012.

[17] 谭思洁, 王健, 郭玉兰. 青少年运动健康促进导论 [M]. 北京: 知识产权出版社, 2012.

[18] 刘卫民. 青少年足球运动员选材制度研究——基于相对年龄理论 [M]. 武汉: 华中师范大学出版社, 2014.

[19] 全国体育院校教材委员会审定. 现代足球 [M]. 北京: 人民体育出版社, 2012.

[20] 王崇喜. 足球教学设计 [M]. 北京: 高等教育出版社, 2009.

[21] 刘丹. 足球运动训练与比赛监控的理论及实证 [M]. 北京: 人民体育出版社, 2012.

[22] 王民享, 吴金贵. 现代欧美足球训练理念与方法 [M]. 北京: 北京体育大学出版社, 2010.

[23] 康喜来, 万炳军. 青少年运动训练原理与方法 [M]. 西安: 陕西师范大学出版社, 2012.

[24] 张杰, 宋海圣, 刘志辉. 大学校园足球训练实践 [M]. 北京: 中国时代经济出版社, 2015.

[25] 南来寒. 足球 [M]. 长春: 吉林文史出版社, 2014.

[26] 何志林. 足球教学训练工作指南 [M]. 北京: 人民体育出版社, 2010.

[27] 黄竹杭, 王方. 足球训练设计 [M]. 北京: 高等教育出版社, 2010.